ŒUVRES
COMPLÈTES
D'ÉTIENNE JOUY.

TOME IV.

ON SOUSCRIT A PARIS:

Chez JULES DIDOT AÎNÉ, rue du Pont-de-Lodi, n° 6,
BOSSANGE père, rue de Richelieu, n° 60;
PILLET aîné, imprimeur-libraire, rue Christine, n° 5,
AIMÉ-ANDRÉ, quai des Augustins, n° 59;
Et chez l'AUTEUR, rue des Trois-Frères, n° 11.

ŒUVRES
COMPLÈTES
D'ÉTIENNE JOUY,

DE L'ACADÉMIE FRANÇAISE;

AVEC DES ÉCLAIRCISSEMENTS ET DES NOTES.

Essais sur les mœurs.

TOME IV.

PARIS
IMPRIMERIE DE JULES DIDOT AÎNÉ,
RUE DU PONT-DE-LODI, N° 6.
1823.

OBSERVATIONS

SUR

LES MOEURS FRANÇAISES

AU COMMENCEMENT DU 19ᵉ SIÉCLE.

VOLUME IV.

AVANT-PROPOS.

ANNÉE 1814.

En continuant, sous le nom de *Franc-Parleur,* un recueil d'observations que le public a si favorablement accueilli sous le nom de l'*Ermite de la Chaussée-d'Antin,* j'ai voulu qu'un nouveau titre indiquât l'époque où cette seconde partie de mon ouvrage a été écrite. Depuis un an, la situation politique et morale de la France est entièrement changée : Louis XVIII a recouvré son trône, et la nation est rentrée dans ses droits. Cette révolution subite a produit de grands changements dans nos mœurs ; je me suis appliqué à les saisir, et si j'y suis parvenu, j'aurai, je pense, imprimé à ces volumes un caractère et un intérêt particuliers, qui les rendront dignes de l'accueil que l'on a bien voulu faire aux autres.

GUILLAUME LE FRANC-PARLEUR.

N° 1ᵉʳ. [7 mai 1814]

HISTOIRE DU FRANC-PARLEUR.

Au rédacteur de la Gazette de France.

Monsieur, j'apprends, par la voie de votre journal, la perte que je viens de faire d'un cousin connu sous le nom de *l'Ermite de la Chaussée-d'Antin*. Depuis long-temps je n'avais de ses nouvelles que par les articles qu'il insérait périodiquement dans votre feuille; la différence de nos caractères, et même un peu celle de nos âges, avaient fini par rompre entre nous toute espèce de liaison. Cet homme, dont on se ferait une très fausse idée en le jugeant sur cet air de bonhomie qu'il savait prendre dans ses *Discours*, était, en effet, d'un commerce très difficile, et d'une susceptibilité qui lui tenait lieu, dans mon esprit, du moins, de tous les défauts dont il se croyait exempt. Le défunt a passé trente ans de sa vie à me reprocher la bizarrerie de mon humeur, et ce qu'il appelait la rudesse de mes formes, comme s'il eût dépendu de moi d'être autre que la nature ne m'a fait; ce à quoi je ne consentirais pas, je vous le jure, si j'en avais le pouvoir: non que je sois content de moi, mais parceque je suis encore plus habituellement mécontent des autres.

Les écrits de mon cousin n'étaient pas exempts des défauts de son âge; il revenait trop souvent sur ses vieux souvenirs, qu'il faisait remonter au commencement du dernier siècle, au moyen des rallonges paternelles et maternelles qu'il savait y coudre.

Je ne date pas d'aussi loin: j'ai plus d'une raison de croire que j'ai vu le jour en 1770; je ne crains pourtant pas d'avouer que j'aurais quelque peine à en fournir la preuve. J'ai passé mes premières années dans un vieux château situé au milieu des bois, entre Toulon et Marseille, et je ne puis former que des conjectures plus ou moins romanesques sur l'évènement qui m'y a conduit ou qui m'y a fait naître: vous me permettrez de les passer sous silence. A l'exception du curé de la Cadière, qui venait tous les dimanches dire la messe dans la chapelle du château, et d'un commandeur de Fontblanche, qui se donnait la peine de venir du Beausset, à-peu-près tous les jours, pour faire la partie d'échecs de mon père adoptif, je ne me rappelle pas avoir vu d'étrangers dans cette solitude, où j'ai passé les douze années de mon enfance entre un vieux gentilhomme provençal et sa sœur, que j'appelais mon père et ma tante, et qui se disputaient à qui m'aimerait davantage en me tourmentant chacun à sa manière.

Au nombre des tribulations de ma jeunesse, je dois compter, avant tout, mon éducation. Ma tante Élisabeth se chargea de m'apprendre à lire dans un psautier; et au moyen de quelques exemples gravés de *Rossignol* et de *Paillasson*, d'après lesquels je barbouillais une rame de papier par mois, je parvins à écrire passablement. Mon père était un des plus savants mathématiciens du corps de la marine, d'où il était sorti avec le grade de capitaine de vaisseau, un bras de moins, une croix de Saint-Louis de plus, et un caractère dont la brusquerie était passée en proverbe dans les équipages provençaux. Dans le cours d'études qu'il me fit faire, j'eus plus d'une fois l'occasion de me convaincre de cette vérité, si plaisamment énoncée par Toinette dans le *Malade imaginaire* : *Qu'un bras de moins fait que l'autre s'en porte mieux*. Quoi qu'il en soit de ses dispositions et des miennes, à quinze ans je savais l'algèbre et la géométrie; j'avais quelques notions de la manœuvre, que j'avais apprise sur un relief du *Tonnant*, que mon père avait autrefois commandé, et dont il avait suspendu le modèle au plafond de sa chambre à coucher; je savais par cœur le *Traité de Navigation* de Bouguer, et j'étais même dans le cas de répondre sur celui de l'*Arrimage des Vaisseaux*, de Missessiquies.

Un beau matin, à ma grande surprise, et à ma plus grande joie, je vis atteler des chevaux de poste à un vieux berlingot qui n'avait pas quitté la remise depuis vingt ans; et mon père, en grand uniforme, me prévint que nous allions partir pour Toulon. Je fis, moins gaiement que je ne l'aurais cru, mes adieux à ma tante Élisabeth, dont les larmes me firent connaître la première émotion tendre que j'aie éprouvée de ma vie. Nous nous mîmes en route.

Arrivés à Toulon, nous fûmes logés chez M. de Chabert, commandant de la marine, ancien camarade de mon père. Après les compliments d'usage, les souvenirs de leurs campagnes, l'éloge de la vieille marine, les détails sur les morts et les promotions, on parla de moi, et l'on convint de me faire passer le lendemain à l'examen de M. Bezout, en qualité d'aspirant. J'en savais beaucoup plus qu'il n'était nécessaire pour être reçu garde-marine; mais, après s'être assuré de mes connaissances, il fut question d'un examen d'une autre espèce, qui ne me fut pas aussi favorable: on trouva qu'il manquait à mes papiers de famille je ne sais quelle formalité qui me privait du droit de me faire tuer à bord d'un vaisseau royal; et tout le crédit de mon père et de son ami ne put me faire obtenir qu'une place de pilotin sur un vaisseau de la Compagnie, armé en guerre, et commandé par un officier de la marine *bleue* [1].

Mon père vint me conduire à bord, me recommanda au capitaine, et, me prenant à part au moment où il se préparait à retourner à terre: « J'ai fait pour toi, me dit-il d'un ton solennel, tout ce qu'il était en mon pouvoir de faire; je t'ai élevé comme mon fils: ce n'est pas ma faute si ta mère, qui n'a jamais su faire une chose à temps, est morte fort mal-à-propos. Tu as un état et toutes les connaissances nécessaires pour y réussir; les vents sont bons, on va mettre à la voile: adieu, mon enfant; que le ciel te conduise! » Je voulais lui demander l'explication d'une phrase de son discours que je ne comprenais pas; mais, sans prendre le temps de me répondre, il m'embrassa, descendit dans la chaloupe, et nous nous séparâmes pour ne plus nous revoir.

Jusqu'ici je m'étais cru destiné à servir dans la marine royale; je me trouvais humilié de ma nouvelle position: je pris des airs de hauteur dont on

---

[1] Nom que l'on avait donné aux officiers de la marine marchande qui servaient en qualité d'auxiliaires sur les vaisseaux du roi.

se moqua d'abord, et que l'on finit par punir, si bien que, dans une campagne de plusieurs mois, je passai aux arrêts, dans la sainte-barbe, tout le temps que je ne passais pas sur le pont à faire mon service. Force me fut d'employer à lire le temps dont je ne pouvais faire un autre usage. Je me mis en tête de refaire mes études; et, grace aux soins de notre aumônier, qui savait d'autre latin que celui de son bréviaire (qu'il ne lisait pas, *de peur de gâter sa belle latinité,* comme disait le cardinal Duperron), je me familiarisai en peu temps avec la langue de Virgile et d'Horace.

A la première affaire que nous eûmes, le capitaine me fit appeler pendant le *branle-bas,* et me dit : « Guillaume, nous allons nous battre. Votre poste est à la batterie de l'entrepont; mais j'ai promis à votre père de faire quelque chose pour vous: mon fils ira prendre votre place, et vous resterez près du *banc de quart,* au poste le plus honorable. » Je remerciai le capitaine d'une préférence dont je ne tardai pas à sentir tout le prix. L'affaire fut chaude; nous nous en tirâmes avec honneur, et j'eus celui d'avoir la jambe cassée. Tandis qu'on me pansait, le capitaine vint me voir, et je lui fis mon compliment sur cette prudence paternelle qui lui avait suggéré le moyen de sauver la jambe de son fils aux dépens de la mienne; il me sut mauvais gré de ma franchise, et loin de s'opposer au desir que je manifestai de repasser en France sur un autre vaisseau, il leva toutes les difficultés que les circonstances pouvaient y mettre.

Le premier obstacle que j'avais rencontré dans la carrière de la marine me fit prendre la résolution d'en sortir : je sollicitai et j'obtins un brevet de sous-lieutenant dans un corps français de nouvelle levée, que la compagnie des Indes hollandaise avait pris à son service : je m'embarquai à Flessingue avec plusieurs de mes camarades pour rejoindre, dans l'île de Ceylan, le régiment de Luxembourg, auquel nous appartenions.

Dans une traversée de quatorze mois (en y comprenant le temps des relâches) sur un vaisseau où se trouvaient un grand nombre de passagers, on ne manque pas d'occasion d'exercer son caractère et de connaître celui des autres. Le mien était naturellement tourné à la franchise. Le peu que j'avais connu du monde m'avait appris que la dissimulation et le mensonge y jouaient presque tous les rôles ; je crus me distinguer en disant la vérité sur tout. Je ne me dissimulai pas les inconvénients d'un pareil emploi ; mais il était honorable, et je résolus de m'en charger à mes risques et périls : les contrariétés m'excitèrent ; je voulus à tout prix avoir mon *franc-parler*, et je tirai vanité du surnom de *Franc-Parleur*, que mes camarades me donnèrent, et qui m'est resté jusqu'à ce jour.

J'excéderais de beaucoup les bornes que je dois me prescrire dans cette lettre, si je continuais à vous faire l'histoire de ma vie, dont les événements multipliés ont presque tous leur source dans un caractère bizarre qui se compose des éléments les plus hétérogènes ; d'une extrême sensibilité et d'une brusquerie qui va quelquefois jusqu'à la rudesse ; d'une misanthropie profonde et d'un grand fonds de gaieté.

Je franchis une dixaine d'années, et j'arrive en France à la fin de juillet 1791, sans avoir eu connaissance des événements politiques qui s'y étaient passés. Je débarque à Lorient, en uniforme, avec ma cocarde blanche : on crie à l'*aristocrate ;* on me conduit à la *commune ;* on me fait mille questions auxquelles je réponds tout de travers, faute de les entendre ; je suis remis aux mains de deux gendarmes, qui s'emparent de mes papiers et me forcent à les mener en poste à Paris.

En arrivant, le peuple de la bonne ville veut absolument m'accrocher à une lanterne. Je me récrie contre cette façon d'accueillir un compatriote qui revient des bords du Gange, et qui n'est point entrepreneur de l'éclairage ; ce n'est qu'avec une peine extrême que j'arrive sain et sauf à l'Abbaye.

Pendant les six semaines que j'y passai dans un cachot, j'eus le temps de me mettre au fait de l'état de la question. J'appris que c'était au nom de la liberté que l'on attentait à la mienne, et, en faveur de la cause, je pardonnai l'effet. Mes amis de Provence étaient morts; je me réclamai de M. de Monneron, député de Pondichéry, et l'on m'ouvrit les portes de ma prison. Pressé plus que jamais du besoin de dire la vérité, qu'aucun parti ne voulait entendre, je fus également maltraité par les uns et par les autres. Je tins ferme sur la brèche, et probablement j'y serais resté. La guerre se déclara. J'allai chercher un asile dans les camps; une catastrophe horrible vint y répandre le deuil et la consternation : un arrêt du tribunal révolutionnaire répondit aux cris d'horreur qui m'échappèrent; je parvins à m'y soustraire en me sauvant en Suisse.

Je ne trouvai pas chez ces bons Helvétiens l'hospitalité dont je m'étais fait une si douce image : je le dis assez haut pour être entendu des magnifiques seigneurs, qui me poursuivirent, comme un chamois, de montagne en montagne.

Le règne horrible de la terreur touchait à sa fin : je rentrai en France; j'assistai aux saturnales du directoire, dont je me moquai comme un autre, et, pour payer ma dette à la folie, dont la nation entière paraissait atteinte, je me mariai. (C'est à ma femme que je dois l'avantage d'être cousin de votre Ermite.)

L'autorité directoriale menaçait ruine; à défaut d'autres armes, le ridicule suffisait pour en faire justice : qu'un Monck se présentât, dès-lors le trône était rétabli. Je donnai l'éveil à celui de nos généraux que je croyais plus particulièrement appelé à cette honorable mission ; mais Bonaparte débarque à Fréjus ; il fonde le gouvernement consulaire ; il m'éblouit de sa gloire, et je suis, avec toute la France, dupe de ses promesses.

Ce terrible météore a disparu : des événements qu'il n'était point donné à la sagesse humaine de prévoir ont retrempé toutes les ames. Je n'ai eu jusqu'ici que les inconvénients de mon caractère ; voici le moment d'en recueillir les avantages ; et vous pouvez, monsieur, m'en offrir le moyen, en me chargeant dans votre journal de la tâche que remplissait l'Ermite, et à laquelle je me crois plus particulièrement appelé dans les circonstances actuelles : jugez-en par ma lettre.

LE FRANC-PARLEUR.

N° II. [14 mai 1814]

ENTRÉE DU ROI.

> Tout le peuple à genoux, dans ce jour salutaire,
> Reconnaît son vrai roi, *son bienfaiteur*, son père.
>
> VOLTAIRE, *Henriade*, chap x

« Pour Dieu, madame de Montlivert, faites-moi donner ma cravate et mon habit; voilà le rappel! — Eh! monsieur, rien ne presse; il n'est encore que huit heures. — Quel temps fait-il? — Un temps superbe, un beau jour du mois de mai. — Tant mieux, madame; le peuple est, de sa nature, un animal superstitieux, et vous auriez de la peine à lui faire entendre qu'un roi peut, à la rigueur, faire son entrée par un mauvais temps. Mais où est donc Victor? — Il est parti depuis une heure pour aller au-devant du roi jusqu'à Saint-Ouen. — A pied? — Vous le connaissez bien; il aurait fallu, pour cela, qu'il n'y eût pas un cheval à louer dans Paris. — Et que vous n'eussiez pas un louis dans votre bourse pour lui procurer ce plaisir... Vous gâtez vos enfants, madame, véritablement vous les gâtez; mais ce n'est pas le moment de vous en faire le reproche. Emmènerez-vous le petit Jules?—Oui, sans doute; sa sœur Emma l'habille.—Elle est venue tout-à-l'heure me souhaiter le bonjour, et je lui ai trouvé l'air bien triste.—La pauvre petite est contrariée: elle a commandé hier un chapeau *au Protégé des Graces*, et il est à craindre qu'on ne l'apporte pas à temps.— C'est qu'on s'y prend toujours trop tard dans cette maison, et vous verrez qu'il en sera de même aujourd'hui. »

Tout en grondant ma femme, pour n'en pas perdre l'habitude, je feuilletais quelques vieilles chroniques pour y trouver des détails *sur les Entrées des rois à Paris*, que je pusse rapprocher des circonstances dont j'allais être témoin.

Je trouve dans un mémoire du chevalier de Jaucourt, plein de recherches curieuses sur différents points de notre histoire, « que les rois de France ont toujours fait leur *entrée* dans la capitale par la porte Saint-Denis; que toutes les rues, sur leur passage, étaient tapissées d'étoffes de soie et de draps camelotés; que des jets d'eau de senteur parfumaient l'air; que le vin et le lait coulaient de plusieurs fontaines, et que des députés des six corps marchands portaient le dais. Quant aux corps de métiers, ils étaient chargés, dans cette grande cérémonie, de la partie dramatique: ils suivaient à cheval, représentant en habit de caractère les sept péchés mortels; les trois vertus théologales: Foi, Espérance, Charité; et de plus, Justice, Prudence, Force et Tempérance; la Mort, le Purgatoire, l'Enfer, et le Paradis. »

Je lis dans les annales de Malingre « *qu'à l'entrée de Louis XI, en* 1461, *on vit devant la fontaine du Ponceau plusieurs belles filles en syrènes, toutes nues, lesquelles, montrant leur beau sein, chantaient des petits motets de bergerettes fort doux et charmants.* » Le même auteur nous apprend, avec beaucoup de naïveté, jusqu'où, dans cette fête, l'on porta l'attention pour les dames et demoiselles du cortége.

Mézerai parle en ces termes de l'entrée de Charles VII :

« *Il vint faire son entrée triomphante dans sa bonne ville de Paris le 4 novembre* 1437, *et alors il put se dire véritablement* Roi de France, *ayant replanté son trône dans la capitale du royaume.* »

Le bon Henri, cent cinquante-sept ans après, fit son entrée sans aucune pompe. Péréfixe se contente de nous dire qu'*après avoir chanté le* Te Deum *à Notre-Dame, il revint au Louvre, où il trouva son diner prêt comme s'il y eût toujours demeuré.* La joie du peuple fit tous les frais de cette fête de famille : *les Parisiens étaient affamés de voir un roi.*

Je ne sais plus dans quelle histoire arabe j'ai lu que, lorsque les rois de Lahore faisaient leur entrée dans cette capitale, ils étaient précédés de trois hérauts : le premier *proclamait les titres pompeux du monarque;* le second criait ensuite : *Prince si grand, si puissant, n'oublie pas que tu dois mourir!* le troisième ajoutait : *Louange éternelle à celui qui vit et ne meurt pas!* Toute la morale de ceux qui gouvernent les peuples est renfermée dans ce peu de mots; on y voit ce qu'ils doivent à leur rang, en qualité de rois; ce qu'ils doivent à leur peuple, en qualité d'hommes, et ce qu'ils doivent à Dieu, devant qui les maîtres et les sujets sont égaux....

« Partirons-nous enfin, madame? J'entends les troupes qui défilent; nous ne trouverons jamais à nous placer. — C'est vous, monsieur, qui nous ferez attendre, si vous continuez à barbouiller du papier, en compulsant vos bouquins. J'ai donné à Marguerite tout ce dont vous avez besoin pour votre toilette, et je vais achever la mienne. Toi, Jules, tourmente bien ton père pour qu'il se dépêche, sans cela tu ne verras pas Louis XVIII. — Papa, qu'est-ce que Louis XVIII? — Mon fils, c'est le frère de Louis XVI. — De ce roi dont voilà le portrait? — Oui, mon enfant, et le petit-fils de Henri IV, que tu vois à côté. —Vous l'aimez bien, celui-là, car vous avez toujours son nom à la bouche, et grand-papa n'en parle jamais sans pleurer. — Tu l'aimeras aussi : c'est un amour héréditaire en France. — Je sais déja sa chanson; mais, dis-moi, Henri IV était-il parent de Louis XIV, que maman appelle le grand roi? — C'était son grand-père.... »

Ma femme avait raison, c'est moi qui l'ai fait attendre; mais enfin nous voilà prêts: ma fille est jolie comme un ange de quinze ans avec son chapeau de paille qu'elle a pris le parti d'arranger elle-même; Jules est tout fier de la cocarde blanche que sa sœur attache à son chapeau; et ma femme n'aurait pas l'air plus triomphant si l'événement du jour était son ouvrage. Nous partons.

Ce ne fut pas sans peine et sans incidents que nous parvînmes à nous frayer un passage jusqu'à la maison de la rue Saint-Denis, où nous avions une croisée à l'entresol d'un bureau de loterie, décoré d'une manière fort ingénieuse, et dont j'avais fourni les inscriptions.

Je n'étais pas homme à rester en place en pareille occasion. Après avoir installé ma famille, je me rejetai dans la foule, et je m'acheminai par le faubourg Saint-Denis au-devant du cortége. C'était déjà un spectacle enchanteur que celui de ces rues bordées de deux haies de gardes nationaux, dont la tenue et l'attitude militaire rivalisaient avec celles des plus belles troupes de ligne; de ces amphithéâtres élevés de distance en distance; de ces maisons décorées, à tous les étages, de tapis, de banderoles, de chiffres, d'emblèmes, et dont toutes les fenêtres étaient, pour ainsi dire, émaillées de femmes et de fleurs.

Je m'arrêtai un moment à la barrière pour examiner les préparatifs qu'on y avait faits : ces apprêts ne me parurent pas dignes d'une aussi grande solennité; je me dépêchai d'en faire l'observation avant que l'objet principal de la fête n'en fît disparaître à mes yeux tous les accessoires.

En traversant le faubourg de La Chapelle, dont les vastes guinguettes offraient une station commode à la foule des promeneurs, je me souvins que je n'avais point déjeuné, et j'allai m'asseoir à un petit coin de table, au salon de *cent cinquante couverts*, où de mémoire d'homme on n'avait probablement pas vu de compagnie aussi brillante et aussi nombreuse.

J'avais auprès de moi quelques personnes qui me parurent tirer trop de vanité d'une longue absence qui les rendait étrangères à la gloire et aux malheurs de leur pays, et ne leur laissait que le souvenir de ses fautes. Ces gens-là, me dis-je en changeant de place, reviennent de leur exil doublement à plaindre : ils ont eu le chagrin de n'y rien apprendre, et le tort de n'y rien oublier.

Je me trouvai cette fois en face de deux militaires, dont l'un, à moustaches rousses, en redingote verte, décoré de deux croix, et le bras droit soutenu par un mouchoir de soie noire, regardait de temps en temps son camarade avec l'expression d'une tristesse amère. « Monsieur me paraît blessé? lui dis-je en m'écartant, de peur de toucher son bras malade. — Oui, monsieur, j'ai eu le bras fracassé par un biscaïen à Champaubert. — Cette affaire est bien honorable pour l'armée française : vous vous êtes bien battus. — Comme nous nous battons depuis dix-huit ans, et comme nous ne nous battrons plus, ajouta-t-il avec un soupir. — Vous jouirez du fruit de vos travaux : la considération est la récompense de la gloire. — La considération ! — La plus juste, la plus méritée; les militaires français sont tout l'honneur de la patrie, et doivent être les enfants les plus chers au cœur du roi. C'est pour lui que vous avez combattu en soutenant la gloire de son peuple, et vous avez des droits sacrés à sa reconnaissance. — Vous êtes un brave homme ! — On en dit autant de vous, en jetant les yeux sur votre boutonnière; et vous avez cet avantage, qu'il suffit de vous montrer pour inspirer le respect. — Convenez, pourtant, qu'il est bien dur, après tant de victoires... — D'accepter la paix et de réconcilier la France avec l'Europe entière? — On nous l'impose, cette paix; j'aurais voulu la conquérir. — Et vite, et vite, messieurs, voici le cortége. » Je me rapprochai de la barrière.

Les premières troupes qui parurent étaient les grenadiers de la vieille garde; elles furent accueillies par les cris unanimes de *vive l'armée française! vive la garde!* « Les voilà, mes compagnons, s'écria l'officier blessé qui m'avait suivi, les voilà les braves qui n'ont jamais été vaincus; » et je vis des larmes rouler dans ses yeux. Nous nous hâtâmes de devancer le cortége pour le voir plus commodément, et nous allâmes prendre place sur des gradins, dans la rue Saint-Denis, à peu de distance de l'arc-de-triomphe. Jamais un plus magnifique spectacle n'avait frappé mes yeux : ces flots d'une population immense dont les rues étaient couvertes, qui se pressaient à toutes les croisées, depuis l'entresol jusqu'au septième étage; ces milliers de banderoles, de drapeaux, qui flottaient dans les airs; cette porte triomphale qu'embellissaient encore les trophées de fleurs dont elle était décorée; ces transports de joie qui se manifestaient par des battements de mains, par des acclamations, par des ris et des pleurs; une foule d'incidents qu'on ne peut décrire; cette réunion de tant de personnages, de tant d'expressions, de tant de mouvements divers, composait un tableau dont, en présence des objets mêmes, l'imagination pouvait seule embrasser l'étendue.

Déja la garde d'honneur et les dragons ont défilé; viennent ensuite les carrosses du cortége à la livrée du roi. Deux beaux escadrons de chasseurs et de la gendarmerie d'élite précédent la voiture royale, qu'entourent les princes et les maréchaux, et que suivent quatre cents officiers-généraux ou supérieurs. Quelle ivresse d'enthousiasme! quelle entrée! le petit-fils de Henri IV, après vingt ans d'exil, traversant sa capitale au milieu des bénédictions d'une famille immense, et ramenant avec lui une princesse sur qui vient se réunir tout ce que le cœur des Français renferme de sentiments tendres! Les regards ne s'arrachaient un moment à cet auguste spectacle que pour contempler la gloire héréditaire du grand nom de Condé, et le *dernier* rejeton de cette race illustre.

Je ne voulais rien perdre d'une si belle solennité; je sortis de la foule, et j'allai par des rues détournées attendre à Notre-Dame l'arrivée du cortége.

Ce ne fut pas sans une peine extrême que je parvins à me frayer un passage jusqu'au parvis Notre-Dame, en me glissant sous les chevaux et sous les voitures qui en barricadaient les avenues latérales. Arrivé sur la place, je commençais à désespérer de pouvoir pénétrer dans l'église; tous les discours, tous les petits mensonges que j'avais faits aux factionnaires du portail n'avaient pu me tenir lieu du billet d'entrée dont j'avais négligé de me munir; j'allais me retirer, en pestant avec plus d'humeur que de raison contre des mesures nécessaires au maintien de l'ordre public: « Laissez entrer monsieur, » dit un jeune homme en uniforme de la garde nationale à cheval, qui me prit par la main et me conduisit jusque dans la nef. Comme je me confondais en remerciements avant d'avoir pu jeter les yeux sur celui à qui j'étais redevable de ce service: « C'est bien le moins, dit-il en se retournant, qu'un fils, en pareille occasion, se rende utile à son père! (C'était mon étourdi de Victor.) Vous voyez, continua-t-il en riant, qu'il fait bon avoir des protections partout. » Je me servis de la sienne pour me placer dans une tribune, où j'eus tout le temps de me livrer à mes réflexions.

En promenant mes yeux autour de cette vaste basilique, j'évoquai successivement, dans ma mémoire, les ombres de tant de rois qui se sont agenouillés sous ces voûtes, depuis Childebert, fils de Clovis. On fait honneur à ce dernier de la fondation de l'église de Notre-Dame, laquelle fut construite sur les ruines d'un temple d'Ésus ou de Vulcain.

Les anciens historiens ne tarissent pas sur les dotations considérables qu'ils supposent avoir été faites à cette église par les rois de la seconde race, sans s'embarrasser de concilier cette assertion avec le refus que fit, en 1376, le pape Grégoire XI au roi Charles V, d'ériger en archevêché le siége épiscopal de Paris, en donnant pour raison *que cette église était encore trop petitement dotée.*

Je me souviens d'avoir vu autrefois, contre le dernier pilier de la nef, une statue équestre posée sur deux colonnes de pierre : c'était celle de Philippe-le-Bel, qui entra dans cette église à cheval et tout armé, pour remercier Dieu de la victoire qu'il avait remportée sur les Flamands, à Mons-en-Puell, le 18 août 1304.

Plusieurs autres rois vinrent dans cette église déposer leurs trophées ; Henri IV est le premier qui y soit venu pour rendre grace au ciel de son entrée dans la capitale. Une réflexion bien triste vient se mêler à ce souvenir : *ce 14 mai,* que l'on célèbre avec tant de joie, où l'on s'abandonne à tant d'espérance, est aussi l'anniversaire d'un crime exécrable : à pareil jour et presqu'à la même heure, un monstre, armé par le fanatisme religieux, a frappé Henri IV !....

Son fils, Louis XIII, y institua, le 10 février 1638, une procession solennelle, en actions de grace de la grossesse de la reine, après vingt-trois ans de stérilité. C'est à la reconnaissance de Louis XIV, fruit de cette grossesse tardive, que la cathédrale de Paris est redevable de son maître-autel, un des plus beaux qui existent dans les temples de la chrétienté.

Ces événements étaient annuellement consacrés par des cérémonies religieuses, auxquelles assistaient les premiers corps de l'état. L'anniversaire de la restauration du trône va prendre le premier rang parmi ces augustes solennités.

En voyant cette foule de magistrats, de guerriers, de fonctionnaires, placés avec ordre dans la nef, mais sans acception de rang et de dignités, ne rivalisant encore que de zèle et d'amour pour leur prince, je ne me rappelai pas sans pitié cette misérable guerre d'étiquette et de cérémonial que se firent, pendant trente-quatre ans, deux corps fameux dans l'état, qui n'avaient probablement rien de mieux à faire alors que de se disputer la préséance dans une procession.

J'avais auprès de moi un petit vieillard très communicatif, qui mourait d'envie d'entrer en conversation avec quelqu'un; il prit son texte du premier mot qui m'échappa : « Voilà plus de soixante ans, me dit-il, que j'habite le quartier de Notre-Dame, dans une maison qui m'appartient, au fond du cul-de-sac de Sainte-Marine ; je ne crois pas, dans ce long espace de temps, avoir manqué une seule des cérémonies importantes qui ont eu lieu dans cette cathédrale. Quoique je fusse bien jeune, je me souviens d'y avoir assisté, en 1754, aux relevailles de madame la dauphine. La cérémonie était belle; les compagnies des gardes-françaises et suisses faisaient le service dans l'intérieur de l'église; le parlement, en robes rouges, la chambre des comptes, et la cour des aides, occupaient les deux côtés de la nef. Quelle joie ne fit-on pas éclater à la vue de la dauphine, qui venait de donner un nouvel héritier au trône! Cet enfant royal était le duc de Berri, depuis Louis XVI... Qui m'eût dit, mon cher monsieur, que trente-neuf ans après... » Je l'interrompis en lui faisant observer qu'il fallait éloigner ces cruels souvenirs, et ne songer qu'au bonheur de revoir les princes que le sort nous a conservés. « A qui le dites-vous (continua le voisin d'un ton de vivacité bourgeoise qui fit un peu de tort à sa sensibilité dans mon esprit)? N'ai-je pas été élevé par eux? N'est-ce pas le prince de Conti qui me fit entrer à la maîtrise du chapitre, où je parvins, grace à sa protection, au grade de premier enfant de chœur? M. le duc d'Orléans, après m'avoir attaché pendant quelque temps à sa musique, ne me fit-il pas obtenir la place de sous-organiste de Notre-Dame, que j'exerçai pendant vingt-deux ans concurremment avec celle de sacristain? Dès le commencement de la révolution, je fis volontairement le sacrifice de toutes mes places, et je me retirai dans ma maisonnette avec ma femme. Depuis lors, quelque chose qu'on ait pu faire pour me rattacher au chapitre, j'ai refusé toutes les offres, et j'ai persisté à vivre dans l'obscurité la plus profonde, ne paraissant à l'église qu'en simple particulier, et riant sous cape de toutes les sottises que j'ai vu faire, et que d'un mot j'aurais pu empêcher. Aujourd'hui, c'est différent : vous concevez que je me dois à moi-même de faire valoir mes titres, et de reprendre des fonctions auxquelles je suis d'autant plus propre, qu'il y a plus long-temps que je ne les ai exercées. » Tout en écoutant ce bon homme aussi sérieusement qu'il m'était possible, je me demandais pourquoi un sacristain n'aurait pas, comme un autre, son orgueil, sa folie, et ses prétentions.

Une douce rumeur qui s'élève sous le porche, et qui se répand en un moment d'un bout à l'autre de l'église, annonce l'arrivée du roi. Chacun se hâte de regagner sa tribune ou sa chaise; les maîtres des cérémonies parcourent la nef, et le grand-aumônier, archevêque de Reims, précède le cortége.

Le roi paraît sous un dais resplendissant, au-dessus duquel semblent planer les ombres glorieuses, de ses aïeux. Le recueillement contient l'enthousiasme; le roi se prosterne, et tous les cœurs s'unissent au sien pour adresser au ciel de muettes actions de grace.

Ce premier tribut payé au Roi des rois, des acclamations universelles saluèrent le monarque jusqu'au moment où les prêtres entonnèrent le cantique sacré. Quelle était fervente la prière que l'auguste fille de Louis XVI adressait à l'Éternel! Les sentiments dont son ame était remplie donnaient à sa figure l'expression la plus touchante, et l'on ne doutait pas alors que le ciel n'exauçât les vœux qu'elle formait pour la France.

Le *Te Deum* allait finir, et, de la place où je me trouvais, je ne voyais aucun moyen de sortir à temps pour arriver au Pont-Neuf avant le cortége. Mon voisin, le vieil organiste, à qui toutes les issues de la cathédrale étaient bien connues, prit pitié de mon embarras, et, marchant devant moi avec une importance que j'aurais remarquée dans un autre moment, il me fit prendre un passage qui me conduisit sur le quai de l'archevêché, d'où il me fut aisé d'arriver sur la place Dauphine avant que la foule en rendît l'accès impossible.

J'avisai, entre la boutique d'un opticien et celle d'un orfèvre, une espèce d'amphithéâtre, où quarante personnes étaient amoncelées sur trois planches en équilibre; ce ne fut pas sans peine et sans prière que j'obtins, au prix de cinq francs, une place assez périlleuse sur ce frêle échafaudage.

Des gens qui n'avaient de libre que la langue ne devaient pas oublier cette manière de passer le temps. J'arrivai au milieu d'une dissertation à laquelle la statue de Henri IV avait donné lieu : les anciens endoctrinaient les jeunes gens. Un homme, placé au-dessus de moi, et que j'entendais sans pouvoir le regarder, récitait ce qu'il avait lu le matin dans son Piganiole : il apprenait à ses voisins, entre autres détails sur l'ancien monument détruit par les révolutionnaires, que le cheval de bronze, envoyé par Cosme II a Marie de Médicis, avait été embarqué sur un vaisseau de Livourne qui fit naufrage sur les côtes de Normandie; que le cheval resta un an au fond de la mer, et qu'il n'en fut retiré qu'avec beaucoup de peine et de frais.

« Messieurs, disait l'un, je me rappelle avoir vu cet

Henri IV, de bronze au commencement de la révolution, avec une cocarde tricolore sur l'oreille.—Moi, disait l'autre, j'ai dansé autour du feu de joie qu'on avait allumé devant lui le jour de la Fédération.— Moi, reprenait un troisième, j'ai vu, à l'époque des troubles parlementaires, la tête du Béarnais couronnée de fleurs. — Ça prouve, ajoutait une bonne femme, qu'il était le père et l'ami de son peuple, ce roi que tous les partis invoquaient tour-à-tour. Il n'aurait pas inventé les *droits réunis*, celui-là!— Aussi nous espérons que son petit-fils nous en délivrera, reprit un de mes plus proches voisins.— N'en doutez pas, répondis-je; le roi soulagera son peuple; il lui assurera le premier des biens, la liberté; mais, avant d'être libéral, il faut qu'il soit juste, et, pour être juste, il faut qu'il acquitte des dettes contractées au nom de la patrie, et conséquemment au sien. Louis XVIII est un père qui rentre dans sa famille après un long voyage, et qui trouve ses enfants ruinés par un tuteur. Avant de leur rendre la jouissance de leur fortune et de leur assurer le bien-être auquel ils ont droit de prétendre, il doit affranchir ses domaines des charges dont on les lui rend grevés; comment le roi réparera-t-il les maux qu'il n'a pas faits, s'il n'est pas secondé par ceux qui ne les ont pas empêchés? »

Ce raisonnement était à la portée de tout le

monde, et finit par concilier tous les avis, même celui d'un commis de barrière, à qui je fis entendre que les gens de son espèce étaient inévitables, et qu'à défaut de *droits réunis*, il pourrait trouver sa place *aux aides* ou *à la gabelle*.

Pendant que nous causions, le cortége s'avançait au milieu des bénédictions qui l'accompagnaient depuis le départ de Saint-Ouen. Lorsque la voiture royale s'arrêta devant la statue de Henri IV, qui semblait avoir été replacée là par enchantement, un concert mélodieux fit entendre les airs chéris du peuple. Tous les yeux, tous les cœurs, se portaient alternativement de Louis XVIII à Henri IV, dont les traits semblaient revivre sous le plâtre; on croyait entendre sortir de sa bouche ces paroles touchantes: *Le Béarnais est pauvre, il vous donne ce qu'il a; s'il était plus riche, il vous donnerait davantage.* En passant devant cette statue du chef de la maison royale, du meilleur et du plus brave des princes, les troupes la saluèrent d'une voix unanime: *Vive le roi! vive les Bourbons!* Le peuple répondit à ce cri d'amour; et Louis XVIII, en présence de son aïeul, sembla, par le regard qu'il jeta sur son image, le prendre à témoin de l'engagement qu'il venait de renouveler au pied des autels.

Au moment où le cortége se remit en marche, on vit s'élever un aérostat aux armes de France; le pavillon blanc flotta au plus haut des airs, et des colombes, symboles et messagères de réconciliation, prirent leur vol à travers l'espace.

Le cortége suivit les quais pour se rendre aux Tuileries, dont la place magnifique, cette foule immense de spectateurs, la beauté des édifices et le luxe de leur décoration, le nombre et la disposition des troupes, offraient un des plus beaux spectacles qu'il soit possible d'imaginer.

Il était quatre heures lorsque le roi, après vingt-deux ans d'exil, rentra en triomphe dans le palais de ses pères.

N° III. [28 mai 1814.]

TALENT ET PROBITÉ.

PREMIER SOUPER DE M. GUILLAUME LE FRANC-PARLEUR.

Fuit ista quondam in hâc republicâ virtus, ut viri forté acrioribus suppliciis civem perniciosum, quàm acerbissimum hostem coercerent.
                                              Cic., Catil.

Il fut un temps et un pays où la vertu était telle, qu'un mauvais citoyen était traité plus sévèrement que le plus cruel ennemi.

« Je ne veux plus de souper chez moi, c'est un point décidé. — Sur ce point-là, madame, nous ne serons donc jamais d'accord. Examinez, je vous prie, que je suis, à cet égard, le dernier des Romains. Depuis vingt ans, l'usage a décrédité ce repas à Paris; je l'ai maintenu chez moi contre toutes les attaques de la mode et du bon ton : vous ne voudriez pas me faire perdre le fruit de mon héroïque persévérance? — Je voudrais que vous daignassiez vous souvenir que vos revenus n'augmentent pas avec votre famille. — Eh! madame de Montlivert, toujours vos petits calculs de ménage, vos petites idées d'économie!... — Toujours, monsieur, jusqu'à ce que vous m'ayez prouvé qu'on peut tenir une maison et élever ses enfants avec de belles phrases. — Trouvez-vous la dépense trop forte? diminuez-la, ce sont vos affaires; mais je tiens à mon souper : c'est un repas charmant; il termine la journée, il peut se prolonger sans nuire aux travaux, on s'y livre avec plus de gaieté, avec plus d'abandon; nos soupers, enfin.... — Sont fort ennuyeux, depuis qu'on n'y parle plus que de politique, et que la dispute y remplace la causerie. — Il y a un coin de raison dans tout ce que vous dites, madame de Montlivert, ce qui fait que nous finissons toujours par nous entendre; voyons, transigeons ensemble. En fait d'économie domestique, l'usage n'est rien, et l'abus est tout : jusqu'ici, nous avons eu chaque soir quelques amis à souper, ne les recevons plus que deux fois par semaine. — Pas plus de quatre plats sur la table. — Soit. — Et pas un mot de politique au dessert. —Voilà qui est convenu. »

Ma femme est ce que l'on appelle une *maîtresse femme:* elle a trouvé le moyen de me gouverner le jour où elle s'est aperçue que je préférais la paix à l'autorité, et qu'il suffisait de fatiguer ma volonté pour obtenir que j'y renonçasse. C'est d'ailleurs une femme excellente, ayant pour ses enfants une tendresse éclairée, et gouvernant sa maison avec un ordre, une intelligence dont on s'honorerait sur un plus grand théâtre.

Disons maintenant un mot de nos convives habituels : j'aurai souvent l'occasion de les mettre en scène dans nos soupers, et il est bon de savoir à qui et de qui l'on parle.

M. Dubuisson, long-temps sous-chef de bureau dans une grande administration, n'a jamais eu d'autre tort que de se croire très supérieur à la place qu'il occupait, et de ne jamais pouvoir faire passer sa conviction dans l'esprit de personne. Du caractère que je lui connais, je suis certain qu'il serait l'homme de France le plus malheureux, s'il n'avait la consolation de pouvoir dire qu'on lui a fait des passe-droits. Ce M. Dubuisson est du nombre prodigieux des gens qui se trompent sur la nature de leur mérite; il a du bon sens, de la rectitude dans les idées des autres, et se plaint d'être dominé par l'imagination, dont il est radicalement dépourvu; au demeurant, homme d'une scrupuleuse probité, et d'un commerce plus sûr qu'agréable.

M. Duterrier, mon plus proche voisin, est un des caractères les plus originaux qu'on puisse rencontrer; c'est une abstraction vivante, si j'ose m'exprimer ainsi : il pose en principe (fort heureusement sans en tirer toutes les conséquences) que le mal entre comme organe, comme élément nécessaire, dans la composition de ce monde, et que le bien n'est qu'un état accidentel, qu'une anomalie dans l'ordre des choses. Avec un cœur excellent, qui dépose à tout moment contre son système, sa manie est de prouver que tout se réduit à la science des nombres, et que les chances des vertus, des vices, des passions, peuvent et doivent se calculer comme celles de la roulette et du jeu d'échecs, où il excelle. Il est bon de faire observer que son caractère n'a aucun des inconvénients de son esprit, et que cet homme, si désespérant dans sa morale, si sec, si dur dans la discussion, est bon citoyen dans la plus ancienne étendue de ce mot, et d'un dévouement en amitié qui ne lui permet pas d'apprécier, chez les autres, un sentiment dont il trouve en lui le dernier terme.

Je me plais souvent à le mettre aux prises avec M. de Clénord, que la nature semble avoir créé tout exprès pour établir un contraste. Celui-ci, avec des manières douces, un ton affectueux, des formes aimables, et un esprit dont la grace laisse à peine apercevoir l'instruction, est, à soixante ans, un modèle parfait de ce qu'on appelait autrefois un homme du monde. Après avoir passé sa jeunesse à la cour, après avoir possédé une grande fortune dont il jouissait honorablement, et qu'il a perdue plus honorablement encore, il vit aujourd'hui avec deux mille livres de rente, sans paraître regretter le passé autrement que par la teinte d'ironie et de ridicule qu'il jette assez volontiers sur le présent. J'ai quelque raison de croire qu'il ne tardera pas à occuper un poste important.

Notre quatrième convive d'habitude est Freminville, parent de ma femme, petit étourdi de quarante-cinq ans, occupant, sans la remplir, une place d'un millier d'écus chez un banquier, son parent, qui est probablement assez riche pour avoir un commis de luxe. Freminville a la présomption d'être un homme à la mode : il ne manque jamais d'aller le matin à son bureau en habit de cheval, les éperons aux pieds, et la cravache à la main ; le jargon de la jeunesse des cafés est celui qu'il parle le plus volontiers, quoiqu'il ait assez d'esprit et d'instruction pour en parler un autre. Il traite les questions les plus graves en calembourgs, et ne parle sérieusement que de la musique italienne, pour laquelle il se passionne de la meilleure foi du monde, bien qu'il ne la distingue des autres que par la finale en *i* ou en *o* du nom des compositeurs.

Pour connaître les principaux personnages dont se compose ma petite société, il faut ajouter à ceux que j'ai déjà nommés M. Moussinot, propriétaire de la maison que j'habite, et qui vient me demander à souper une fois tous les quinze jours, pour ne pas déroger trop souvent à l'habitude qu'il a contractée de se coucher à dix heures précises. Ce M. Moussinot, qui a pris pour mesure de l'estime qu'il accorde à ses locataires le plus ou moins d'exactitude que chacun d'eux met à lui payer son terme, a conçu de moi une très haute opinion, dont ma femme pourrait, à juste titre, réclamer la plus grande partie. La nature a donné à ce brave homme l'envie d'être un grand parleur; mais elle lui en a ôté la faculté en l'affligeant d'un bégaiement singulier, qui fait faire long feu à chaque mot qui sort de sa bouche, en sorte qu'on lui coupe aisément la parole.

Dimanche dernier, la petite table était au grand complet. Ma femme, qui n'avait pu entrer le matin à la chapelle, pour entendre la messe du roi, avait encore un reste d'humeur. Freminville crut s'apercevoir qu'elle assaisonnait la salade avec distraction; il en fit la remarque. « C'est mon affaire, mon cousin, lui répondit-elle; que chacun fasse ce qu'il doit et ce qu'il sait, les choses en iront mieux. — Fort bien dit! » s'écria Moussinot; et voilà la discussion engagée.

DUTERRIER.

Madame de Montlivert a mis le doigt sur la cause de tous les désordres; très peu de gens font ce qu'ils savent, et il en est encore moins qui fassent ce qu'ils doivent.

DUBUISSON.

Si les places sont mal remplies, c'est bien la faute de ceux qui les distribuent; car ils peuvent choisir, les concurrents ne manquent pas.

DUTERRIER.

Si fait, parbleu! si l'on n'admet pour concurrents aux places que ceux qui sont qualifiés pour les remplir. *Talent* et *probité*, voilà mes conditions; vous voyez bien que je donne l'exclusion aux neuf dixièmes de tous ceux qui se mettent sur les rangs, depuis les candidats au ministère jusqu'aux aspirants garçons de bureaux.

M. GUILLAUME.

Je ne croyais pas que le talent et la probité fussent si rares.

DUTERRIER.

C'est que l'on ne donne jamais aux mots que la moitié de leur valeur. On dit qu'un homme a de la probité, quand on croit pouvoir laisser son coffre-fort ouvert en sa présence; et qu'il a du talent, quand il raisonne bien sur une chose qu'il fait souvent mal. Indépendamment de cette probité banale, ou du moins qui devrait l'être, de ce talent commun, il y a une probité, un talent relatifs pour toutes les positions où l'on peut se trouver. La probité d'un homme de loi suppose une justice rigoureuse, un caractère inflexible, une conscience irréprochable; son talent exige un jugement sain, un esprit lumineux, l'amour de la vérité, et l'aptitude à la saisir. S'agit-il d'un emploi qui doive être occupé par un homme de lettres: pour vous débarrasser de la foule des demandeurs, définissez devant eux ce que vous entendez par la probité et le talent d'un homme de lettres; mettez pour condition que les prétendants n'aient jamais eu à rougir de leurs succès; qu'ils ne se soient jamais habillés de la dépouille des autres; qu'ils n'aient jamais vendu leur plume; qu'ils n'aient pas insulté bassement le lendemain à l'idole qu'ils avaient encensée la veille; que l'art de combiner des mots harmonieux et de cadencer d'insipides périodes ne leur tienne pas lieu d'imagination et d'idées: j'ose vous répondre que vous ne vous plaindrez plus de ne savoir auquel entendre.

MOUSSINOT.

Je sais fort bien quel est le talent d'un propriétaire de maison: c'est de bien faire payer ses locataires, et, Dieu merci, je m'en acquitte passablement; mais sa probité....

FREMINVILLE.

C'est d'entretenir sa maison bien couverte, de prévenir quand il loue des appartements dont les cheminées fument, et de ne pas attendre, pour augmenter le loyer d'un logement, que celui qui l'occupe y ait fait de grandes dépenses. Qu'en dites-vous, M. Moussinot? avez-vous cette probité-là?

MOUSSINOT.

Chacun doit tirer parti de sa chose.

CLÉNORD.

Même de la chose publique, et c'est à quoi certaines gens s'entendent à merveille.

DUTERRIER.

Et même sans perdre dans le monde la qualité d'honnête homme; remarquez bien cela. Je connais tel chef de bureau qui jouit d'une excellente réputation, et qu'il suffirait de circonvenir avec adresse pour le faire manquer à ses devoirs. Il est plus d'un juge intègre qui ferait jeter par les fenêtres l'homme qui chercherait à le corrompre à prix d'argent, mais dans la main duquel les larmes ou le souris d'une jolie femme, le crédit d'un homme puissant, feront pencher la balance. Ce défaut de *probité d'état* se fait sentir dans toutes les classes. Votre cuisinière, à qui vous pouvez sans crainte confier votre bourse, ne se fera pas scrupule de gagner sur les emplettes qu'elle fera pour vous au marché.

MADAME DE MONTLIVERT.

Elle se vantera même, avec ses camarades, d'avoir fait ce qu'on appelle *danser l'anse du panier*.

M. GUILLAUME.

Le mépris finit toujours par faire justice de ces gens-là; et Duclos a raison de dire qu'*un homme qui vend son honneur le vend toujours plus qu'il ne vaut*.

DUTERRIER.

C'est encore là une de ces vérités morales qui ne sont plus, à l'application, que de dangereux paradoxes.

Un homme me vend sa conscience pour cent mille

écus; mais ce marché me fait gagner six cent mille francs : donc l'honneur de cet homme valait plus qu'il ne l'a vendu. Pour l'intérêt de la société, il me semble que les moralistes devraient mettre l'honneur à l'enchère au lieu de le mettre au rabais. Si chacun surfaisait dans ce genre de trafic, si chacun estimait son honneur plus qu'il ne vaut, moins de gens seraient tentés d'y mettre un prix.

FREMINVILLE.

C'est la concurrence qui gâte le métier.

CLÉNORD.

On sent la nécessité de faire de grandes réformes dans l'état et dans les mœurs; je n'en proposerais qu'une, qui amènerait naturellement toutes les autres: j'écrirais les mots *honneur, probité, talent*, sur la porte de tous les établissements, de toutes les administrations publiques.

FREMINVILLE.

Ce serait une devise en l'air.

CLÉNORD.

Non, car nul n'y trouverait place sans avoir le droit de s'appliquer cette devise à lui-même.

FREMINVILLE.

Miséricorde! que de gens vous allez mettre sur le pavé!

M. GUILLAUME.

Par bonheur pour eux, il faudra souvent les en croire sur parole.

DUTERRIER.

J'exigerais qu'ils donnassent pour premier garant à la confiance du gouvernement la considération dont ils jouissent dans leur famille : *Omnis fama à domesticis emanat.*

MADAME DE MONTLIVERT.

Messieurs, le dessert est servi; on ne parle plus ni politique, ni latin, ni raison, je vous en préviens, et la parole est à mon cousin Freminville.

Le reste de la soirée se passa en propos de table, où Plutarque n'aurait pas trouvé grand'chose à recueillir.

N° IV. [1ᵉʳ JUIN 1814]

LA MORGUE.

> . . . . *Mihi frigidus horror*
> *Membra quatit, gelidusque coit formidine sanguis*
> VIRG., *Enéid.*, liv III
>
> Je fus saisi d'horreur, et mon sang se glaça dans mes veines

Il est des noms qui rappellent à l'esprit des objets sur lesquels il répugne à s'arrêter; les impressions que ces noms produisent naissent de souvenir ou d'imagination; celle-ci va toujours au-delà de la réalité: de même qu'elle embellit de tous ses charmes les images riantes dont elle s'empare, elle exagère, en les reproduisant avec une effrayante énergie, les tableaux hideux qu'elle retrace.

L'impression du souvenir, plus conforme à la nature et à la vérité, ramène les objets à leur véritable proportion, et les replace, sinon au même point de vue, du moins dans les mêmes rapports où ils se sont d'abord offerts à nos yeux.

De tous les établissements publics de cette capitale, la *Morgue* est celui dont la destination présente l'idée la plus pénible et la plus repoussante ; le nom même en est inconnu à la plupart des habitants de Paris ; et dans le petit nombre de ceux qui connaissent l'emplacement et le but de cette triste enceinte, sans doute il en est bien peu qui aient eu la force d'en approcher. La destruction s'y présente sous les formes les plus hideuses. Ce n'est point le calme mélancolique des tombeaux, le spectacle pieux et lugubre d'une cérémonie funéraire, l'aspect imposant et terrible d'un champ de bataille : ce sont les images nues et sanglantes du suicide, du meurtre, de l'assassinat ou du désespoir ; c'est la mort dans toute son horreur.

Je me rappelle encore la première impression que me fit éprouver la vue de ce lieu de misère. Je sortais du collège ; la foule se portait sous les voûtes de l'ancien Châtelet ; la curiosité m'y poussa comme les autres. Au fond de cette tour gothique (dernier débris subsistant d'un palais que l'on croit avoir été bâti par César) se trouvait, à gauche, un long soupirail qui laissait tomber quelques rayons de lumière dans un souterrain attenant à la basse-geôle. A travers les barreaux du soupirail, où je parvins à passer ma tête, je vis avec effroi le corps d'une jeune fille dont l'extrême blancheur se détachait, comme un jet de lumière, au milieu des ombres épaisses qui l'environnaient. La mort violente qui avait terminé les jours de cette infortunée avait à peine altéré ses traits; elle s'était précipitée dans la Seine, et, malgré la promptitude des secours qui lui avaient été administrés, on n'avait pu la rendre à la vie : ses vêtements, étalés sur la muraille, annonçaient qu'elle n'appartenait pas à la classe commune. On sut depuis qu'un violent chagrin, suite d'une indigne séduction, l'avait portée à cet acte de désespoir.

J'étais comme attaché à cette grille fatale; une sueur froide me coulait du front; je me sentais près de défaillir. Je fus tiré de ce cruel état par les cris d'une femme qui, poussée vers cet endroit par suite des recherches qu'elle faisait depuis deux jours, venait d'y rencontrer sa fille. Je m'éloignai de ce lieu funeste pendant qu'on y prodiguait à cette déplorable mère de vaines consolations. Cette scène douloureuse est restée présente à mon esprit dans ses moindres détails.

Cette institution, fondée par une police sage et surveillante, réclamait un local qui éloignât ou du moins diminuât l'horreur dont on était saisi à la vue de cette espèce de cachot où des parents malheureux venaient, à la faible lueur d'un rayon de soleil, se pencher sur un cadavre pour en reconnaître les traits défigurés.

Dans le cours du dernier siècle, plusieurs ordonnances ont été rendues relativement *aux individus trouvés morts dans les rues, lieux publics, filets des ponts, vannes des moulins, et sous les bateaux des ri-*

vières: les ordonnances de 1732, de 1736, et 1742, déterminèrent les soins à prendre, les déclarations à faire, et les peines encourues par les contrevenants; mais aucune ne fit droit aux réclamations qui avaient eu pour objet l'indécence et l'incommodité du local.

Cette amélioration était réservée à une époque où cette capitale, embellie de tant d'édifices superbes, s'enrichit encore des monuments les plus utiles.

La Morgue a été transférée, il y a quelques années, dans un bâtiment construit exprès sur la place du Marché-Neuf. Cet édifice, isolé, sur le bord de la rivière, à l'extrémité du pont Saint-Michel, est d'une forme analogue à sa destination. Son toit a la coupe d'un tombeau antique, son architecture est sévère, et sa distribution simple et commode. L'entrée offre un porche spacieux, lequel sépare deux salles, dont l'une est destinée à l'examen anatomique, et l'autre à l'exposition des corps que l'on y transporte. La première de ces salles est interdite au public, et des vitraux dépolis en dérobent la vue; l'autre est fermée par une cloison de glaces qui laisse voir dans l'intérieur : de grandes croisées hors d'aspect, et toujours ouvertes, y renouvellent l'air, en l'éclairant dans toute son étendue. Là sont placées, sur un plan oblique et parallèle à la cloison, des dalles de marbre noir, sur lesquelles sont exposés les morts, dont les vêtements tapissent la muraille. La partie la plus reculée de ce bâtiment sert de logement au concierge chargé de cette triste surveillance.

Le hasard m'ayant conduit, il y a quelques jours, dans la Cité, cet édifice, de structure moderne, attira mes regards. Un ami, qui m'accompagnait, m'apprit que c'était *la Morgue.* Je l'engageai vainement à me suivre; il s'en défendit de manière à me convaincre que son refus avait un autre motif qu'une répugnance, d'ailleurs assez naturelle. J'y entrai seul : nous nous rejoignîmes sur le beau quai de l'Archevêché, où, tout en nous promenant, il me raconta l'aventure suivante. Quelques jeunes gens pourront y puiser une leçon d'autant plus utile qu'il s'agit d'un fait assez récent, et malheureusement trop véritable.

« Raymond de Lavagnac était fils d'un ancien lieutenant-colonel. Son père, après trente années de services, s'était retiré dans une terre qu'il possédait à peu de distance de Béziers, et s'y livrait à l'éducation de son fils unique. Pour terminer des études dont il n'avait pu lui donner que les premiers éléments, il le conduisit à Montpellier, et le mit sous la surveillance d'un des professeurs les plus distingués de l'école centrale. Le jeune Raymond s'y fit remarquer par son esprit et ses progrès.

« Après avoir remporté successivement les premiers prix dans toutes ses classes, il obtint de son père la permission de venir à Paris, pour y suivre les cours du Collége de France ; il eut pour compagnons de voyage quelques amis de son âge, appelés à l'École Polytechnique. Ces jeunes gens formèrent, dans un quartier retiré de la capitale, une de ces associations d'étudiants, moins communes aujourd'hui qu'elles ne l'étaient à une époque antérieure à l'institution des lycées et à l'organisation actuelle de l'École Polytechnique.

« Pendant les deux premières années de son séjour à Paris, Raymond fit de l'étude des sciences et des lettres son unique occupation ; la Comédie-Française était le seul délassement qu'il se permît. Son père lui faisait alors une pension de cent louis, à laquelle sa mère, au bout de l'année, en ajoutait vingt-cinq, à titre d'étrennes ; il en laissait la plus grande partie dans les boutiques des bouquinistes du marché des Jacobins et de la rue Saint-Jacques.

« Le terme de ses études fut l'origine de ses malheurs. Raymond vit, avec regret, s'éloigner de lui ses jeunes compagnons. L'un partit pour l'École de Metz ; un autre alla prendre possession d'une chaire de professeur dans un département ; un troisième fut désigné pour l'École des Mines ; le dernier enfin (c'était moi) eut un emploi près d'un ingénieur des ponts et chaussées, qui l'obligeait à de fréquentes absences.

« Dans l'isolement où il se trouvait, Raymond, pour se distraire, crut devoir quitter son modeste logement du Pays-Latin: il en prit un autre dans le voisinage du Palais-Royal. Ce quartier, plus somptueux, nécessite plus de dépenses; son père, en portant sa pension à six mille francs, lui procura les moyens de changer sa manière de vivre, et l'écolier laborieux devint un jeune homme à la mode.

« Il avait l'esprit cultivé, l'air distingué, l'extérieur aimable ; il ne lui manquait, pour obtenir des succès dans le monde, que de vaincre une timidité excessive qui le privait d'une partie de ses avantages, et qui causa sa ruine. La société très équivoque dans laquelle il se trouva lancé (faute d'assurance pour se présenter dans la bonne) lui fit un besoin de son goût pour les spectacles. Une funeste méfiance de ses moyens de plaire ne lui permit d'en faire l'essai qu'auprès de ces femmes plus aimables que sévères, qui semblent, par état, promettre des conquêtes plus faciles. Soit hasard, soit maladresse, il s'éprit de la passion la plus extravagante pour une jeune actrice d'un de nos théâtres secondaires : je tairai son nom, en la désignant par celui de Caroline, dans la crainte d'augmenter ses regrets ou de réveiller ses remords.

« Je ne m'aperçus du mal que lorsqu'il n'était plus au pouvoir de l'amitié d'y apporter remède. Raymond n'était point d'un caractère à pouvoir être ramené par le raisonnement, et je n'aurais pu lui faire des reproches aussi vifs que ceux qu'il s'adressait à lui-même. Pressé par le besoin de confier ses chagrins, et par l'inquiétude que je témoignais du changement physique qui s'opérait en lui, il laissa échapper son secret: il me parla de son amour de manière à m'en faire craindre les funestes conséquences, et m'ôta, dès le premier mot, l'envie d'attaquer par le ridicule un désordre du cœur qui s'annonçait avec toute la force, avec toute la véhémence d'un sentiment. J'aurais été sans inquiétude, s'il ne m'eût entretenu que de sa passion pour Caroline, mais il me parla de son respect, de son estime; il laissa échapper, en rougissant, le mot de mariage, et je vis que tout était perdu.

« Mon jeune ami, quelque ascendant qu'une femme artificieuse eût pris sur sa raison, n'en voyait pas avec moins d'effroi le piége où elle voulait l'entraîner. Il aimait tendrement son père et sa mère; il n'espérait pas les faire jamais consentir à un pareil mariage; et lui-même était élevé dans des principes d'honneur qui ne lui permettaient pas de franchir la barrière que les lois, ou, si l'on veut, les préjugés de la société plaçaient entre lui et sa maîtresse: cependant elle avait mis à ce prix la continuation d'un bonheur dont le terme était pour lui celui de l'existence.

« Six mois s'écoulèrent dans cette lutte pénible

de l'amour et de l'honneur. Caroline, fatiguée du rôle qu'elle jouait, voulut tenter une dernière épreuve, et feignit d'agréer les soins d'un rival qui souscrivait aux conditions auxquelles Raymond refusait de se soumettre.

« Jusque-là j'avais soutenu son courage; il s'abandonna dès-lors à un désespoir dont je n'arrêtai les premiers effets que pour le voir tomber dans une mélancolie profonde : j'y cherchais l'espoir d'une guérison prochaine; c'était le dernier degré d'un mal incurable.

« Il entra chez moi un matin, avant que je fusse levé : il était en habit de cheval. « C'en est fait (me dit-il avec plus de sang-froid qu'à l'ordinaire, et en s'asseyant sur le pied de mon lit)! j'ai pris mon parti, je ne la verrai plus. » Je l'encourageai dans cette disposition; il me regarda avec un sourire amer dont j'étais loin de soupçonner l'expression, et se leva. « Mon ami, ajouta-t-il en se promenant à grands pas dans ma chambre, je vais faire une course qui me fera du bien. Viens chez moi à midi, j'aurai quelque chose à t'apprendre. — Attends moi, lui répondis-je, nous monterons à cheval ensemble. — Non, je vais à un rendez-vous où il ne faut pas de témoins; » et, en disant cela, il s'approcha de mon lit, me serra la main, et sortit avec précipitation.

« Loin que cette démarche me causât la moindre inquiétude, j'interprétai le peu de mots qu'il m'avait dits, de manière à me persuader qu'il cherchait à former une liaison nouvelle.

« Je me rends chez lui à l'heure indiquée; son domestique me remet une lettre; je reconnais son écriture; je l'ouvre... Jugez de l'effroi que j'éprouvai en lisant ces mots :

Mon ami, au moment où tu lis ce billet, j'ai cessé d'aimer et de vivre. Charge-toi d'annoncer à mon père et à ma mère ce fatal événement : dis-leur que je n'avais que le choix entre la mort et la honte, et qu'en me rappelant leur tendresse et leurs vertus, je n'ai à rougir que d'avoir si long-temps balancé.

Adieu pour toujours.

« Je n'essaierai pas de vous peindre ma douleur; et je passe sous silence les recherches inutiles que je fis pour m'assurer d'un malheur dont je voulais encore douter. Ma dernière démarche, après deux jours de courses et d'informations infructueuses, avait été de prévenir la police; ce fut par elle qu'au bout de trois semaines je fus averti de me transporter dans le lieu que vous venez de visiter, pour reconnaître les déplorables restes de mon malheureux ami, qui s'était précipité dans la Seine, et dont le corps avait été jeté sur le rivage, à deux lieues au-delà de Neuilly.

« Vous pouvez maintenant vous expliquer l'horreur que j'éprouve à la seule vue d'un monument qui réveille dans mon cœur un pareil souvenir. »

N° v. [5 juin 1814.]

LES ÉGOÏSTES.

> Moi !
> Moi ! dis-je, et c'est assez.
> Corn , *Médée*.

Il existe dans la nature deux forces opposées, que l'on nomme *centripède* et *centrifuge*, dont les lois, découvertes par Huygens, et appliquées par Newton, gouvernent le monde physique. La première de ces forces appelle tous les corps en mouvement vers un centre commun; la seconde les en éloigne: l'harmonie de l'univers résulte d'une heureuse combinaison de ces deux puissances. La même théorie peut s'appliquer à l'organisation du corps social : le *Patriotisme* et l'*Égoïsme* y remplissent les fonctions de forces centrales; l'un tend à se rapprocher de l'intérêt public, dont l'autre cherche sans cesse à s'isoler. La société la plus heureuse est celle où l'équilibre entre ces deux pouvoirs est le mieux établi. J'avance cette proposition sans m'embarrasser de la conséquence immédiate qu'on peut en tirer, et de l'application qu'on peut en faire au temps et au pays où nous vivons.

C'est à tort, il me semble, que les égoïstes, dont l'espèce (pour ne pas dire la famille) s'accroît d'une manière si effrayante, affectent de prendre *Montaigne* pour leur patron. L'auteur des *Essais* ne craint pas d'avouer qu'il appartient à la secte de ces aimables paresseux qui font consister le bonheur dans le repos du corps, et dans le calme de l'ame dont leur maître Épicure fait le partage de ces dieux fainéants. Montaigne nous apprend lui-même *que sa véritable profession, dans cette vie, était de vivre mollement, et plutôt lâchement qu'affaireusement.* Mais comment accuser d'égoïsme celui de tous les écrivains qui a le mieux parlé de l'amitié, parcequ'il a parlé de ce qu'il a senti? De toutes les passions, de tous les sentiments dont le cœur humain est susceptible, l'amitié est peut-être le seul qui exclue l'égoïsme. Aimer, c'est en quelque sorte déplacer son existence; c'est vivre dans un autre, pour un autre. *Ce n'est pas* (ajoute Montaigne en parlant de sa liaison avec la Boétie) *une spéciale considération qui me détermina; c'est je ne sais quelle quintessence de toutes, qui, ayant saisi ma volonté, l'amena se plonger et se perdre dans la sienne.*

La réputation d'égoïste qu'on a voulu faire à ce philosophe a le même fondement que sa gloire. On a blâmé, en les admirant, ces *Essais*, où il entretient ses lecteurs de sa personne, de ses qualités, et de ses défauts. Montaigne s'était proposé pour but l'étude du cœur humain; pour être plus sûr de ses expériences, il les a faites sur lui-même : il parle de ses vices et de ses vertus avec la même franchise; il se donne souvent pour preuve, et jamais pour modèle.

On a mis plusieurs fois, et toujours sans succès, le caractère de l'égoïste sur la scène. Fabre, qui le peignit des couleurs les plus odieuses dans son *Philinte* (lequel n'est pas celui de Molière, quoi qu'il en dise), a laissé ce personnage sur le second plan, et ne s'en sert que pour relever le beau caractère d'*Alceste*. Barthe, sur le même sujet, n'a fait, avec beaucoup d'esprit, qu'une comédie médiocre; Cailhava n'a pas été plus heureux, et l'*Égoïste* reste encore à faire. Il est fâcheux que nous manquions de peintres pour un pareil tableau, à une époque où nous avons tant de modèles.

En lisant les ouvrages des écrivains de Port-Royal, on ne sait ce qu'on doit admirer le plus, des vastes connaissances de ces vieux cénobites, ou de leur touchante modestie. En songeant que tant de productions immortelles, sorties de cette école du goût et de la raison, étaient présentées au public avec une respectueuse défiance, comment ne pas rire de la morgue doctorale qu'affectent aujourd'hui quelques uns de ces journalistes, sans autre titre à la confiance de leurs lecteurs que le monogramme impertinent qu'ils laissent tomber au bas de leurs articles? Comment ne pas rire, en les entendant répéter à chaque phrase: *Je sais, je pense, je soutiens, j'affirme?* Eh! messieurs, les Pascal, les Arnauld, les Nicole, les Lancelot, disaient modestement: *Nous croyons, nous sommes d'avis.* Ils pensaient que cet usage de parler au public à la première personne, procédait de ce principe de vanité ridicule, qu'ils ont proscrit sous le nom d'*égoïsme* (mot énergique dont ils ont enrichi notre langue). Pascal allait plus loin; il prétendait *qu'un chrétien doit éviter de se servir du mot* JE; *que l'humanité chrétienne anéantit le moi humain, et que la civilité humaine le cache et le supprime:* on conviendra qu'à cet égard du moins, nous n'avons jamais été moins religieux ni moins civils.

Depuis long-temps la révolution est le bouc émissaire que nous chargeons de toutes nos iniquités: de tous les maux dont on veut la rendre responsable, celui d'avoir augmenté le nombre des égoïstes est peut-être le mieux prouvé. Ceux qui l'ont faite, comme ceux qui l'ont soufferte, semblent y avoir appris, pour toute leçon, que la ressource la plus sûre est celle que l'on trouve en *soi*, et le dévouement le mieux récompensé, celui que l'on a pour sa propre personne. Combien de gens aujourd'hui se font hautement une règle de conduite de cette maxime des ames sèches, que beaucoup de gens pratiquaient autrefois, mais, du moins, qu'ils ne professaient pas!

J'ai connu jadis un M. d'Argeville, officier de dragons, qui vivait très bien avec ses camarades, sans autre secret que de ne rendre et de ne demander de services à personne. La nature ne l'avait pas fait égoïste; il l'était devenu par système, à la suite de deux ou trois aventures malheureuses qui lui parurent avoir une source commune dans la bonté de son cœur. Il avait perdu le meilleur de ses amis pour lui avoir rendu un service essentiel en lui prêtant une somme considérable, qu'il ne put se faire rendre qu'en se brouillant avec l'emprunteur. En voulant se mêler d'arranger une affaire d'honneur, il s'en était fait deux ; l'un des adversaires lui avait donné un coup d'épée qui l'avait retenu six mois au lit; il avait tué l'autre, et s'était vu forcé de s'expatrier pendant deux ans. Quelques autres malheurs du même genre avaient achevé d'étouffer sa bienveillance naturelle: pour détruire ses sentiments, il avait adopté des principes sur lesquels il était si ferme, qu'il n'aurait ni prêté un écu à son frère, ni dit un mot pour sauver la vie à deux de ses camarades. Il répétait souvent que, *dans ce monde, il fallait se faire centre d'un cercle qui n'eût pas plus de deux pieds de diamètre.*

Il est pénible de penser qu'un de nos philosophes les plus célèbres, de nos écrivains les plus distingués, que Fontenelle, dont la longue vie peut mieux qu'une autre fournir une suite d'expériences sur le cœur humain ; il est pénible, dis-je, de penser que cet homme célèbre ait été entiché, ou plutôt entaché d'égoïsme, au point d'avoir accrédité, sous son nom, cet aphorisme anti-social, qu'*il n'y a de bonheur parfait qu'avec un mauvais cœur et un bon estomac*. Ce mot, qui pouvait échapper à l'ingénuité d'un égoïste, ou même à l'humeur d'un misanthrope, n'acquiert une autorité dangereuse que dans la bouche d'un homme dont la carrière heureuse et brillante n'en est, aux yeux de bien des gens, qu'un long commentaire.

Parmi les égoïstes fameux du dernier siècle, on ne peut oublier cette marquise du Deffand, qui, dans les derniers mois de la vie de son vieil ami, le président Hénault, passait avec lui toutes ses soirées. On la voit arriver chez madame de Forcalquier, on en conclut que le président se porte mieux ; on s'informe de sa santé : *Vous ne me verriez pas ici*, répondit-elle, *si je n'avais pas eu le malheur de le perdre ce matin*.

Tout le monde connaît cette réponse de Colardeau mourant, à son ami Barthe, qui lui demandait son avis sur la comédie de l'*Homme Personnel*, qu'il venait de lire au chevet du lit du malade : *Vous pouvez ajouter un bien bon trait au caractère de votre principal personnage* (lui répondit Colardeau), *en disant qu'il force son vieil ami, la veille de sa mort, à écouter la lecture d'une comédie en cinq actes*.

Je ferais un livre au lieu d'un *discours,* si j'essayais de tracer, même en quelques lignes, les différents portraits d'égoïstes dont la société, dans toutes les classes, pourrait m'offrir les modèles : je me borne à un seul que j'ai bien observé, et qui me paraît avoir atteint la perfection, ou, pour mieux dire, la laideur idéale d'un défaut auquel je connais peu de vices qui ne soient préférables.

Saint-Chaumont est parvenu à l'âge de quarante ans sans avoir eu une idée, un sentiment étranger à sa personne. Pour qu'il soit exactement vrai de dire

Que le moi dans sa bouche a plus d'une syllabe,

il a soin, en parlant, de le faire suivre immédiatement du pronom *je; moi je* commence toutes ses phrases : il ne connaît de maux que ceux qu'il sent, de jouissances que celles qu'il éprouve; s'il est à la promenade et qu'il pleuve, il est convaincu que l'eau ne tombe que sur lui; va-t-il à pied dans les rues, il ne conçoit pas que la police laisse subsister les cabriolets; est-il en cabriolet, il se plaint de la rigueur des ordonnances, qui ne permettent pas d'écraser impunément les gens à pied : toutes ses actions, toutes ses pensées, tous ses jugements sont autant de réponses à ces questions qu'il s'adresse sans cesse : *Quel avantage en résultera-t-il pour moi? Quel dérangement cela peut-il me causer? A quoi cela peut-il me servir?*

Saint-Chaumont a dans le monde la réputation d'un honnête homme : quelle est donc la valeur de ce mot? Un de ses amis vient le prévenir un soir qu'il aura besoin de lui le lendemain matin à sept heures, pour une affaire au succès de laquelle sa fortune entière, son bonheur et celui de sa famille sont attachés. Le rendez-vous est précis; un quart d'heure de retard anéantirait toutes ses espérances. Saint-Chaumont promet d'être exact; mais il ne se lève jamais qu'à neuf heures : il court risque d'être mal à son aise tout le reste du jour quand il s'écarte de ses habitudes. A huit heures, il est encore dans son lit : son ami vient, le presse, le supplie; il se lève, mais jamais il ne sort à jeun; son médecin le lui recommande sous peine de maux de tête affreux. Neuf heures vont sonner : il s'est vêtu bien chaudement; il a mis ses claques, sa pièce d'estomac, du coton dans ses oreilles : il part, monte en voiture, arrive; depuis deux heures l'affaire est terminée; la ruine de son ami est complète. — C'était bien la peine de me faire lever si matin !

L'année dernière, nous nous trouvions ensemble à la campagne; un soir, le fils du maître de la maison, qui se promenait dans le parc, tombe dans un puisard dont on avait négligé de fermer l'ouverture, et se démet le pied. Un jardinier vient annoncer cet accident; les uns volent au secours du jeune homme; les autres préparent des matelas dans le salon pour y déposer le blessé : Saint-Chaumont y tombe sans connaissance; on s'empresse autour de lui, on lui fait respirer des sels; ses esprits se raniment; quelqu'un, qui se méprend sur la cause de son évanouissement, croit le tranquilliser en l'assurant que le mal est moins grand qu'on ne le craignait; que le jeune homme n'a pas la jambe cassée. *A la bonne heure,* dit-il, *mais je n'en frémis pas moins du danger que j'ai couru, quand je songe que je me suis promené hier soir dans cet endroit, et que la même chose pouvait m'arriver.*

Ces deux traits de caractère d'un parfait égoïste me dispensent de le présenter dans des situations moins importantes; à table, chez lui comme chez les autres, se servant toujours le meilleur morceau; au spectacle, dans une loge louée, s'emparant de la meilleure place, sans égard d'âge, de rang, ni même de sexe; dans un salon, debout, en face de la cheminée, profitant du feu, et s'embarrassant fort peu d'en priver les autres : dans quelque moment qu'on le prenne, dans quelque attitude qu'on l'observe, on le verra toujours occupé *de lui* quand il veille, et songeant *à lui* quand il dort.

Mes lecteurs desirent-ils une peinture achevée de l'égoïsme, ils la trouveront dans cette fable de M. Arnault, où le rapprochement le plus ingénieux est exprimé avec la plus énergique et la plus élégante concision :

LE COLIMAÇON.

>Sans amis, comme sans famille,
>Ici-bas vivre en étranger;
>Se retirer dans sa coquille
>Au signal du moindre danger;
>S'aimer d'une amitié sans bornes,
>De soi seul emplir sa maison;
>En sortir, suivant la saison,
>Pour faire à son prochain les cornes;
>Signaler ses pas destructeurs
>Par les traces les plus impures;
>Outrager les plus tendres fleurs
>Par ses baisers ou ses morsures;
>Enfin, chez soi comme en prison,
>Vieillir, de jour en jour plus triste:
>C'est l'histoire de l'Egoïste
>Et celle du Colimaçon.

Dans cette fable charmante, chaque vers est une pensée : la remarque est bonne à faire dans un temps où les pensées sont si rares et les vers si communs.

N° VI. [7 JUIN 1814.]

LE BUREAU DE DEUIL.

> ....*Si paulum potes, illacrymare. Est*
> *Gaudia prodentem vultum celare Sepulcrum*
> *Commissum arbitrio sine sordibus exstrue. Funus*
> *Egregie factum laudet vicinia.*......
>
> HOR., sat v, lib. II.
>
> Il n'y aurait pas de mal à pleurer un peu, mais surtout que votre visage ne trahisse pas votre joie. Si vous êtes chargé des funérailles, faites assez bien les choses pour que les voisins en parlent avec éloge.

Le ridicule, en France, porte avec lui une sorte de mordant au moyen duquel il s'attache à tout, aux choses les plus importantes comme aux plus frivoles, aux objets les plus gais comme aux plus sérieux; la moindre circonstance, un mot dont il s'empare, opère dans les esprits une révolution complète, et les fait quelquefois passer, sans aucune gradation, de la plus profonde tristesse à la joie la plus extravagante.

Je me rappelle avoir entendu plaider, il y a quelques années, un avocat du premier talent dans une cause où la vie, l'honneur et la fortune de plusieurs individus se trouvaient compromis. L'auditoire était nombreux et attentif; l'orateur, dans sa péroraison pleine d'éloquence et de chaleur, avait porté l'émotion à son comble; tous les assistants fondaient en larmes; malheureusement, dans la chaleur d'un mouvement pathétique, dont l'effet ne pouvoit être prévu, une partie essentielle du vêtement de l'avocat vint à perdre son point d'appui, et ne laissa plus qu'une main à la disposition de l'orateur. Cet incident burlesque, dont chacun s'aperçut, excita tout-à-coup un rire général; on oublia la situation des accusés et l'éloquence de leur défenseur; il fut impossible de ramener le calme, et le président fut obligé d'ajourner la cause pour ne pas risquer de rendre un arrêt de mort au milieu des convulsions d'un rire inextinguible.

Rien de plus triste que la mort et tout ce qui tient à son cortége; c'est une image que peu de gens ont la force de supporter, par la raison que c'est un malheur auquel personne n'a l'espoir de se soustraire; il n'en est pas moins vrai que le ridicule peut l'atteindre, et qu'une fois maître du sujet, il y trouve une source de comique que le bon goût ne réprouve pas toujours. Une des scènes les plus gaies du *Mercure galant* n'est-elle pas celle de Boniface Chrétien, dans laquelle il n'est question que de billets mortuaires? Les comédies du *Double veuvage*, du *Légataire*, des *Héritiers*, des *Étourdis*, que l'on revoit

avec tant de plaisir au théâtre, ne roulent-elles pas
sur des détails de mort, de convoi funèbre, de frais
d'enterrement? Enfin, dans *Crispin médecin*, les ris
immodérés des spectateurs ont-ils une autre cause
que les angoisses d'un valet qui se voit au moment
d'être disséqué tout vif?

Les Anglais ont été beaucoup plus loin. J'ai vu
jouer à Londres une comédie (*le Docteur burlesque*,
autant qu'il m'en souvient) dont la scène se passe
dans un bureau de deuil; les personnages sont des
pleureurs à gages, des fossoyeurs, et quelques héritiers qui ont besoin de leur ministère. Cette pièce
est d'une gaieté folle. Je crois me rappeler qu'on a
cherché, sans succès, à l'introduire sur un de nos
théâtres; je n'en persiste pas moins à croire que
l'intérieur d'un bureau de deuil peut être le sujet
d'une bonne comédie de mœurs.

Ce genre d'établissement (auquel ne suppléaient
pas autrefois les fabriques des églises) indispensable
dans une grande ville, a dû, comme tant d'autres,
s'y entourer d'abus, dont le premier tient à la nature
même d'une spéculation dont les entrepreneurs doivent se dire, comme Boniface Chrétien :

Je ne puis être heureux qu'à force de trépas.

Je ne sais à quelle époque remonte, dans cette
capitale, l'origine du bureau de deuil, dont l'objet
se bornait autrefois à l'annonce des décès et aux

billets *de faire part*. On pouvait s'y abonner pour une somme très modique, au moyen de laquelle on était instruit, à point nommé, de la mort d'une foule de gens dont le trépas seul révélait l'existence. Les fabriques paroissiales se chargeaient de tous les autres détails des solennités funèbres, dont le prix, qu'aucun tarif ne fixait encore, se débattait entre les intéressés.

Jusque-là l'autorité n'était intervenue que pour restreindre la durée du deuil : on n'est point étonné d'apprendre que la première ordonnance, à ce sujet, en date du 19 juin 1716, par laquelle le temps des deuils de cour se trouvait réduit de moitié, ait été rendue par le régent, ennemi de toute espèce d'étiquette. Cette ordonnance fut très plaisamment motivée *sur le tort que faisait aux marchands et aux manufacturiers l'abus de prolonger la durée des deuils.*

Il eût été plus sage, à cette époque, de limiter le faste des convois, que la vanité avait transformés en cérémonies d'apparat, et dont l'usage avait fini par imposer l'obligation. La chapelle ardente au domicile du défunt, le lit de parade, le catafalque dans l'église, les tentures de velours, les armoiries larmoyantes, les custodes et devantures d'autel, les gens, les carrosses et les appartements drapés, tout ce luxe funèbre devenait l'occasion de dépenses ruineuses auxquelles la fortune du défunt avait quelquefois peine à suffire.

5.

Vers le commencement du règne de Louis XV, un arrêté du parlement décida *que les ornements qui avaient servi dans un convoi appartenaient de droit à la fabrique;* dès-lors ces mêmes fabriques s'érigèrent en bureau de deuil, et se chargèrent, par entreprise, du soin d'honorer les morts, et d'exprimer publiquement les regrets et la douleur des familles: cette opposition si piquante, de la tristesse et de la vanité aux prises avec l'intérêt et l'avarice, est bien faite pour dérider le front de l'observateur le plus *sentimental;* et j'ai vu se passer sous mes yeux, à différentes époques, deux petites scènes de ce genre, que je vais essayer de reproduire dans toute leur naïveté.

Quelques années avant la révolution, le marquis de N*** mourut à Paris, et institua un de ses cousins légataire universel. Le défunt laissait une assez grande fortune; et le rang qu'il tenait dans le monde exigeait que ses obsèques se fissent avec une sorte de pompe. A cette époque, l'opinion publique présidait un tribunal dont on ne bravait pas impunément les arrêts. Le cousin, tout avare qu'il était, n'en redoutait pas moins les reproches et les railleries amères d'une foule de collatéraux déshérités qui l'attendaient à la cérémonie des funérailles pour l'accuser publiquement d'ingratitude. Il voulait concilier son intérêt, sa vanité, et sa réputation; nous étions liés ensemble, il me choisit pour médiateur.

Nous nous rendîmes tous deux au bureau de deuil de la paroisse du défunt ; nous y trouvâmes, au fond d'un cabinet sale et obscur, une espèce de sacristain-greffier qui déjeunait sur le coin d'une table en forme de bureau, où se trouvaient, pêle-mêle, une bouteille de vin, un bénitier, un paquet de cierges, et un morceau de fromage enveloppé dans un billet d'enterrement. Il vint à nous en s'essuyant les lèvres ; et devinant, à l'habit du cousin, le sujet de notre visite, il composa sa figure, et commença une conversation qui m'est restée dans la mémoire.

L'ENTREPRENEUR, *au cousin.*

Je connais, monsieur, toute l'étendue de la perte que vous avez faite ; mais enfin nous sommes tous mortels. Comment voulez-vous être servi ?

MOI.

Sans trop de faste, mais sans mesquinerie.

L'ENTREPRENEUR.

Quelque chose qui ait de l'apparence et qui ne coûte pas trop cher ; j'entends. Le défunt était riche ?

LE COUSIN.

Beaucoup moins qu'on ne croit.

L'ENTREPRENEUR.

Vous ne pouvez pas vous passer de *la grande argenterie.* Quels étaient ses titres ?

MOI.

Marquis.

L'ENTREPRENEUR.

Marquis? diable! *Vingt-quatre pleureurs* choisis.

LE COUSIN.

Douze suffiraient : la famille est nombreuse.

L'ENTREPRENEUR.

De quelles charges ou dignités M. le marquis était-il revêtu.

MOI.

Conseiller-d'état.

L'ENTREPRENEUR.

Peste! *Le drap mortuaire en velours, à croix d'argent.*

LE COUSIN.

Intendant de Poitiers.

L'ENTREPRENEUR.

Vous m'en direz tant : marquis, conseiller-d'état, intendant de Poitiers! *Chapelle ardente, exposition sous le porche.* Des fiefs, sans doute?

MOI.

Je ne crois pas.

LE COUSIN

Pardonnez-moi : seigneur de quatre paroisses.

L'ENTREPRENEUR.

Le poêle de frange, porté par les gens de justice, baillis et sénéchaux, ou leurs représentants. Quelles armoiries?

LE COUSIN.

Les mêmes que les miennes : *Fond de sable, écartelé d'azur, demi-pal, et trois tours de gueule.*

L'ENTREPRENEUR.

Tenture écussonnée, conforme au modèle, et quinze cents billets *de faire part*. Maintenant, messieurs, il ne s'agit plus que de savoir si vous voulez de la cire neuve ou de la vieille.

LE COUSIN.

Quelle est la différence du prix?

L'ENTREPRENEUR.

Quinze pour cent; et comme rien ne se fait ici par intérêt, je dois vous prévenir que la vieille cire vous fera tout autant d'honneur que la neuve.

MOI.

Fort bien; mais, auparavant, dites-nous ce que vous entendez par *vieille cire?*

L'ENTREPRENEUR.

Le voici: autrefois la cire des enterrements était un sujet de dispute entre la fabrique et les domestiques de la maison; il en est souvent résulté des débats scandaleux: pour les prévenir, un arrêt du conseil, de 1745, alloue aux domestiques la cire jaune des chapelles ardentes; ceux-ci nous la revendent, et nous y trouvons une économie qui tourne au profit des familles.

Après avoir admiré la vigilance d'une législation qui s'étendait à de pareilles vétilles, nous réglâmes le mémoire des frais, lequel, après y avoir ajouté les manteaux de deuil pour les parents, les gants de castor noir pour les laquais, trois cents aunes de crêpe pour les pleureurs et les pauvres de la suite, ne se monta pas moins qu'à la somme de 7,566 liv. 15 s. 9 d. Cette douloureuse récapitulation arracha au pauvre cousin des larmes, sur la source desquelles il me fut d'autant moins possible de me méprendre, qu'il me tirait à chaque article par la basque de mon habit. Après avoir bien marchandé, j'obtins une réduction d'un tiers sur le mémoire et sur la douleur du légataire.

Depuis quelques années, il s'est fait dans cette administration des changements utiles et convenables : les fabriques de paroisses n'ont plus rien de commun pour tout ce qui se passe hors des églises avec le matériel des enterrements, devenu l'objet d'une entreprise particulière, sous la surveillance de l'autorité municipale.

J'ai passé dernièrement une heure au bureau de deuil, et j'ai eu l'occasion de me convaincre que c'était, à bien examiner la chose, un des théâtres de Paris où se jouaient les scènes les plus comiques. J'ai sur-tout remarqué un gros homme joufflu, vermeil, qui faisait les plus drôles d'efforts pour donner à sa physionomie joviale l'expression de la tristesse. Il venait commander l'enterrement de sa femme, et ne tarissait pas sur son éloge, qu'il termina par cette singulière exclamation :

« Hélas ! dans les circonstances actuelles, il est trop heureux que Dieu l'ait appelée à lui, la voilà tranquille au moins; il n'y a plus que moi qui souffre; chacun sait que pour elle je me suis toujours sacrifié. »

Il prévint ensuite l'entrepreneur qu'il ne voulait rien épargner pour donner à cette épouse si chère un dernier témoignage de tendresse. « La tenture de velours? — Oui, sans doute, la tenture de velours : peut-il y avoir rien de trop beau pour elle? De quel prix est la tenture de velours? — Six cents francs. — Six cents francs!... Je fais une réflexion : je dois respecter ses goûts, même après sa mort, et je me souviens qu'elle avait pour ce genre de luxe une aversion toute particulière. Mettez la tenture de serge; mais, pour le reste, n'épargnez rien; je veux faire les choses grandement. — Nous vous donnerons cinquante cierges de première qualité pour deux cents francs. — Cinquante cierges pour deux cents francs! Ah! chère amie, s'il m'en fallait allumer un pour chacune de tes vertus, quelle fortune y pourrait suffire? Nous en mettrons quatre; mais sous tous les autres rapports, que le convoi soit brillant. — Vous voulez donc un grand nombre de voitures de suite? vingt-cinq, par exemple, à un louis chacune. — Ce qu'il y a de mieux, monsieur; mais rien d'inutile. Cette excellente femme choisissait bien ses amis; elle en avait peu, et je ne veux pas d'indifférents à ce convoi : une seule voiture suffira. — C'est-à-dire, Monsieur, que vous voulez le convoi

le moins cher, et non pas le plus brillant, comme vous l'avez répété plusieurs fois. — Pardonnez-moi, monsieur; le plus brillant de simplicité, de modestie; en un mot, le plus conforme aux vertus de l'épouse chérie à laquelle j'ai la douleur de survivre. »
Il accompagna ces derniers mots d'un soupir cadencé, d'un effet si burlesque, que je ne parvins à cacher qu'à moitié sous mon mouchoir l'envie de rire qui m'étouffait, et auquel j'allai donner carrière dans la chambre voisine.

N° VII. [10 juin 1814.]

L'ATELIER DU PEINTRE.

> ..*Nec desilies imitator in actum.*
> Hor, *Ars poet.*
>
> Ne vous piquez pas d'une imitation trop scrupuleuse.

Le nom d'*artiste* est de création moderne, du moins dans le sens où nous l'employons aujourd'hui. Il est utile, convenable; il s'applique fort bien et d'une manière générale à tous ceux qui exercent ou qui professent un art quelconque; mais dans ces derniers temps on en a singulièrement abusé. Dans le cours d'une révolution qui tendait à tout égaliser, on en avait fait un synonyme du mot *artisan;* aujourd'hui l'on s'en sert par courtoisie pour désigner l'état d'une foule de gens qui n'en ont pas. M. Gérard est un peintre, M. Houdon est un sculpteur, M. Méhul est un musicien, M. Talma est un comédien; messieurs tels et tels, le décorateur des *Ombres chinoises*, le troisième violon de l'orchestre de l'Ambigu, le père noble de la troupe de Montargis, sont des *artistes*. Ce n'est là qu'une dispute de mots ; mais si le mot a sur la chose une influence fâcheuse, il doit être permis de s'y arrêter. La facilité avec laquelle on accorde le nom d'artiste à tous ceux qui se l'arrogent, contribue plus qu'on ne le croit à augmenter le nombre de ces jeunes gens des deux sexes qui, après avoir végété plusieurs années dans les ateliers ou dans les classes du Conservatoire, en sortent avec un titre qu'ils aiment mieux porter sans fruit et sans honneur, que d'y déroger en prenant une profession utile à laquelle ils seraient propres. De là cette foule de barbouilleurs dont les enseignes encadrées bariolent les arcades du Palais-Royal ; de là cette nuée de croquenotes qui courent le cachet dans la banlieue, qui spéculent sur la vente d'une romance ou d'une walse, et qui attendent la saison des bals, dont ils composent l'orchestre, pour payer leur loyer et donner un à-compte à leur tailleur.

Je rencontrai dernièrement à la vente des tableaux de M. L*** le jeune Saint-Charles, fils d'un horloger très habile : il me reconnut et m'aborda. En me faisant souvenir que je l'avais autrefois recommandé à M. Vien, il me rappela que le restaurateur de l'École française m'avait souvent assuré que ce jeune homme ne ferait jamais rien en peinture, et que je l'avais plus d'une fois engagé à prendre l'état qu'avait honoré son père. Tourmenté d'un desir qu'il prenait pour une vocation d'être *artiste*, il ne tint aucun compte de mes conseils, et fit à ses frais le voyage de Rome : il en était revenu depuis quatre ans. Comme il jugeait probablement que l'indigence de son vêtement ne devait pas me donner une grande idée de sa fortune, il s'empressa de m'assurer qu'il était l'homme le plus heureux du monde, et me fit promettre de l'aller voir.

Je le trouvai dans une mansarde du Palais-Royal ; il me présenta sa femme, qu'il m'avait annoncée comme une jeune villageoise du pays de Caux, et sur l'origine de laquelle je fus bien tenté de porter un autre jugement. Tout, dans ce misérable réduit, portait le caractère du désordre et de cette pauvreté qu'un vernis de luxe rend encore plus insupportable. Pour me distraire du bruit et du spectacle de deux enfants très sales qui se battaient avec un chien dans une chambre étroite, laquelle servait en même temps de cuisine et d'atelier, notre artiste me faisait remarquer le coup d'œil magnifique dont il *jouirait*, disait-il, si quelque bon incendie, en le débarrassant d'une maison à sept étages élevée devant sa fenêtre, faisait disparaître le seul obstacle qui le privât du plus beau point de vue qu'il soit possible d'imaginer. Il me fit voir ensuite ses dessins et ses tableaux. Aucun ne démentait la prédiction de M. Vien ; mais tous étaient des chefs-d'œuvre aux yeux de leur auteur, qui n'attendait que la paix avec l'Angleterre pour faire passer à Londres cette précieuse collection, sur laquelle il fondait sa fortune. En attendant, il vivait, disait-il, en artiste; luttait avec orgueil contre les besoins dont il était quelquefois assiégé, et cédait sans honte à la nécessité qui l'obligeait à dégrader ses nobles pinceaux jusqu'à peindre la figure triviale d'un limonadier du Perron, ou le profil bourgeois d'une bijoutière de la galerie des Bons-Enfants. Il n'était plus temps d'attaquer sa résolution; qu'avais-je de mieux à faire que de louer sa philosophie?

En quittant cet artiste, j'allai visiter un peintre, afin de mesurer d'un coup-d'œil l'espace qui les sépare. M. N***, après avoir remporté le grand prix, et fait le voyage de Rome, où de bonnes études ont développé son talent, est revenu dans sa patrie, et s'y est annoncé par un chef-d'œuvre. Ce jeune homme est doué d'une de ces têtes où le génie bouillonne, où l'imagination fermente, et d'où sortent ces créations poétiques qui s'emparent de l'ame avant même d'avoir été jugées par le goût. Ses rivaux applaudirent à ses succès; le gouvernement les encouragea en le chargeant de travaux importants, et les plus jolies femmes de Paris, à la préférence desquelles il n'est point insensible, s'empressèrent de se faire peindre par lui.

M. N*** est logé au faubourg Saint-Germain, dans une petite maison qu'il a décorée lui-même avec beaucoup de goût, et dont son atelier occupe la plus grande partie : c'est un vrai sanctuaire des arts où le désordre règne sans confusion : des toiles, des esquisses, sont disposées sur des chevalets; de beaux plâtres d'après l'antique, parmi lesquels on distingue le Torse du Vatican, les têtes de l'Apollon et de l'Antinoüs, sont rangés par étages; et des armures, des armes modernes, des vêtements de différents genres, y sont jetés sur des fauteuils, autour de deux mannequins, dont l'un représente un chevalier du quatorzième siècle, armé de toutes pièces, et l'autre, une élégante française du dix-neuvième, dans un costume qui réunit la grace de l'antique au charme de la mode. Une petite bibliothéque, soutenue par des cariatides égyptiennes, renferme deux ou trois cents volumes choisis, parmi lesquels on remarque en première ligne les ouvrages de Léonard de Vinci, de l'abbé Dubos, de Winckelman, de Montfaucon, les ruines d'Herculanum, etc. Delille y tient sa place en qualité de peintre-poète, et Le Sage, Fielding, Richardson, et la Bruyère, n'y sont pas oubliés comme peintres de mœurs.

Les peintres d'histoire ont, pendant long-temps en France, dédaigné *le portrait*. M. N*** se garde bien de négliger une branche de l'art qu'ont illustré les Vandyck, les Titien, et Raphaël lui-même. Son atelier était encombré de portraits dont le plus grand nombre était là pour être retouché dans quelques parties du costume (genre de travail auquel il employait ses élèves).

Le premier qui frappa mes regards représentait un adjoint de mairie, dont la figure n'était pas précisément ignoble, et n'annonçait pas un homme entièrement imbécile. L'original de ce portrait venait d'obtenir une place de conseiller de préfecture, et il s'agissait de remplacer sur son habit la baguette en argent par une petite broderie en soie bleue : de plus, comme M. le conseiller voulait perpétuer dans sa famille le souvenir de sa première dignité, il avait imaginé de faire peindre son écharpe sur le dossier du fauteuil ou il était assis.

« Celui-ci (me dit M. N*** en me montrant un autre portrait) m'a mis dans un bien plus grand embarras : c'est un petit-maître étranger que deux ou trois caillettes ont mis à la mode à Paris pendant quelques semaines : nous avons été huit grands jours pour trouver une pose qui permît de montrer à-la-fois l'ordre de Saint-Wladimir, et la clef de chambellan dont ce Lovelace hyperboréen est décoré. Le problème était d'autant plus difficile à résoudre, que l'un se porte à gauche par devant, et l'autre à droite par derrière. Je m'en suis tiré, comme vous voyez, en plaçant auprès de mon modèle une glace à la Psyché, qui le montre sous un double aspect. »

Comme nous poursuivions cette revue amusante,

la pendule sonna midi; c'était l'heure où notre Appelle commençait ses séances.

J'allais me retirer: « Restez, me dit-il, j'attends quelques originaux qui sont bons à connaître; vous pouvez vous donner le plaisir de les voir poser et de les entendre, en passant dans ce cabinet, d'où vous serez le maître de sortir, quand bon vous semblera, par la porte de dégagement qui donne sur le petit escalier... Une voiture s'arrête à la porte; ce sont les modèles d'un tableau de famille dont le chef est M. le baron Coquard de la Grivaudière; je ne vous dis rien de son rang ni de son esprit: regardez, écoutez, et devinez. »

Du fond de mon observatoire je vis s'avancer, ou plutôt se rouler, une espèce de tour, surmontée d'une figure humaine; c'était M. le baron: la baronne était une de ces femmes qui ne dépareraient pas une compagnie de grenadiers; sa figure était régulièrement insipide: elle avait les bras carrés, le pied large, et la gorge plate. Je ne serais pourtant pas étonné qu'elle passât dans le monde pour une belle femme: ses deux enfants, d'une figure très aimable, s'étaient approprié avec beaucoup de réserve les beautés mâles de leur mère.

« Nous voilà, dit le baron Coquard (en remettant à un laquais en habit de livrée tout neuf son vitchoura et les fourrures de sa femme). Mais dépêchons-nous; car, quand on paie comme moi, on a droit d'exiger que les choses se fassent bien et vite. — Composons d'abord le groupe, répondit M. N***. Avez-vous à cet égard quelques idées particulières? — Des idées! j'en ai mille; mais je m'arrête par préférence à la plus simple : vous me peindrez dans mon parc, péchant à la ligne dans mon grand bassin, et vous aurez soin que l'on voie la façade de mon château, dont je vous apporte le dessin : sur-tout, que l'eau où je pécherai soit bien claire; j'ai mes raisons pour cela. — Et Madame? — Je veux être peinte au pied du Vésuve au moment d'une éruption, dont j'explique à mes fils l'inexplicable phénomène : c'est un fait historique. — Fort bien! mais comment puis-je peindre dans le même tableau madame la baronne au pied du Vésuve, et monsieur le baron au bord de son grand bassin, dans sa terre de Bric? Nous avons nos trois unités comme les auteurs dramatiques, et l'unité de lieu est celle qu'il nous est le moins permis de violer. — Avec de la perspective (reprit M. Coquard) on se tire de tout; arrangez-vous comme il vous plaira, je ne sors point de mon château. — Et moi, je tiens au Vésuve. — Je ne vois qu'un moyen de tout concilier : je peindrai madame dans une fabrique (au bord du bassin où monsieur péchera), et montrant à ses fils une vue coloriée du Vésuve, dans laquelle ils seront tous les trois représentés conformément au trait historique. — Nous y voilà! s'écria le baron : on a bien de la peine à se faire comprendre. »

Après une demi-heure, qui servit au peintre à préparer son esquisse, le baron financier leva la séance, et fit place à un auteur qui venait chercher son portrait pour le faire graver, et le mettre en tête d'une ancienne édition de Plutarque qu'il avait surchargée de quelques notes insignifiantes. Ce pédant ridicule, connu par sa fatuité et son *outre-cuidance*, était convaincu que son image en taille-douce ferait un merveilleux effet au frontispice des *Hommes illustres*.

Je vis paraître ensuite une jeune dame, que j'aurais prise pour le modèle de la *Psyché* de Gérard, si l'expression ravissante de ses grands yeux bleus ne m'eût appris que l'Amour avait déjà passé par là. Je ne me lassais pas d'admirer sa taille légère, son teint si frais et si pur, mille attraits formés, d'autres naissants encore. Le peintre s'était surpassé : le portrait, presque fini, approchait de la perfection du modèle. Quand cette belle personne eut posé quelques minutes, « Mon mari, dit-elle d'un air timide et embarrassé, doit venir demain chercher ce portrait; je desirerais, Monsieur, que vous trouvassiez quelque prétexte pour le garder et m'en faire une copie que je destine... (La voix devint moins assurée.) — A une amie à qui vous en ménagez la surprise, continua vivement le peintre? — Oui, Monsieur, à

6.

une amie d'enfance. — Nous sommes accoutumés à ces petits secrets d'amitié, et vous pouvez être parfaitement tranquille sur le vôtre. — Je desirerais, Monsieur (poursuivit-elle avec plus d'assurance), que la copie fût si conforme au portrait original que l'on pût s'y méprendre. — On s'y méprendra, Madame... je suis garant qu'on s'y méprendra. » M. N*** appuya sur ces derniers mots avec un sourire dont la rougeur de la jeune dame m'expliqua la malignité.

Les autres personnages qui se succédèrent dans l'atelier du peintre étaient sans physionomie; je me lassai bientôt de contempler des mannequins.

N° VIII [15 juin 1814.]

COUP D'OEIL SUR PARIS
AU MOIS DE MAI 1814.

> .... *Huc propius me,*
> *Dum doceo insanire omnes, vos ordine audite.*
> Hor., sat. III, lib. II.
>
> Écoutez-moi, et je vous prouverai qu'ils ont tous un grain de folie.

Soyons de notre pays. Fasse le ciel que ce refrain d'un très joli vaudeville, que l'on chantait le mois dernier au Rocher de Cancale, devienne un jour populaire en France! « Je suis déjà vieux (me disait Dubuisson en nous promenant ensemble aux Tuileries), et j'ai passé les neuf dixièmes de ma vie dans cette *bonne* ville de Paris, à laquelle je suis souvent tenté de donner une autre épithète. C'est une planète dont je croyais avoir examiné toutes les phases, après l'avoir vue passer cent fois de la gaieté à la tristesse, du calme au délire, du luxe à la misère, de la guerre à la paix; il me restait à l'observer sous l'aspect bizarre où elle se présente aujourd'hui : cinquante ans d'observations ne m'en avaient pas donné l'idée.

— Je laisse à l'histoire le soin de discuter ce que la France peut avoir perdu en considération politique par le fait de l'envahissement qu'elle vient de subir : tout ce dont je suis certain, en examinant la cause de nos désastres, en calculant le nombre de nos ennemis, en observant qu'ils nous ont surpris dans cette étrange situation, où nous devions placer nos espérances dans la défaite, et nos craintes dans la victoire; tout ce dont je suis certain, en pesant et combinant toutes ces circonstances, c'est que la prise de Paris même n'a point obscurci notre gloire militaire, et nous laisse au premier rang des nations de l'Europe. Nos preuves sont faites depuis long-temps ; s'il en fallait d'autres, je connais une armée qui ne serait pas embarrassée de les fournir.

— Ce qui m'afflige bien plus que l'abandon de quelques portions de territoire, c'est l'altération du caractère national; car il ne faut pas craindre d'appeler les choses par leur nom.

« Il y a entre le 50ᵉ et le 56ᵉ degré de latitude un peuple que je hais, mais que j'estime à plusieurs égards : l'un et l'autre des sentiments opposés qu'il m'inspire ont une source commune dans cet excès de patriotisme qui l'isole du reste du monde. Chez cette nation, l'homme le plus égoïste ne cesse pas d'être citoyen; l'homme le plus modeste a de la fierté nationale. Si le sort des armes nous eût conduits dans ce pays-là, et si la politique, d'accord cette fois avec l'humanité, nous eût fait une loi d'adoucir la conquête pour la rendre en même temps plus honorable et plus facile, nous aurions obtenu l'estime des vaincus; peut-être même les eussions-nous forcés à une sorte de reconnaissance; mais le général français, de quelque talent, de quelque générosité qu'il eût fait preuve dans la conduite de cette guerre, n'eût point été accueilli chez les vaincus au bruit des acclamations; il n'aurait pas été l'objet d'un honteux enthousiasme, et (continua Dubuisson en me montrant du doigt une femme et deux hommes d'un certain âge qui passaient près de nous) l'on n'aurait pas adopté nos modes, tout absurdes, toutes grotesques qu'elles auraient pu être. »

L'ami Dubuisson s'arrête difficilement quand il est une fois en train de médire de ses compatriotes, qu'il traite d'autant plus sévèrement qu'il les aime davantage. « Vous ne vous pénétrez pas assez, lui dis-je, de la position difficile où nous nous sommes trouvés, et de l'excuse qui légitime, en quelque sorte, ces inconséquences, que vous appelez d'un nom beaucoup trop sévère. Ce n'est point à des vainqueurs, mais à des libérateurs que nous avons cru adresser ces acclamations, ces déférences, ces hommages, qui vous tiennent tant à cœur. L'expression, il est vrai, pouvait en être plus mesurée: une cordialité franche, un rapprochement sincère, des témoignages d'estime, pouvaient acquitter envers les alliés la dette de l'honneur. Mais parcequ'il plaît à deux ou trois dames, qui n'ont pas d'autres moyens de faire parler d'elles, de s'enlaidir en adoptant la petite calotte et le ridicule accoutrement des Anglaises, vous croyez la nation compromise; vous prononcez qu'il n'y a plus d'esprit public en France, parcequ'une douzaine de ci-devant jeunes hommes portent des guêtres de casimir vert, des chapeaux de marchands de tisane à plumets couchés, et des habits longs de la forme du monde la plus disgracieuse; je vous ai surpris tout-à-l'heure faisant une grimace affreuse à une jeune femme assez jolie, parcequ'elle a cru faire plus d'effet à la promenade avec un plumeau de queue de coq qu'avec les plus belles fleurs de Nourtier: ces caprices de la mode sont de tous les temps et de tous les pays, et ne prouvent rien contre une nation.

« — Si fait, parbleu! il y a telle circonstance où il ne faut qu'une vingtaine de fous pour compromettre une nation entière. Mais supposons que je vous fasse grace des sottises de quelques femmes et de quelques vieux étourneaux de café, quelle idée voulez-vous que nos aimables hôtes des bords de la Vistule et du Volga aient pu prendre des Français, et des Parisiens en particulier, lorsqu'ils les ont vus assister à la prise de possession de leur ville comme à un spectacle; applaudir à la belle tenue d'une armée ennemie, comme s'ils eussent été là pour la passer en revue, et rire, à se tenir les côtes, à l'aspect des cosaques chargés du butin enlevé dans leurs fermes ou dans leurs maisons de campagne?

« — Je suis déja convenu avec vous, mon ami, que les Parisiens pouvaient mettre dans cette circonstance plus de dignité dans leur joie, plus de mesure dans leur conduite; mais songez que la présence de l'étranger mettait un terme au gouvernement absolu; qu'elle était le gage d'une restauration qui doit commencer pour notre patrie une nouvelle ère de bonheur, et ne vous obstinez pas à voir une preuve de la dégénération du caractère national dans quelques circonstances qui en prouvent tout au plus la légèreté.

« Quant aux alliés, de l'opinion desquels vous me paraissez fort inquiet, je ne vois pas ce que le séjour qu'ils ont fait parmi nous pourrait nous faire perdre dans leur esprit. Ils connaissaient la valeur de nos soldats; ils connaissent maintenant l'état de nos arts, la politesse de nos mœurs, le haut degré de notre civilisation. — En effet, pour peu qu'ils jugent de l'état de nos arts par les spectacles qu'on leur a donnés et les caricatures qu'on a fait paraître; de notre littérature par les pamphlets qui se distribuent depuis un mois à la porte des Tuileries et du Palais-Royal; de la politesse de nos mœurs par les scènes de café dont ils ont été témoins, voilà des gens qui emporteront dans leur pays une bien grande idée de la nation française! — Il est naturel de croire qu'ils l'apprécieront sur des titres moins éventuels; qu'ils rendront justice à la splendeur de nos monuments, à la magnificence de nos musées, à la richesse de nos bibliothèques, à l'éclat de nos théâtres, au perfectionnement de nos manufactures, à l'urbanité de nos mœurs domestiques, et qu'ils en concluront qu'à tout prendre il vaut mieux nous avoir pour alliés que pour ennemis. — En effet, pourquoi ne seraient-ils pas contents de nous, puisque nous avons le bon esprit de l'être d'eux? N'ai-je pas vu vos parisiennes se promener avec ravissement au milieu des agréables bivouacs des Champs-Élysées, et s'y donner le plaisir de voir administrer le *knout* aux cosaques et la *schlag* aux Allemands? N'était-ce pas une chose charmante que ces petites foires impromptues, où les honnêtes citoyens du Don et de l'Ukraine venaient vendre aux badauds de Paris les meubles et les bestiaux qu'ils avaient volés à Pantin ou à Montmartre? N'avez-vous pas bien ri de ces petites scènes récréatives qui se passaient presque tous les jours sur le boulevart, et dans lesquelles on voyait de pauvres villageoises disputant à un Ostiaque ou à un Baskir la vache, dernier espoir de toute une famille? Ne trouvez-vous pas charmant de voir nos élégants cafés transformés en tabagies; de ne respirer dans nos promenades que l'odeur suave de la pipe?.... — Ne faites pas comme certains beaux esprits, n'abusez pas de l'ironie, mon cher Dubuisson; il est des malheurs inséparables de la guerre, et des contrariétés inséparables de ses suites. Vous oubliez que les chefs ont cherché à réparer le mal commis par quelques soldats: la discipline la plus sévère a fait succéder la sécurité au désordre. Les maux dont vous vous plaignez n'ont duré à Paris que quelques jours; le souvenir en est déja loin de notre pensée: ce qui doit s'y graver à jamais, ce qui doit fournir à l'histoire une de ses plus belles pages, c'est le fond du tableau dont vous vous amusez à critiquer les ombres; c'est un prince rentrant, après vingt-trois ans, dans sa capitale envahie par des armées formidables, n'ayant à opposer aux prétentions des vainqueurs, et même des vaincus, que ses malheurs, sa naissance, et l'amour des Français; discutant au milieu de trois cent mille baïonnettes étrangères les intérêts du peuple, et obtenant, sur le seuil de son palais, des conditions de paix dont un vainqueur modéré se serait contenté sur un champ de bataille. Voulez-vous un pendant à ce tableau, peignez-vous ce même roi, deux mois après son retour, au milieu des représentants de la nation, à laquelle il apporte le double bienfait d'un traité de paix que vingt-cinq ans de victoires et de malheurs n'avaient pu lui procurer, et d'une charte constitutionnelle réclamée depuis si long-temps pour l'intérêt désormais inséparable de la France et de son souverain : tels sont, mon ami, les grands événements de l'époque.

« Après cela, moquez-vous des travers du jour; criez contre la légèreté de notre caractère; contre cette humeur querelleuse dont un long exercice nous a fait l'habitude, et qui grondera quelque temps encore, au sein de la paix, comme les flots après un long orage; mais ne craignez pas que la visite incivile que nous ont faite, par députation armée, tous les peuples de l'Europe, corrompe ou dénature notre heureux caractère: nos mœurs même n'en souffriront pas: nos militaires n'en seront pas moins braves pour avoir vu de plus près leurs anciens ennemis; nos jeunes gens n'iront point prendre des leçons de politesse chez les Calmouques, et nos dames sont bien résolues à ne pas aller chercher leurs modes sur les bords de la Tamise. J'ai même la satisfaction personnelle de pouvoir dire que ma femme n'est ni plus fière ni plus coquette depuis qu'elle s'est entendu faire une déclaration par un officier tartare, qui s'est donné la peine de venir à cheval, des environs de la grande muraille, pour se trouver à la prise d'une ville dont il n'avait jamais entendu parler. »

N° IX. [17 juin 1814]

LE GRAND ESCALIER.

> .... *Ipsi sibi somnia fingunt.*
> VIRG., ecl. VIII
>
> Ils se bercent dans des songes volontaires.

J'ai contracté, pendant un assez long séjour dans les pays chauds, l'habitude de faire la sieste après dîner : je m'y prépare ordinairement par la lecture, et j'ai remarqué que la nature et la durée de mon sommeil dépendaient assez ordinairement du livre dont je faisais choix avant de m'assoupir. Hier j'ai cru que je ne dormirais pas; j'étais tombé sur un de ces maudits volumes de Voltaire, qu'on ne peut jamais quitter quand on les ouvre : je lisais, pour la centième fois, *Candide,* et je riais si haut, que ma femme entra dans mon cabinet pour savoir d'où provenait cette petite saillie de gaieté; elle me gronda quand elle en sut la cause, et commençait à me prouver que maître Pangloss, Paquette et frère Giroflée étaient des gens de très mauvaises vie et mœurs; je m'endormis pendant son sermon. Mon sommeil se ressentit du mouvement imprimé à mon esprit par le roman du docteur Ralph, et je rêvai.

Je me trouvai tout-à-coup transporté dans le plus drôle de pays du monde : les hommes avaient des têtes en forme de girouettes, et des yeux dont la disposition bizarre était telle, qu'ils regardaient naturellement en l'air, et ne voyaient pas à leurs pieds, ce qui rendait leur démarche incertaine et sautillante ; les femmes, qui me parurent, au premier coup-d'œil, d'une nature supérieure, n'avaient guère d'autre emploi que de conduire les uns, et de rire des faux pas des autres. Au moment où j'arrivai dans la capitale de ce singulier royaume, les habitants s'abandonnaient à des transports de joie que j'avais de la peine à m'expliquer en remarquant partout les traces d'un incendie que les pompiers achevaient d'éteindre.

La foule se dirigeait vers le centre de la ville ; je me laissai aller au torrent ; il me porta sur une place publique aux extrémités de laquelle se trouvaient deux monuments antiques, nouvellement restaurés, dont la vue produisait des miracles ; car toutes ces têtes, dont j'examinais depuis une heure l'inconcevable mobilité, se fixèrent à-la-fois pour contempler un de ces édifices, au sommet duquel flottait un pavillon d'une éclatante blancheur.

J'avais essayé d'interroger mes voisins sur ce que je voyais ; mais les uns pleuraient de joie, et ne pouvaient me répondre; d'autres me riaient au nez, et les plus complaisants me répondaient par des mots sans suite auxquels je ne comprenais rien.

J'observai dans un des coins de la place un vieillard assis sur un tronçon de colonne; le menton appuyé sur sa canne, il regardait avec une attention maligne ce qui se passait autour de lui; il devina mon embarras et provoqua les questions que j'avais à lui faire. Je le priai de me dire dans quels lieux je me trouvais, et quelle était la cause du mouvement extraordinaire que j'avais remarqué dans cette ville.

« Vous êtes chez les Séquaniens, me répondit-il, chez le peuple le plus gai, le plus aimable, et le plus brave de la terre : malheureusement il est sujet à une maladie endémique du cerveau, pendant laquelle la nation entière devient folle; il est rare qu'il se passe un siècle sans qu'il en soit affecté. Les Séquaniens sortent en ce moment d'une des crises les plus fortes et les plus longues qu'ils aient encore éprouvées.

« Ce palais que vous voyez est celui d'Astréos, notre roi: le ciel nous le rend après une longue absence. Tous les vœux appelaient ce grand événement; mais deux ou trois personnes ont seules été assez heureuses pour faire remarquer leurs efforts. Cependant, par un reste de démence, chacun se croit l'auteur de cette œuvre mémorable. Si vous êtes curieux de savoir au juste à quoi vous en tenir sur l'état de mes concitoyens, suivez la foule qui se porte vers ce palais, et examinez ce qui s'y passe. »

Je remerciai le vieillard, et je m'avançai vers le palais, en passant sous un arc triomphal qui me parut avoir été construit, dans cet endroit, tout exprès pour rendre plus sensible le défaut choquant de parallélisme entre les deux édifices auxquels il devait correspondre. J'en conclus que ce monument avait été élevé pendant l'épidémie cérébrale, et que l'architecte n'avait point échappé à son influence.

Parvenu sous le vestibule, au pied du Grand Escalier, je m'amusai un moment du spectacle que j'avais sous les yeux. Quelle affluence! quelle variété de figures, d'habits, de contenance! Comme on pousse! comme on est poussé! L'attitude de chacun devient plus fière à chaque degré qu'il monte : on examine ses voisins d'un air d'envie, de dédain ou de respect, suivant la forme de leurs habits; et je m'aperçois que c'est principalement à l'inspection de la poitrine et des épaules, qu'on juge du degré de considération auquel un homme doit prétendre.

A force d'entendre répéter, en montant l'escalier, les mots d'*hier* et d'*aujourd'hui*, je vis qu'on s'en servait pour désigner deux classes d'aspirants; mais j'eus de la peine à m'expliquer pourquoi ceux qu'on appelait *les hommes d'hier* étaient en général beaucoup plus jeunes que ceux d'*aujourd'hui;* cependant ces derniers paraissaient monter plus facilement.

J'entrai dans une grande salle décorée de portraits d'hommes de guerre armés de petits bâtons bleus; je n'essayai point de pénétrer dans les autres appartements, qui ne s'ouvraient qu'aux personnes privilégiées, et je liai conversation avec quelques uns de ceux qui se trouvaient, ainsi que moi, arrêtés dans la première pièce.

Presque tous tenaient en main la requête qu'ils venaient présenter, et dont l'objet était de prouver que chacun d'eux avait puissamment contribué au retour d'Astréos et au rétablissement de son trône.

Le premier à qui j'adressai la parole était un petit homme sec, en habit de droguet de soie à boutons d'acier taillés en pointes de diamants, dont quelques uns conservaient encore leur enveloppe de papier joseph; il venait réclamer le prix de ses services; le plus important était d'avoir dîné en famille le jour des Rois et d'avoir porté la santé d'Astréos au dessert, après que les domestiques se furent retirés. Il redemandait sa place de receveur des tailles.

« Comment ne pas rire de pareilles prétentions (me dit en me tirant à part un gros garçon dont la cravate énorme avait l'air d'un étui où s'enfermait sa tête)? Que demanderait donc ce petit monsieur, s'il avait, comme moi, crevé quatre chevaux à aller d'une barrière à l'autre, pour savoir par où l'on pouvait entrer ou sortir au besoin? On m'a vu, on m'a entendu par-tout; et c'est tout au plus cependant si je me crois suffisamment qualifié pour une ambassade où mes amis m'appellent. »

Celui-ci fondait sa requête sur une lettre dont il ignorait le contenu, qu'il avait portée de la part de quelqu'un qu'il ne connaissait pas, à une personne près de laquelle il n'avait pu s'introduire; mais il avait été instruit que cette lettre contenait des renseignements précieux dont on s'était aidé pour la restauration; il était bien juste qu'on le récompensât de son zèle par une place de messager-d'état, à laquelle il avait des droits si bien acquis.

Celui-là, dans sa pétition en forme de thèse, établissait qu'il avait merveilleusement servi la cause du roi légitime, en déclamant à huis clos contre la tyrannie; il prouvait qu'il avait préparé l'opinion du peuple en formant celle de sa servante, et demandait pour récompense une chaire de droit public.

Un autre avait été si vivement affecté des malheurs de la famille royale, qu'il en avait fait une maladie dont il se ressentait encore; il demandait la place d'économe des Invalides.

Un autre avait écrit contre le tyran le lendemain meme de sa chute, et avait poussé l'audace jusqu'à lui conseiller de se donner la mort; il demandait que l'on recréât pour lui la charge d'historiographe de France.

Une des demandes les plus étranges était celle d'un officier qui réclamait le prix des services qu'il n'avait point rendus. Il cherchait à faire valoir, comme le dernier effort du dévouement, le soin qu'il avait eu de faire toutes ses campagnes au dépôt ou dans les hôpitaux militaires, de manière à ce qu'on ne pût jamais lui attribuer la moindre part à des victoires dont il condamnait le but et la cause. Il demandait à être mis en activité en temps de paix, pour prix de son inaction en temps de guerre.

Un expéditionnaire qu'on avait réformé sous prétexte qu'il ne savait pas l'orthographe, demandait à passer chef de bureau.

Un vieux commodore, dont l'âge seul avait pu arrêter le zèle, et qui n'avait pas quitté sa chambre et son uniforme pendant l'absence d'Astréos, voulait qu'on lui payât ses appointements arriérés avec les intérêts depuis vingt ans. Son compte montait à 276,000 francs, sauf erreur ou omission.

Je crois pouvoir citer mot pour mot celle de ces pétitions qui me frappa davantage. Elle était conçue en ces termes :

« Sire,

« Le plus fidèle et le plus zélé de vos sujets expose humblement à V. M. qu'il est de notoriété publique que le soussigné a figuré successivement dans tous les partis, afin d'en mieux connaître l'esprit et d'en déjouer plus facilement les efforts;

« Qu'il a poussé à tous les excès; qu'il a suscité les mesures les plus vexatoires, et professé les principes les plus anti-sociaux, dans la seule intention de faire chérir le gouvernement actuel de V. M., et de ramener ses sujets à l'obéissance;

« Qu'il a servi la tyrannie avec une apparence de dévouement, pour mieux tromper la confiance d'une autorité illégitime, qu'il s'est attaché à faire haïr par tous les moyens qu'ont pu lui suggérer le zèle le plus ingénieux et la fidélité la plus inviolable;

« Qu'il n'a rien négligé pour se procurer des pensions, des traitements, des gratifications de toutes espèces, afin d'arriver plus tôt à l'épuisement du trésor public, dont la ruine devait entraîner celle d'un gouvernement abhorré;

« Qu'il a épuisé envers le chef du susdit gouvernement toutes les formes, toutes les exagérations de la louange et de la flatterie, afin que les vapeurs d'un encens si grossier lui portassent plus vite à la tête, et que les vertiges qu'elles devaient lui causer rendissent sa chute plus prompte et plus inévitable.

« Le soussigné croit devoir ajouter que sa conduite, dont personne ne pouvait apprécier la noblesse, lui a valu de nombreux ennemis et d'honorables persécutions; qu'il a été emprisonné cinq fois à différentes époques pour des causes étrangères à la politique; qu'il a souvent été en butte aux traits de la calomnie et aux outrages de certaines gens qui ne jugent du caractère d'un homme que par ses actions.

« Par quoi, Sire, le soussigné supplie V. M. en considération des bons et loyaux services qu'il lui a rendus, et qu'il est prêt à lui rendre en toutes occasions, de rétablir en sa faveur la charge de surintendant des finances, dont il promet de s'acquitter avec honneur, fidélité, et désintéressement.

« Et ce faisant, ferez justice. »

Cette requête, que je récitais tout haut dans mon sommeil, fit rire aux éclats ma femme, qui était restée à travailler près du fauteuil où je dormais; je m'éveillai en riant comme elle, et, pour n'en pas oublier la moindre circonstance, j'écrivis aussitôt mon rêve.

n° x. [18 juin 1814]

CORRESPONDANCE.

Monsieur,

Nous n'avons de temps à perdre ni l'un ni l'autre. Je vous expliquerai donc en très peu de mots l'objet de ma lettre.

J'avais autrefois l'honneur d'être attaché à la personne d'un des princes de la maison de Bourbon; peut-être aussi ai-je été assez heureux pour donner quelques preuves de dévouement à cette auguste famille, dans un temps où il y avait, sinon du mérite, du moins du danger à laisser éclater son zèle; mais je tâche de ne pas oublier que les Mornay, les d'Aubigné, les Crillon, les Sully, appelaient modestement cela *remplir un devoir*.

Je ne sais sur quel fondement on me suppose dans ma province un crédit dont je ne jouis pas, et auquel je suis redevable des sollicitations sans nombre que je reçois, sans pouvoir être utile à ceux qui me les adressent.

Je n'ai trouvé qu'un moyen d'échapper à cette

persécution d'un genre nouveau : c'est de publier la lettre d'une de mes parentes, et la réponse que j'ai cru devoir y faire. La première est en quelque sorte un résumé de trois ou quatre cents lettres que j'ai reçues pour le même objet. Je répugne d'autant moins à la rendre publique, que je me réserve de n'en point nommer l'auteur, et qu'à tout prendre cette lettre ne fait pas moins l'éloge du cœur de celle qui l'a écrite, que la critique de l'esprit qui l'a dictée.

Br. de L***.

LETTRE DE LA COUSINE AU COUSIN.

« Que je suis heureuse, mon ami, des événements qui ramènent sur le trône nos illustres princes ! Quel bonheur ! Vous n'avez pas d'idée du crédit que les événements et votre séjour à Paris me donnent ici. Le préfet a peur de moi; et sa femme, qui ne me saluait jamais, m'a priée deux fois à dîner.

« Mais il ne faut pas perdre de temps, et nous comptons sur vous. Croiriez-vous que mon mari n'a pas encore fait la moindre démarche pour se faire réintégrer dans sa place, sous prétexte qu'elle n'existe plus, et que sa charge lui a été remboursée en assignats? C'est l'homme le plus apathique qu'il y ait en France.

« Mon beau-frère a repris la croix de Saint-Louis; il ne lui manquait plus que neuf ans pour l'avoir lorsque la révolution a éclaté : il ne serait pas juste qu'on refusât de compter au nombre de ses services les vingt ans de troubles et de malheurs qu'il a passés dans ses terres; il compte sur vous pour lui faire expédier promptement son brevet.

« Je joins à ma lettre un mémoire en faveur du marquis mon fils aîné; il avait droit à la survivance de son oncle; il vous sera facile de la lui faire obtenir. Je desirerais que son frère le chevalier fût placé dans la marine, mais avec un grade digne de son nom et des anciens services de sa famille. Quant à mon petit-fils Auguste de G***, il est d'âge à entrer dans les pages, et vous n'auriez pour cela qu'un mot à dire.

« Nous partirons pour Paris dans les premiers jours du mois prochain, et j'emmènerai ma fille avec moi. J'ai le desir de la placer à la cour : c'est une faveur qu'on ne refusera pas à vos sollicitations, si vous y mettez un peu de suite et de bonne volonté.

« Pensez au pauvre F*** : à la vérité, il a marqué dans le temps de la révolution ; mais depuis un mois il est tout-à-fait corrigé. Vous savez qu'il n'a rien, et qu'il est prêt à tout sacrifier pour nos maîtres : son dévouement le porte à les servir dans une place de préfet, et il en est très capable. Vous vous rappelez la jolie chanson qu'il a faite pour moi.

« M. de B***, fils de l'ancien intendant de la

province, ira vous voir; faites en sorte de lui être utile : c'est un ami de la famille. Si l'on ne rétablit pas les intendances, il se contenterait d'une place de receveur-géneral; c'est bien le moins que l'on puisse faire pour un homme dévoué à son prince, et qui a été enfermé six mois pendant la terreur.

« Je ne veux pas oublier de vous recommander M***. On lui reproche d'avoir servi tous les partis, parcequ'il a été employé par tous les gouvernements qui se sont succédé en France depuis vingt ans; mais c'est un brave garçon, vous pouvez m'en croire; il est le premier ici qui ait arboré la cocarde blanche. D'ailleurs, il ne demande qu'à être conservé dans sa place de directeur des postes : ayez soin de m'écrire sous son couvert.

« Je vous adresse ci-joint les papiers de mon beau-père : il lui était dû par les états de Languedoc une somme de quarante-cinq mille francs qui ne lui a jamais été payée; j'espère qu'on ne vous en fera pas attendre le remboursement, et que vous ne refuserez pas de faire usage de ces fonds si vous éprouvez un moment de gêne; ce qui n'est guère probable dans la position où vous devez être.

« Adieu, mon cher cousin, je vous embrasse pour toute la famille, en attendant le plaisir de vous venir voir bientôt à Paris.

« J. DE V***. »

RÉPONSE DU COUSIN ET DE LA COUSINE

Paris, le 15 juin 1814.

« Vous ne sauriez croire, ma chère cousine, avec quel intérêt j'ai lu la lettre que vous m'avez fait l'honneur de m'écrire, et combien j'ai mis de zèle à faire valoir les prétentions si justes, si légitimes de toutes les personnes que vous me recommandez. Vous ne serez pas plus étonnée que je ne l'ai été moi-même des obstacles que l'on m'oppose, et que vous jugeriez insurmontables si vous connaissiez aussi bien que moi les gens à qui nous avons affaire.

« Quand j'ai parlé de votre fils aîné, qui a toujours eu l'intention de servir, pour une place de chef d'escadron dans le régiment que son père a commandé autrefois, ne m'a-t-on pas donné comme objection d'un certain poids, que la paix était faite, et qu'avant de songer à placer M. le marquis de V***, il fallait pourvoir au sort de 25,000 officiers, dont les uns, le croirez-vous ? se prévalent de leurs campagnes, de leurs blessures, et vont même jusqu'à se faire un titre des batailles où ils se sont trouvés, tandis que les autres, plus étroitement liés aux malheurs de la famille royale, rentrent en France sans autre fortune que les bontés et les promesses du roi ? J'ai demandé avec un peu d'humeur ce que l'on ferait pour votre fils et pour une foule de braves royalistes qui ont tant gémi sur les malheurs de l'état, et dont les vœux n'ont pas cessé de rappeler, en secret, la famille des Bourbons au trône de leurs ancêtres; on m'a répondu qu'ils se réjouiraient de voir la fin de nos maux et l'accomplissement de leurs vœux.

« C'est un homme bien singulier que votre mari, et je conçois, ma chère cousine, tout ce que vous devez avoir à souffrir de son incroyable apathie. A soixante-cinq ou six ans, tout au plus, réduit à une fortune de quarante mille livres de rente, il se confine au fond d'un château, et croit pouvoir renoncer à la carrière de l'ambition; comme si un père ne se devait pas à ses enfants, comme si un gentilhomme ne devait pas mourir debout.

« Je suis fâché que votre beau-frère ait repris la croix de Saint-Louis avant que de l'avoir eue; car il pourrait arriver que le roi ne se dessaisît pas facilement du droit de conférer lui-même cette décoration, et qu'il n'approuvât pas la justice que certaines personnes se sont empressées de se rendre. Vous sentez qu'il y a moins d'inconvénients à ne pas avoir la croix de Saint-Louis, qu'à se trouver dans l'obligation de la quitter.

« Je n'ai pas négligé de faire valoir les droits de votre fils le chevalier, et je ne désespère pas de le faire recevoir à l'examen des gardes de la marine royale. Nous ferons ensuite tous nos efforts pour le faire passer sur le corps de cent officiers beaucoup trop fiers de leur valeur, de leur vieille renommée, et du dévouement dont ils prétendent avoir fait preuve à Quiberon.

« Votre petit-fils Auguste est inscrit pour les pages ; je ne puis pas vous dire au juste, ma chère cousine, quand il sera admis à l'hôtel, attendu que votre demande vient à la suite de 3775 autres, formées par des fils de gentilshommes ou d'officiers morts sur le champ de bataille, sans la moindre distinction des services rendus à l'état et au prince.

« Vous avez une très bonne idée de vouloir placer mademoiselle votre fille à la cour; et la chose ne sera pas difficile lorsque vous aurez trouvé pour elle un mari que son rang et sa fortune pourront y appeler; jusque-là, je ne vois pas trop ce qu'elle viendrait y faire, et quel rôle convenable elle pourrait y jouer, toute majeure qu'elle est: les filles d'honneur ne sont pas rétablies.

« J'ai présenté une pétition en faveur de F***, à la fin de laquelle j'ai inséré la jolie chanson qu'il a faite pour vous; mais on devient si exigeant, que de pareils titres ne suffisent plus pour obtenir une pauvre place de préfet. Je vous dirai même qu'on ne tient pas grand compte à votre protégé de sa conversion et des sacrifices qu'il est prêt à faire. Ses ennemis s'obstinent à dire que ce n'est pas un homme sûr; moi, qui l'ai vu opérer dans le temps, je suis convaincu que s'il mettait seulement aujourd'hui la moitié du zéle à servir la bonne cause, qu'il a mis autrefois à faire triompher la mauvaise, on pourrait l'employer très utilement ; mais aura-t-on assez d'esprit pour faire cette épreuve?

« On ne dit pas si les intendances seront rétablies ; mais on paraît croire que les recettes générales seront diminuées, ne fût-ce que du nombre de celles qui existaient dans les départements séparés de notre territoire. Cela me fait craindre que M. de B*** ne soit obligé de s'en tenir à la fortune énorme que son père a faite dans les anciennes fermes, et qu'il a trouvé le moyen de mettre à l'abri de l'orage révolutionnaire. Il faut avoir un peu de philosophie!

« Soyez bien tranquille sur le sort de M*** ; je le connais, il a du liant dans les principes et dans le caractère; depuis vingt ans il s'est glissé entre tous les partis, sans avoir été froissé par aucun ; c'est un homme d'une merveilleuse adresse, et qu'on ne servira jamais aussi bien qu'il se sert lui-même. Il n'est plus directeur des postes, et vient d'obtenir une place plus lucrative dans une autre administration. Vous intéresserez-vous autant à lui?

« Je vous renvoie, chère cousine, les papiers relatifs à la créance de votre beau-père sur les états de Languedoc ; la liquidation ne m'en paraît pas très prochaine. Quelque juste que soit votre réclamation, on a décidé que la solde arriérée des troupes, la dette publique, les pensions militaires, et une foule d'autres objets de cette nature, seraient pris, avant tout, en considération. Cette mesure est évidemment le fruit de quelque intrigue; vous pourriez charger F*** de faire quelque bon pamphlet sur les besoins les plus urgents de l'état, et l'engager à placer cette créance en première ligne. Vous ne vous faites pas d'idée à quel point le gouvernement est influencé par cette foule de petites brochures que la mauvaise foi, la sottise et la faim produisent chaque jour avec une si louable émulation.

« Du train que vont les choses, vous voyez, chère cousine, qu'il faut vous armer de patience; je vous dirai même qu'il est à craindre que le voyage que vous vous proposez de faire à Paris n'avance pas beaucoup vos affaires. De compte fait, sur les relevés de la police, il y a dans la capitale, au moment où je vous écris, 123,000 provinciaux de tout rang, de tout sexe et de tout âge, qui sont ici en réclamation, armés de titres presque aussi incontestables que les vôtres, et qui auront sur vous, pour obtenir un refus, l'avantage inappréciable de l'antériorité de leurs démarches. Au reste, comme je vous connais de la philosophie et le goût des bonnes lettres, je vous prie de relire un chapitre du *Spectateur* sur les justes prétentions de ceux qui demandent des emplois; c'est le 32ᵉ du 7ᵉ volume, dans l'edition en 8 vol. in-12 : les memes événements retrouvent les mêmes hommes.

« Agréez, ma chère cousine, l'assurance de mon tendre et respectueux attachement.

« Bʀ*** ᴅᴇ L*** »

N° xi. [18 juin 1814.]

LE SUICIDE.

SECOND SOUPER DE M GUILLAUME.

*Tibi et puis omnibus retinendus est animus in custo-
diâ corporis ; nec injussu ejus, à quo ille est vobis datus
ex hominum vitâ migrandum est, ne munus humanum
assignatum à Deo defugisse videamini.*
Cicér., *Songe de Scipion*

Vous, et tous ceux qui ont de la religion, vous devez retenir votre ame dans le corps où elle a son poste, et ne point songer à quitter cette vie mortelle sans l'ordre de celui qui vous l'a donnée, de peur qu'on ne vous accuse d'avoir renoncé à l'emploi dont la volonté divine vous a chargés

Plus je regarde, à travers la petite fenêtre triangulaire de mon cabinet, ce monde où je suis encore pour quelques heures, plus j'observe les hommes et les choses, plus je suis convaincu qu'il n'y a pas, au physique comme au moral, d'événement, si grand qu'il paraisse, sans même en excepter la vie et la mort, qui ne soit produit par une très petite cause : il n'est donc pas rigoureusement impossible que cette feuille, où un ami de l'humanité consigne en ce moment ses réflexions, tombe aux mains de quelques malheureux au désespoir, qu'il y puise quelque soulagement, et qu'après l'avoir lue il se décide, sinon à vivre, du moins à attendre; car ce n'est pas seulement l'action du suicide, mais son *à-propos,* si j'ose m'exprimer ainsi, que j'ai l'intention de combattre dans ce Discours.

De tous les talents, celui de faire les choses à point est peut-être le plus utile et le moins commun. J'ai connu de très braves gens qui ont passé toute leur vie pour des poltrons, faute d'avoir saisi la véritable occasion de montrer leur courage. Combien de gens ont manqué leur fortune pour n'avoir pas déployé au moment favorable la dixième partie du talent dont ils sont pourvus! En partant du principe que je pose, on croirait peut-être m'embarrasser beaucoup en me demandant où est l'à-propos de la discussion dans laquelle je m'engage après Montesquieu, Addisson, et Rousseau, à une époque d'espérance qui semble repousser de tous les esprits ces tristes spéculations. Je réponds à cela que cette époque touche à celle où le fléau du suicide faisait en France les plus grands ravages. On conviendra d'un fait qu'il me serait facile de prouver au besoin : c'est que ces dix dernières années offrent, dans cette capitale, un plus grand nombre d'exemples de morts volontaires que le siècle entier qui les précéde. Une des causes de la contagion est détruite; mais les traces en sont encore récentes, et le mal a d'autres racines qu'il importe d'extirper. Si je tiens à ce sujet *quelques bons propos*, on ne pourra donc pas me reprocher, comme Plutarque à je ne sais quel orateur, que ce soit *mal-à-propos*.

Cette question du suicide n'en est pas une aux yeux de la religion; et le précepte de Cicéron, que j'ai mis en tête de cet article, a servi de texte à tous les philosophes chrétiens qui ont si justement blâmé cette révolte de l'homme malheureux contre les décrets du ciel.

Considéré dans ses rapports avec la morale publique, le suicide, attaqué avec tant d'éloquence par Platon et J. J. Rousseau, a trouvé, sinon des panégyristes, du moins des défenseurs dans Sénèque et Montesquieu. Pour ne point rester indécis entre de pareilles autorités, il suffit de se convaincre que, même en adoptant le principe dangereux qu'un homme a le droit de disposer de sa propre vie, il n'est jamais *à propos* d'en tirer la derniere conséquence.

Commençons par rapporter l'anecdote qui avait fait prendre ce tour sérieux à la conversation pendant notre dernier souper, où l'ami Clénord était arrivé plus triste et plus tard qu'à l'ordinaire : nous insistâmes pour en connaître la cause.

8.

« J'ai revu ce matin, nous dit-il, une parente qui vit habituellement en province, et dont les circonstances m'ont éloigné depuis plus de dix-huit ans. Je me souvenais du temps où nous nous étions rencontrés pour la dernière fois : elle nourrissait une petite-fille dont elle était idolâtre : mon premier soin fut de lui demander des nouvelles d'Herminie (j'avais retenu le nom de l'enfant); à cette question, dont j'aurais dû soupçonner l'inconvenance à la douleur qui a laissé sur la figure de cette pauvre dame des traces si profondes, elle pâlit et fondit en larmes; ce fut d'une autre bouche que j'appris les détails que je vais vous rapporter :

« Madame de Frémeuil (c'est le nom de ma cousine), en élevant avec une tendresse aveugle une jeune fille d'une angélique beauté, n'avait rien fait pour arrêter l'essor d'une imagination vive et tendre, qui n'ajoute le plus souvent au charme de celle qui en est douée que pour rendre plus incertaines les chances de son bonheur futur.

« Dès l'âge de quatorze ans, la jeune Herminie s'abandonna à des rêveries mélancoliques que l'on prenait pour de la réflexion. La lecture était son seul plaisir, et l'indulgence maternelle, qui présidait au choix de ses livres, croyait avoir assez fait en écartant ceux que l'on est convenu de regarder comme dangereux. *Werther* n'était pas de ce nombre; Herminie en faisait ses délices, et les idées *sentimentales* bouleversaient sa tête avant que le repos de son cœur eût été troublé.

« Madame de Frémeuil habitait une maison de campagne à peu de distance de Charleville. Un jeune homme, Victor Despares qu'atteignait pour la troisième fois la loi de la conscription, à laquelle son père croyait l'avoir soustrait au prix du reste de sa fortune, vint chercher, il y a deux ans, un asile dans cette maison où ses parents étaient connus, et dans laquelle il fut accueilli avec une extrême bonté. Il y a tels caractères et telles circonstances dans la vie qu'il suffit d'indiquer pour connaître les événements qu'ils doivent produire : ces jeunes gens se virent et s'aimèrent. Ce qu'il y avait de romanesque dans leur situation fit disparaître aux yeux d'Herminie les obstacles qui devaient les séparer; et madame de Frémeuil, qui n'avait encore qu'un goût naissant à prévenir, s'effraya de l'idée qu'elle avait une passion profonde à combattre. Elle adorait sa fille, et toute considération cédait à la crainte de l'affliger. Victor n'avait ni état ni fortune; Herminie l'en aimait davantage; et sa mère, qui avait si souvent applaudi à cette théorie du sentiment, osait à peine hasarder quelques objections sur l'application qu'il s'agissait d'en faire. Ce mariage fut résolu; mais il ne pouvait avoir lieu tant que le jeune homme resterait en butte à la loi cruelle dont il avait encouru la rigueur. On ne négligea ni soins ni démarches, et l'on commençait à se flatter d'obtenir une exemption à laquelle Victor avait des droits incontestables.

« Dans la nuit du 14 janvier dernier, la maison de madame de Frémeuil est investie par des gendarmes; on y pénètre: le malheureux conscrit s'échappe à travers le jardin; on est près de l'atteindre; il se défend; on parvient à le saisir, et on l'arrache avec ignominie d'un asile qui retentit en vain des cris de l'amour et du désespoir.

« Dans une ame aussi tendre, mais moins ardente, la douleur d'un pareil événement aurait pu trouver quelque adoucissement, l'espérance aurait pu trouver quelque appui; Herminie s'arma en secret contre toutes les consolations qu'on cherchait à lui offrir, contre tous les sentiments qui pouvaient la détourner d'un projet funeste qu'elle médita pendant huit jours, et sur l'exécution duquel je craindrais de m'appesantir. Sa malheureuse mère la trouva morte dans la chambre et sur le lit même de celui qui devait être son époux.

MADAME DE MONTLIVERT.

Quel malheur!

DUBUISSON.

Quelle folie!

MOUSSINOT.

Quelle bêtise!

DUTERRIER.

Quel faux calcul! dites donc. Qu'on se tue quand la somme du mal l'emporte, dans ce monde, sur celle du bien, je le conçois : c'est une spéculation morale qu'on peut entreprendre; mais avant tout il faut régler son compte; et la balance est d'autant plus difficile à établir qu'on doit y faire entrer l'espérance, dont la valeur arbitraire varie à chaque instant du jour. *La fortune*, a dit Bacon, *ressemble à un marché : il suffit d'attendre pour que le prix baisse.* Que n'a-t-elle attendu trois mois, cette jeune Herminie! La paix dont nous jouissons lui aurait rendu son amant, elle ne craindrait plus la conscription, et serait aujourd'hui la plus heureuse des femmes. Elle a fait un faux calcul.

M. GUILLAUME.

Caton en a-t-il fait un meilleur à Utique? au lieu de se tuer sans profit, que n'a-t-il vécu pour conspirer avec Brutus! Les suites du meurtre de César eussent peut-être été différentes, et la république pouvait être sauvée.

> Si Caton m'avait cru, plus juste en sa furie,
> Sur César expirant il eût perdu la vie;
> Mais il tourna sur lui ses innocentes mains :
> Sa mort fut inutile au reste des Romains.

Duterrier a donc raison; il n'est jamais temps de se tuer; je n'en veux d'autre preuve que l'histoire du joli page du roi Jean Casimir [1]. Mazeppa, surpris en bonne fortune avec la femme d'un gentilhomme polonais, tombe entre les mains de son cruel et puissant rival, qui le condamne à être attaché sur un cheval indompté, et abandonné dans cet état à son malheureux sort. Avant l'exécution de l'arrêt, un ami de Mazeppa lui procure le moyen de s'y soustraire en se donnant la mort; il aime mieux l'attendre et subit son supplice. Le cheval qu'il monte est originaire de l'Ukraine; il y retourne, et rapporte au milieu des Cosaques le jeune homme mourant de faim, de blessures, et de fatigue : des paysans le secourent, il reste parmi eux, se signale dans plusieurs courses, devient hetman des Cosaques ukrainiens, et figure dans l'histoire comme allié de Charles XII.

CLÉNORD.

Je ne connais qu'une excuse au suicide, c'est la perte de l'honneur. On peut vivre dans le malheur, l'espoir vous soutient; dans le crime même, le remords vous reste; mais la honte n'a d'avenir que la honte, et conséquemment de remède que la mort. On peut rire de Vatel qui se tue parceque la marée n'arrive pas à temps : ce n'est pourtant qu'une application forcée d'un excellent principe.

---

[1] Volt., *Hist. de Charles XII*.

MOUSSINOT.

Cette envie ne m'a pris qu'une fois dans ma vie; c'était à l'époque et à l'occasion du *maximum* : j'étais dans le commerce alors, et je me crus ruiné par une loi qui m'obligeait, sous peine de passer pour suspect dans ma section, de livrer mes marchandises à 75 pour 100 de perte. Pour faire face à mes engagements, j'imaginai de me brûler la cervelle. Heureusement il fallait pour cela de la poudre et du plomb; je n'en avais point chez moi, et j'attendis au lendemain pour en acheter. La nuit porte conseil : je me mis à réfléchir, et je finis par trouver qu'il y avait une meilleure spéculation à faire sur le *maximum* que de mourir pour ne pas s'y soumettre.

DUBUISSON.

Ma plus grande objection contre le suicide, c'est qu'il a trop souvent sa source dans une vilaine maladie qui nous vient d'Angleterre, et que nous avons prise comme une mode avec les jockeys, les chevaux à courte queue, les *Nuits d'Young*, et les spencers. Les Anglais se tuent pour se désennuyer; laissons-leur ce passe-temps qui ne convient ni à notre caractère, ni à notre climat.

FREMINVILLE.

Je suis étonné, messieurs, qu'en suivant cette discussion, qui pourrait bien ne pas amuser beaucoup madame de Montlivert, vous n'essayiez pas de nous prouver, comme tant de braves moralistes, qu'il y a de la lâcheté à se donner la mort : c'est un de ces paradoxes que j'aime à entendre soutenir pour l'honneur de la raison humaine.

M. GUILLAUME.

Nous sommes résolus, mon cousin, à ne point vous procurer ce plaisir. Pour mon compte du moins, je suis prêt à convenir que le courage pouvant se définir le mépris de la vie, celui-là, certes, en donne la plus grande preuve, qui termine volontairement ses jours; je voudrais seulement qu'il employât à sortir d'embarras le courage qu'il met à sortir du monde. Le suicide est presque toujours une action courageuse, mais ce n'est jamais une bonne action : voilà sur quoi nous sommes tous d'accord. Je n'approuverai jamais cette maxime de Sénèque : *Mors optima quæ placet;* c'est *quæ decet* qu'il devait dire. Dans toutes les grandes actions de la vie, il faut faire ce *qui convient* avant de faire ce *qui plaît;* et, toutes les opinions résumées, je pense qu'on peut poser en principe que le suicide est souvent un crime, quelquefois une manie, rarement une excuse, et toujours un faux calcul.

N° XII. [20 juin 1814.]

INDÉCISION
DES MOEURS ACTUELLES.

.... *Certum voto pete finem*.
Hor , ep ii, lib I
Fixez un but à vos désirs

« Vous rappelez-vous, mon cher Guillaume (me disait, il y a trois jours, un ancien maréchal-de-camp de mes amis, qui vient de rentrer en France après une absence de vingt-cinq ans), vous rappelez-vous l'été de 1781 que nous passâmes ensemble à Madrid. Ce qui nous frappa le plus dans cette capitale des Espagnes, ce fut cette sévérité de mœurs, cette régularité d'usages, cette monotonie d'habitudes, auxquelles la nation entière nous parut soumise. Je vois encore ce vieux don Pablo de la Torreda, ce bibliothécaire de l'Escurial, qui nous offrait plus volontiers les livres de sa bibliothèque que son chocolat. Le bon homme prétendait que la nation espagnole était redevable à l'inquisition de cette noble gravité qui l'avait distinguée si long-temps, et à laquelle Philippe V avait porté atteinte en opérant dans le costume un changement dont les mœurs avaient fini par se ressentir. A l'entendre, le génie castillan avait disparu avec le manteau, la fraise, et la ringrave de Charles-Quint; et l'introduction des habits à la Louis XIV avait singulièrement altéré le caractère national. Cette observation nous paraissait fort étrange, à nous qui retrouvions dans toutes les classes cette régularité monastique dont la décadence était si visible aux yeux du docteur. Je me souviens qu'après un séjour d'un mois à Madrid, nous nous amusâmes et nous réussîmes plus d'une fois à deviner la profession de tous ceux que nous voyions passer au *Prado* ou à la *Floride*.

« Depuis ma rentrée en France, j'ai eu souvent occasion de faire une remarque toute contraire. Je suis à Paris comme le Scythe Baboue au milieu de Persépolis, et je ne me trouverais guère moins embarrassé que lui, si j'étais chargé d'y remplir la même mission. J'ai habité trente ans cette capitale, où je m'étais fait une réputation d'observateur; je n'en suis pas plus avancé aujourd'hui : hommes et choses, tout est changé, déplacé, confondu; je regarde, et je ne reconnais rien; je parle, et c'est tout au plus si l'on m'entend. Vous qui n'avez pas quitté la France, vous remarquez à peine cette bigarrure d'usages, de mœurs, de modes, et de langage avec laquelle j'ai tant de peine à me familiariser. Votre Paris moderne me donne l'idée de ces vastes bazars de l'Orient, où l'on voit des échantillons de tous les peuples.

« — Comparaison d'autant plus juste que, dans l'un comme dans les autres, on trouve force gens à vendre. Au demeurant, mon cher général, vous devez être d'autant plus choqué de ces disparates, que vous êtes resté plus étranger aux causes qui les ont produites. Vingt-cinq ans de révolution bouleversent bien des choses et bien des idées : cinq ou six grandes commotions ont amené chacune un gouvernement nouveau, lequel donnait aux esprits une direction nouvelle ; le changement qui survenait se combinait avec celui qui l'avait précédé ; après une secousse, on se hâtait de rebâtir sur des ruines avec des débris où l'on retrouvait l'empreinte d'une autre époque et les traces des désastres antérieurs. C'est ainsi qu'on voit au pied du Vésuve des maisons rebâties avec les laves refroidies qui les ont consumées.

« En vous appliquant un peu, il vous sera facile de reconnaître, encore aujourd'hui, les traits principaux du caractère des différentes factions qui nous ont successivement gouvernés depuis 1789. L'orgueil, plus ou moins bien entendu, a donné le signal de la révolution ; il s'est emparé de toutes les têtes.

Chaque classe a voulu s'élever jusqu'à la classe supérieure, et cette émulation de vanité a fini par amener la confusion de tous les rangs et de tous les états. L'artisan a rougi d'élever son fils dans une boutique, tandis que celui du voisin siégeait dans un club ou dans un comité de section : ses filles, quittant la cornette pour le chapeau de paille, ont cru se mettre au niveau des bourgeoises ; celles-ci, pour échapper à un pareil voisinage, ont gagné l'étage supérieur, et tout le monde a fini par se rencontrer au même point de luxe et de misère.

« La même confusion s'est établie dans les habitudes et dans le langage. Le juge, lieutenant dans la garde nationale, et autrefois grenadier dans le bataillon des Filles-Saint-Thomas, cite les institutions de Végèce, et fait un plan de campagne; le militaire fait un plan de tragédie; le négociant règle en même temps le cours du change et le droit public de l'Europe; un commis déclame contre la liberté de la presse; on ne sait plus à qui l'on parle; mais, au premier mot, on devine dans quel parti chacun des interlocuteurs a figuré. Celui-ci, après la plus terrible expérience, n'est pas détrompé des douceurs de la république; cet autre a pour tout ce qui s'est fait une telle horreur, qu'il a publié une brochure où il prouve la nécessité de détruire les routes du Simplon et du Mont-Cenis. « Rendez-
« nous, s'écrie-t-il dans son noble enthousiasme, les

« abîmes et les précipices de nos pères! » La conversation, dans les salons, dans les cafés, dans les antichambres, n'offre qu'un chaos de prétentions, de préjugés, d'inquiétudes et d'espérances, où domine néanmoins un sentiment vraiment français dont on ne peut méconnaître l'influence.

« — Vous ne parlez là que du désordre qui s'est mis dans les rangs de la société; les choses me semblent encore plus décousues : toutes les habitudes de l'Europe se sont introduites à Paris : il n'y a plus d'heure pour les repas; on déjeûne dans la rue du Mont-Blanc quand on dîne dans la rue des Francs-Bourgeois; on se met à table dans le faubourg Saint-Honoré quand on commence le wisk au faubourg Saint-Germain. Ici on vit à l'anglaise; la table gémit sous le poids des *roats-beefs*, des *puddings*, et l'on fait *passer la bouteille* après le dessert; là, triomphe le génie de la cuisine française, et les mets les plus délicats, les vins les plus exquis, satisfont à-la-fois le goût, l'odorat, et les yeux; dans une autre maison, l'on ne vous sert que des pâtes italiennes, des *polenta* et des *ravioli*.

« La mode n'a plus de physionomie; tout est bigarrure : la diligence française, la calèche anglaise, le landau allemand, figurent dans la même allée du bois de Boulogne. L'un attèle sa voiture de deux chevaux de couleur différente; son cocher est placé de côté sur son siège; les domestiques sans livrée suivent derrière sur les plus beaux chevaux de selle. L'autre court avec un attelage à la Beaumont : celui-ci, dans une espèce de *kibik* attelé de quatre chevaux de front, avec un cocher en costume de cosaque, a l'air de partir des Champ-Élysées pour se rendre en Sibérie. Cet autre, qui ne paraît guère moins étranger, se promène gravement au pas de deux énormes chevaux noirs, dans un carrosse à flèche dont la dorure a rougi sous la remise.

« Les habits sont de tous les lieux, de toutes les époques ; vous trouvez dans le même salon des hommes en perruque à la brigadière et en habit à grandes basques ; d'autres en habit brodé, coiffés à l'oiseau royal et poudrés à frimas ; d'autres en frac, en bottes, les cheveux à la *Titus* ou à la *Charles XII ;* des militaires en uniformes de fantaisie ; des gens décorés de rubans de toutes les couleurs ; des femmes en robes à vertugadin, en bonnets à barbes, et en mantelets de dentelles noires ; d'autres en robes à queue, sans queue, rondes, courtes, échancrées par devant, échancrées par derrière, avec guimpe, fraise, pélerine, schall ou fichu. C'est une macédoine de modes où chaque pays et chaque siècle peuvent réclamer quelque chose.

« La même incertitude, la même incohérence se fait sentir dans les manières et dans la conduite : on cherche à établir ses services, et l'on conteste ceux des autres ; on s'arroge les priviléges de la place qu'on sollicite; on se fait des titres de ses prétentions, et des droits de ses espérances. Celui-ci s'est fait un nom, qu'il garde; cet autre a vendu le sien, qu'il réclame; l'un est fier de ce qu'il possède, l'autre de ce qu'il a perdu. Nulle part les rangs ne sont fixés, et chacun se croit à celui que sa vanité lui assigne. Ce désordre est peut-être plus grand parmi les gens de lettres que dans toute autre classe de la société : heureusement, aussi, les conséquences en sont moins funestes : on ne prend point dans les antichambres ses degrés au Parnasse. Qu'importe, en effet, qu'un sot, anciennement ou nouvellement titré, dédaigne le mérite, insulte au talent, et accorde à la médiocrité obséquieuse la protection qu'il refuse au mérite? l'homme de génie prend sa place; on ne la lui donne pas.

« Le démon de l'ambition semble avoir détraqué toutes les cervelles; la province déborde sur Paris. Chacun accourt, son placet à la main : Dumont veut à toute force qu'on lui rende sa place dans les gabelles, et croit que le bonheur de la France réside dans la ferme générale; son cousin Verseuil, en habit noir et les cheveux étalés, assiège dès le matin la porte du chancelier; il ne désemparera pas qu'on n'ait rétabli la cour des aides, où il a été créé et mis au monde pour être conseiller. Duval présente mémoire sur mémoire au ministre de l'intérieur; il se tue à prouver que la division de la France en départements est un crime de léze-majesté; il ne connaît que les anciennes provinces, et réclame pour la sienne ses priviléges de pays d'état, se contentant pour lui-même de la place de syndic, dont son père avait eu la promesse.

« Mircourt se déchaîne contre la constitution, et veut prendre son passeport pour Alger, déterminé qu'il est à ne pas vivre dans un pays dont le monarque s'impose volontairement le joug honteux des lois.

« On se fourvoie (s'écrie le vieux Fonville); on supprime les bas et culottes rouges des gardes-du-corps; autant valait ne pas les rétablir; l'ancien pied, morbleu! sinon rien ne marchera.

« — A qui le dites-vous (répond un autre original, dont l'accent marseillais prête à son discours une grace toute particulière)! J'étais officier garde-côte avant la révolution; je viens ici tout exprès pour redemander mes *madragues*, on me refuse. — Monsieur, me dit le ministre, je ne sais même pas de quoi vous me parlez. — Monseigneur, les madragues sont un objet de la plus haute importance; il ne s'agit de rien moins que d'un établissement pour la pêche du thon. — Monsieur, le roi ne s'en est pas encore occupé. — Eh! Monseigneur, de quoi donc le roi s'occupe-t-il? — Laissez les choses comme elles sont, disent les uns; changez tout, disent les autres; contentez-vous de rétablir ce qui était (répétent sans cesse les plus accommodants); ouvrez *l'Almanach Royal* de 1788, et remettez chaque personne et chaque chose à sa place. — Je ne demande pas mieux répond une femme d'esprit; j'aurai vingt ans, et mon cousin sera page de la reine.

« Dans ce conflit d'opinions diverses, il en est une contre laquelle je m'élève, par cela seul que je suis Français, et qu'elle tend à dénaturer entièrement le caractère national; c'est celle des gens qui s'obstinent à ne compter pour rien le Pas-de-Calais, et qui veulent, en toutes choses, que nous prenions l'Angleterre pour modèle.

« Non, n'imitons personne, et servons tous d'exemple; n'arrêtons pas les efforts et les progrès de notre industrie, en recherchant avec une stupide complaisance les produits d'une industrie rivale. N'en croyons pas ces proneurs anglomanes qui, sans égard aux habitudes, aux localités, au génie particulier de notre nation, voudraient transporter chez nous les lois, les mœurs, les goûts, et jusqu'aux besoins d'un autre peuple. Soyons bien convaincus, quoi qu'ils en puissent dire, que notre pays peut être sagement administré sans que nous ayons un chancelier de l'échiquier, un lord-maire, des schérifs, et des constables.

« — Toutes vos remarques sont justes, mon cher général, mais cette divergence de volontés, d'opinions, suite nécessaire de grandes agitations politiques, n'a rien qui doive nous alarmer. Au moment où l'état se rassied sur ses bases, n'est-il pas naturel que dans le bonheur public chacun cherche son bien-être particulier? Le chef du gouvernement, qui ne veut, qui ne peut vouloir que l'intérêt général, est forcé de renverser beaucoup de projets, de déjouer beaucoup d'espérances : de là, ces enthousiastes de la veille et ces mécontents du lendemain; de là, ces commérages des opposants de cafés, des théoriciens politiques, des spéculateurs de bourse; de là les hypothèses, les amendements, les dits et contredits, les pamphlets et les caricatures; de là, en un mot, ce reste de fermentation dans un mélange où chaque chose tend, par son propre poids, à reprendre sa véritable place.

« Pour terminer par une comparaison musicale qui rend assez bien ma pensée, je vous dirai que nous exécutons en ce moment un *morceau final*, où vous n'êtes frappé que du bruit confus des voix : écoutez mieux, vous vous apercevrez que tout le monde est dans le même *ton*, quoique chacun fasse une *partie* différente, et que le *motif* principal, auquel on revient toujours, est un chœur de VIVE LE ROI et la Charte, que la France entière répète à l'*unisson*. »

N° XIII. [23 juin 1814.]

QUELQUES VICES A LA MODE.

*Ætas parentum, pejor avis, tulit
Nos nequiores, mox daturos
Progeniem vitiosiorem.*
    Hor., od. 1*7*, lib. III.

Nos pères valaient moins que nos aïeux; nous sommes plus méchants que nos pères, et nos fils vaudront encore moins que nous.

Horace, comme on le voit par ces vers, ne croyait pas à *la perfectibilité,* mais bien à *l'imperfectibilité indéfinie* de l'espèce humaine. Je suis loin de citer cette boutade poétique, inspirée par l'indignation du moment, comme un axiome de morale; mais je ne suis pas étonné que ce paradoxe manichéen, aidé de quelques préjugés et d'une disposition d'esprit tant soit peu mélancolique, acquière chez certaines gens, et à certaines époques, le crédit et le poids de la vérité. Je suis, pour mon compte, convaincu, autant qu'on puisse l'être de quelque chose dans ce monde, que l'homme est limité au moral comme au physique; que sa nature est inscrite (pour parler le langage des géomètres) dans un cercle plus ou moins vaste, mais dont il ne peut jamais sortir. Ses vertus, ses qualités, ses passions, ses vices, ont, comme sa taille, des dimensions au-dessus et au-dessous desquelles il ne peut ni s'élever ni descendre: l'éducation, les lois, la morale, doivent tendre à rendre l'homme meilleur qu'il n'est; le rêve de la philosophie est de vouloir le rendre meilleur qu'il ne peut l'être.

Plus j'étudie l'histoire des nations, et particulièrement celle de la nôtre, moins je remarque d'unité dans ce qu'on appelle le caractère particulier des différents peuples; rien ne ressemble moins à un Français du règne de Charles VII, qu'un Français du règne de Henri III. Chaque époque a ses vices, ses défauts, ses vertus même, et si l'on en excepte quelques uns de ces grands traits nationaux que l'on peut regarder comme des productions du sol, et que l'on a même quelquefois beaucoup de peine à retrouver, le caractère du peuple français se modifie d'un règne à l'autre, de manière à n'être plus reconnaissable: le bien et le mal s'y succèdent, s'y combinent, comme au hasard; la circonstance fait naître une vertu, la mode accrédite un vice.

La franchise grossière, la valeur sans loyauté, distinguent, non la personne, mais le règne de Henri IV; l'intrigue caractérise celui de Louis XIII: elle prend un caractère moins noble et moins important pendant la minorité : elle s'appelle *la Fronde;* un demi-siècle avant, elle s'appelait *la Ligue.* Louis XIV ramène en France des idées de gloire et le goût du luxe : les grands hommes, qui semblent s'être donné rendez-vous sous son règne, y font naître l'amour des lettres; l'orgueil et la dévotion sont à la mode; le premier dégénère en ostentation, en étiquètes puériles; l'autre en fanatisme et en hypocrisie. La régence s'annonce, et le tableau change; le désordre, la licence, et la folie, s'emparent de la scène; la débauche se montre avec impudence; c'est peu d'être libertin, le bon ton est d'être ou de mériter d'être *roué.*

Dans le règne suivant, les nobles idées de patriotisme et d'indépendance, semées par la philosophie sur un sol ingrat, germent sans fruit, et sont étouffées par l'ivraie révolutionnaire : le peuple le plus doux et le plus policé de la terre en devient le plus féroce et le plus sauvage. Les horreurs de ces temps d'anarchie ont dû être et ont été en effet remplacées par la fureur des conquêtes et l'ambition de la victoire; à des passions effrénées, qu'alimentait une exaltation hors de mesure, ont succédé des vices sournois, que je compare à ces cendres tièdes que vomit encore le volcan qui vient de s'éteindre : *l'intrigue subalterne, l'envie,* et *l'ingratitude,* sont les vices qui me semblent caractériser plus particulièrement l'époque actuelle. Il faut y joindre la *gourmandise*, défaut grossier, que sa bassesse avait jusqu'ici préservé du scandale, et auquel il a fallu trouver un autre nom pour lui donner l'importance d'un vice.

La gastronomie, pour me servir du mot à la mode, est un art qui a maintenant ses règles, sa poétique, et ses professeurs : des sociétés se sont vouées à son culte ; des almanachs ont propagé la doctrine des *gastronomes;* les prosélites se sont multipliés ; mais dans cette foule d'amateurs, tous n'ont pas le moyen de devenir artistes. Un poète avait enseigné, avec autant de gaieté que d'esprit, *l'Art de dîner chez soi;* un autre, avec le même talent, réduisit en préceptes *l'Art de dîner en ville* : et la science de la *gueule*, comme l'appelle *maître François*, fit des progrès infiniment honorables pour l'esprit humain.

Je voudrais bien pouvoir affirmer qu'une passion aussi peu noble, qu'un goût aussi matériel ne peut être que le partage des sots : malheureusement, plusieurs gens d'esprit sont là pour me démentir, et tout prêts à me prouver, par leur exemple, que la gourmandise est une dixième Muse, et qu'à force de talent et de gaieté on peut faire écouter, sans trop de dégoût, l'éloge éternel de *la Panse* et des plaisirs ineffables dont elle est le but et la source.

C'est faire, en quelque sorte, l'apologie de la gourmandise, que de parler ensuite de *l'ingratitude.*

« *L'ingrat*[1] *n'a qu'un vice* (dit le poète Young): *tous les autres lui peuvent être comptés pour des vertus.* » Après avoir signalé l'ingratitude comme la plus affreuse maladie du cœur humain, il est pénible d'ajouter qu'elle n'a peut-être jamais été plus commune, et qu'elle affecte de préférence les premières classes de la société. De son temps, Duclos ne connaissait que trois espèces d'ingrats: de nouvelles découvertes rendent aujourd'hui fort incomplet ce système de classification. Comme à tous les grands maux, on a cru devoir appliquer à celui-là un remède violent; et je ne serais pas étonné de voir diminuer le nombre des ingrats, aux soins que l'on prend de diminuer celui des bienfaiteurs.

J'ai beaucoup réfléchi sur l'ingratitude, et j'ai fait, sur cette lèpre du cœur humain, des expériences aussi repoussantes et non moins pénibles que celles auxquelles se livre notre savant docteur Alibert, et dont il consigne les résultats dans son grand ouvrage sur *les Maladies de la Peau*. Si je publie jamais une *Description de l'ingratitude*, avec ou sans gravures, je la diviserai en trois grands chapitres: le premier traitera *de l'Oubli des Bienfaits*; les citations se présenteront en foule: le second, *du Refus de rendre de bons offices à ceux dont on en a reçu*;

---

[1] *He that's ungrateful has no guilt but one
All other crimes may pass for virtues in him.*

j'aurai le choix entre un grand nombre d'exemples : le troisième, enfin, *des Services payés par des persécutions*. Cet affreux penchant d'un cœur profondément corrompu, auquel il faudrait réserver le nom d'ingratitude, a été comparé par Abbadie, *à un gouffre immonde qui absorbe sans retour tout ce que la pente de ses bords entraîne, et n'exhale qu'une odeur fétide*. Tout en convenant, pour l'honneur de l'humanité, que de pareilles monstruosités sont rares, je ne serai malheureusement pas embarrassé d'en prouver l'existence, et de produire quelques portraits dont chacun reconnaîtra les modèles.

N'est pas ingrat qui veut. L'exercice de cette disposition perverse suppose le concours de deux personnes ; *l'envie* trouve en elle-même toutes ses ressources. La Motte a dit, avec esprit et vérité, que *l'envie était un hommage maladroit que l'infériorité rendait au mérite :* je pourrais néanmoins citer, de nos jours, plus d'un homme supérieur qui n'en est pas exempt ; de même qu'en contradiction avec l'opinion générale, qui se figure l'Envie sous des traits décharnés, avec un *teint pâle et livide,* je pourrais la montrer et la faire connaître sous un masque de franchise, avec un visage joufflu et coloré. On ne maigrit pas toujours du mal qu'on fait, ni même de celui qu'on veut faire : l'espérance vous soutient.

On ne peut pas exiger que les hommes soient des anges. Que celui qui n'a rien porte envie à celui qui a beaucoup, ce sentiment naturel a quelque chose d'excusable; il ne devient un vice hideux, il ne prend le nom d'*envie* que lorsqu'il se joint au besoin de nuire, dont il est malheureusement très voisin.

L'envie est un puissant véhicule qui donne une sorte d'esprit aux gens les plus médiocres; cet esprit est celui de *l'intrigue:* on pourrait s'étonner des progrès qu'il a faits depuis quelque temps, si l'on ne remarquait pas qu'il conduit à tout. Les intrigants composent aujourd'hui, non pas un *corps-franc*, mais une phalange militairement organisée: elle a ses chefs, ses grenadiers, ses soldats, ses tirailleurs, ses éclaireurs; on y passe successivement de grade en grade, et l'avancement est la récompense des services rendus. S'agit-il d'un coup de main? on se présente en face: le péril est-il trop imminent? on fait une honnête retraite; au besoin même on se disperse; mais, au premier moment favorable, on se met de nouveau en campagne; et presque toujours, sans combats, à force de manœuvres, on finit par atteindre son but.

Un de mes amis, qui a souvent eu l'occasion d'observer cette tactique, a formé le projet de l'attaquer par le ridicule; le théâtre est son champ de bataille: il m'a communiqué son plan; l'idée m'en a paru plaisante. Sa pièce est intitulée: *La Fabrique de réputations;* l'entrepreneur est un homme dont tout le talent consiste à savoir que trente-neuf et un font quarante : on ne se fait pas d'idée de tout le parti qu'il a su tirer de cette découverte au profit des autres, en attendant qu'il en fasse le sien. Cet habile fabricant n'a trouvé qu'un moyen de se faire une réputation, c'est de travailler à celle des autres : il a sous ses ordres des ouvriers, des commis, des facteurs, qui ont chacun leurs attributions particulières, et un intérêt dans l'entreprise, en raison, non du capital qu'ils versent, mais des services qu'ils peuvent rendre. Ces messieurs se proposent d'entreprendre tous les genres de réputations ; mais ils n'excellent encore que dans les réputations littéraires, et l'on en cite plusieurs qui leur font un honneur infini. Une des scènes les plus piquantes de l'ouvrage est celle où un candidat se présente chez l'entrepreneur, pour traiter avec lui d'une réputation à bon compte. J'en transcris ici quelques lignes, avec la permission de l'auteur.

L'ENTREPRENEUR.

Mille excuses, monsieur, de vous avoir fait attendre ; mais, dans notre état, on n'est pas le maître de ses moments : de quoi s'agit-il ?

LE CANDIDAT.

Je voudrais que vous me fissiez une petite réputation.

L'ENTREPRENEUR.

Le moment n'est pas favorable ; nous avons des

commandes pour plus de deux ans, sans compter les réputations qui sont sur le métier.

LE CANDIDAT.

Je vous apporte une lettre de M. Francœur, votre associé.

L'ENTREPRENEUR, *après avoir lu la lettre.*

C'est fort bien! Il me dit que vous fréquentez les spectacles; que vous vous y déchaînez contre les ouvrages dont il vous a donné la liste.

LE CANDIDAT.

Il aurait dû ajouter que j'ai fait aller votre dernière pièce jusqu'à la fin; que j'ai péroré dans les cafés en faveur du musicien que vous protégez; que j'ai fait acheter dix exemplaires de l'ouvrage de M. Pathos, votre teneur de livres, afin qu'il ne soit pas dit qu'il n'y en a pas un seul de vendu.

L'ENTREPRENEUR.

A merveille! Je ferai quelque chose pour vous. Mais voyons: quels sont vos projets?

LE CANDIDAT.

Monsieur, j'ai quarante-cinq ans; je voudrais commencer à me faire connaître dans les lettres; j'ai essayé plusieurs genres; le théâtre est celui qui me convient le mieux, et je voudrais me faire une petite réputation comique.

L'ENTREPRENEUR.

Impossible! la foule est là, et moi qui vous parle,

pour qui l'on travaille jour et nuit depuis dix ans, je ne suis pas encore sûr d'obtenir ce que vous demandez. Choisissez autre chose; la poésie descriptive, par exemple!

LE CANDIDAT.

Après Delille! Je n'oserai jamais: je ne suis pas assez fort.

L'ENTREPRENEUR.

Assez fin, dites donc. Aimez-vous mieux l'*histoire?*

LE CANDIDAT.

C'est un genre bien difficile, qui demande tant de connaissances, de profondeur dans les idées, une critique si vaste, une impartialité si grande!

L'ENTREPRENEUR.

Pour faire un historien, soit; mais pour en avoir le titre et les prérogatives, c'est autre chose, et c'est mon affaire: j'ai fait une réputation dans ce genre, dont personne ne se serait douté. Il est vrai qu'elle m'a donné beaucoup de mal, et qu'elle a coûté cher; les collections du *Moniteur* sont hors de prix. J'ai encore à vous offrir une réputation de grammairien qui ne tardera pas à vaquer.

LE CANDIDAT.

Quoique je ne sache ni le latin, ni le grec, celle-là me conviendrait assez; mais je n'ai rien écrit dans ce genre.

L'ENTREPRENEUR.

Eh bien, je connais un ouvrage tout fait, que

vous aurez à bon marché, et auquel il vous suffira d'ajouter quelques notes que vous trouverez dans Port-Royal.

LE CANDIDAT.

Je l'achète au prix que vous y mettrez vous-même.

L'ENTREPRENEUR.

C'est une chose convenue : je me charge de faire rendre compte dans les journaux de la *huitième édition* de votre ouvrage ; je la fais recevoir dans les lycées au nombre des livres classiques ; dans trois mois je vous expédie votre patente de *juré peseur de diphthongues ;* et dans un an tout au plus... Vous m'entendez : jusque là, prudence, activité et dévouement sans bornes.

N° XIV. [25 juin 1814.]

LES NOUVELLISTES.

> *Pereant qui nostra ante nos dixerunt.*
> PROV. LAT
>
> Le diable emporte ceux qui ont déjà débité nos nouvelles.
>
> *Scire tuum nihil est, nisi te scire hoc sciat alter.*
> PERSE, sat 1.
>
> Savoir une chose n'est rien pour toi; le point essentiel est qu'un autre sache que tu la sais.

C'est une des plus bizarres et des plus générales dispositions de l'esprit humain, que cette sorte d'inquiétude d'où naît le besoin d'apprendre et de répandre des nouvelles :

Est natura hominum novitatis avida [1].

Je me rappelle avoir entendu dire au plus noble comme au plus célèbre des aventuriers du dernier siècle : « Il me faut des événements, bons ou mau-

---

[1] La nature humaine est avide de nouveautés.

vais, n'importe ; je ne me couche content que lorsque je le suis de la *Gazette*. »

Combien de gens, avec la même bonne foi, pourraient faire le même aveu ! Cette curiosité, sans but, et presque toujours sans profit, exaltée chez quelques uns jusqu'à l'état de manie habituel, constitue l'espèce des *nouvellistes*, que l'on doit, pour mieux s'entendre, diviser en trois familles : *les nouvellistes de jardin*, *les nouvellistes de café*, et *les nouvellistes de salon*.

La première, dont le célèbre *Metra* et l'abbé *Trente-mille-hommes* étaient autrefois les prototypes, s'occupe exclusivement des affaires politiques.

La seconde embrasse la politique, la littérature, et les nouvelles du quartier. La troisième est celle des nouvellistes par excellence ; tout est de son ressort, et sa juridiction est sans limites.

Parmi les nombreux successeurs des deux habiles *Cracovistes* que j'ai cités plus haut, on distingue aujourd'hui l'infatigable Rigolet. Dès sept heures du matin il est sur pied. Après avoir questionné sa laitière sur la force et la marche de l'ennemi, il court attendre aux Tuileries la loueuse de journaux, et les lit tous d'un bout à l'autre, le plus souvent sans s'apercevoir qu'ils répètent textuellement le *Moniteur* qu'il a lu la veille. Il va passer ensuite une ou deux heures sur la place du Carrousel pour guetter l'arrivée des courriers. Au galop du cheval, à l'attitude de celui qui le monte, il a deviné la nature des dépêches, dont il parlera, dans un moment, avec autant d'assurance que si elles lui avaient été communiquées. Un bruit sourd a frappé son oreille exercée; c'est le canon des Invalides: il s'applaudit du vent contraire qui permet à peine de l'entendre, et qui lui laisse l'espoir de raconter, comme une nouvelle particulière, celle que ce signal annonce. Il va prendre langue sur le boulevard italien avec deux autres profonds politiques qui s'y donnent chaque jour rendez-vous à la même heure. On se recorde sur les faits principaux que l'on doit mettre en circulation dans la journée; et, pour éviter les bévues géographiques où ces messieurs sont déjà tombés plusieurs fois, ils ont soin de consulter une de ces cartes du théâtre de la guerre que les marchands d'estampes exposent sur la voie publique. La foule s'assemble autour d'eux; et Rigolet, un cure-dent à la main et ses lunettes sur les yeux, n'en continue pas moins à leur indiquer les points que les armées occupent, et la position que chacune doit prendre pour éviter une défaite infaillible. J'ai été témoin, il y a quelques jours, d'une de ses dispositions militaires, et je me suis permis de faire observer au général Rigolet qu'il mettait son armée en bataille sur une rivière, qu'il prenait pour une grande route.

La récolte faite, et la mémoire bien chargée de

noms de villes, de villages, de corps d'armées et de
généraux, qu'ils ne manqueront pas d'estropier et
de confondre, nos trois nouvellistes en chef se séparent et se rendent, l'un au Luxembourg, l'autre
au Palais-Royal, et le troisième aux Tuileries.

Ce dernier poste, le plus important des trois, est
confié au généralissime. Vers deux heures, quel
que temps qu'il fasse, on est sûr de le trouver à la
Petite-Provence, au milieu d'un cercle de vieux politiques, discourant à perte de vue et de raison sur les
intérêts des puissances; sur les Cosaques, les alliés,
les levées en masse, et figurant sur le sable, avec sa
canne à parapluie, les dispositions d'une bataille qui
doit se donner sous peu de jours, et dont il est homme
à vous annoncer d'avance le nombre des prisonniers,
des blessés, et des morts. Quelque respect que l'on ait
pour ses décisions, la discussion s'établit quelquefois
sur l'authenticité des faits qu'il avance; rien de plus
amusant alors que le ton de supériorité qu'il affecte,
et l'air fin et mystérieux avec lequel il montre le tim-
bre d'une lettre de son gendre l'inspecteur des vivres,
« qui pourrait bien (ajoute-t-il avec un sourire où
l'orgueil se mêle à l'ironie) savoir ce qui se passe à
l'armée qu'il nourrit. » Pour peu qu'une semblable
autorité n'impose pas immédiatement silence au
contradicteur, le président Rigolet remet ses lunettes dans leur étui, salue froidement l'assemblée,
et lève la séance, au grand déplaisir des gobe-

mouches politiques qui l'écoutaient l'oreille tendue et la bouche béante.

Avant de rentrer chez lui, où l'heure du dîner l'appelle, il ne manque jamais de passer à la Bourse pour s'informer du prix de la *rente* et des *actions;* il y trouve toujours, quel qu'en soit le mouvement, une preuve en faveur de ses nouvelles, une base à l'appui de ses conjectures.

Le hasard m'a conduit, la semaine dernière, dans un café situé au bas du Pont-Neuf, où je n'étais jamais entré (je dois le dire à ma honte, moi qui, par état moins encore que par goût, ai la prétention de connaître Paris pour le moins aussi bien que feu Hurtaux le lexicographe, dont le dictionnaire, quoi qu'en ait pu dire Louis XV, *est un inventaire* fort incomplet *de cette capitale*) : le café *Manoury* (c'est ainsi qu'il se nomme) a conservé quelque chose de gothique qui ne pouvait frapper agréablement qu'un homme de mon âge; on n'y voit briller ni le bronze doré, ni le cristal; au lieu de guéridons en granit, en acajou, de larges tables de noyer à pied de biche et à dessus de marbre rouge, de bonnes banquettes de tapisseries d'Arras, meublent comme autrefois l'intérieur de la salle; le comptoir est occupé par un gros homme dont l'adresse à casser du sucre ne suppose guère moins de quarante ans d'exercice. D'excellent café qu'on me servit avec beaucoup de politesse, dans des tasses dont l'épaisseur ne réduisait pas la capacité d'un bon tiers, acheva de me reporter aux jours de ma jeunesse, et les gens qui m'entouraient contribuèrent à prolonger cette douce illusion. Je crus un moment que tous les vieux politiques de l'ancien arbre de Cracovie, de la grande allée du Palais-Royal et de l'antre de Procope, s'étaient donné rendez-vous au café Manoury, où je reconnus, à ma grande surprise, les originaux de trois petits dessins que j'avais achetés la veille chez Martinet.

J'étais las d'entendre déraisonner sur la guerre : je quittai le coin des politiques pour m'approcher d'une table où cinq personnes en écoutaient une sixième avec un intérêt de curiosité qui se peignait sur les figures en traits plus ou moins comiques. L'orateur nouvelliste était un marchand fourreur de la rue Bertin-Poiré. Avant qu'un de mes voisins m'en eût instruit, j'avais deviné son état à l'inspection de son vitchourat de velours de coton, doublé d'une vieille fourrure de renard bleu, et d'un petit manchon de martre zibeline que le camphre disputait aux vers depuis cinquante ans au moins. Ce nouvelliste de quartier raconta sans s'interrompre (et sans autre transition que les mots, *vous me faites souvenir,* adressés à des gens qui n'avaient pas ouvert la bouche) l'accident d'un de ses locataires, qui venait de mourir, asphyxié par la vapeur du charbon ; l'aventure de nuit arrivée la veille dans une maison de la rue de la Monnaie, dont le locataire principal, revenant de faire sa partie de dames au café Conti, avait pris pour un voleur, et fait arrêter par la garde, un jeune garçon marchand du voisinage, qui était venu présenter un mémoire à sa femme.

Notre fourreur entretint ensuite sa petite assemblée de l'organisation de la garde nationale, où il venait d'être promu au grade de sergent; d'une saisie faite chez une jeune personne qui avait meublé un appartement à crédit, sur la promesse d'un lieutenant de chasseurs; de la faillite d'un petit faïencier de la rue des Poulies, dont le bilan déposé montait à près de mille écus; d'un duel à coups de poing entre deux porteurs d'eau; d'un terne gagné à la loterie, et, finalement, du sermon qu'un chanoine de Notre-Dame devait prêcher à Saint-Germain-l'Auxerrois, le jour de *la Passion*.

Laissons ce nouvelliste bourgeois, dont le commérage insipide a trop long-temps alimenté notre théâtre, et signalons, dans ce genre, un personnage plus important; tous mes lecteurs ont déja nommé Cléon. C'est l'homme de la nature la plus communicative: le plaisir d'apprendre et d'annoncer quelque chose de nouveau est, à ses yeux, le plus vif que puisse goûter une créature raisonnable; il écrit vingt billets par jour, court d'antichambre en antichambre, de toilette en toilette; il va des Tuileries à la

Bourse, de la Bourse au café Tortoni, et fait plus de bruit le soir, dans un salon, avec les nouvelles qu'il a recueillies dans ses courses, que les crieurs publics annonçant deux victoires. Semblable à certain quadrupède avec lequel il a d'ailleurs quelque analogie de voix et d'oreilles, il fait aliment de tout,

> Et broute également le chardon et la rose.

Il n'y a de mal pour lui que les choses que vous savez, et de bien que celles qu'il peut vous apprendre. Il vous annonce avec le même plaisir que la famine ravage une province, ou qu'une abondance extraordinaire vient de l'enrichir; que Lima est englouti par un tremblement de terre, ou qu'on a découvert de nouvelles régions dans l'Océanique; il vous apporte, avec le même empressement, la nouvelle que votre fille unique est heureusement accouchée, ou que votre fils a été blessé dans la dernière affaire. Il ne manque jamais la représentation d'une pièce nouvelle, et sort avant la fin, pour être le premier à en publier le succès ou la chute. A-t-il épuisé les nouvelles les plus importantes, à l'appui desquelles il a toujours quelques lettres à produire, Cléon entame le chapitre des anecdotes. Madame N*** doit aller prendre les eaux, pour un mal dont son médecin lui-même n'a pas la confidence. — Une intrigue de cour (dont il était l'instrument sans s'en douter) vient d'affubler une femme charmante d'un ridicule ineffaçable. — Un homme de lettres lui a communiqué, sous le secret, une satire à la Juvenal, dont lui, Cléon, a fourni les traits principaux. — Une danseuse célèbre a changé, depuis hier, le chiffre de sa voiture : on craint qu'elle ne finisse par y substituer un numéro. — Une femme a mis au monde un enfant à quatre mains, dans la maison où vient de mourir un fameux critique, etc., etc....

Après les nouvelles publiques, celles dont Cléon trafique le plus volontiers ont pour objet l'honneur des femmes. En trois soirées, ce Cosaque des salons trouvera le moyen de flétrir impitoyablement la vertu de trente mères de famille.

Mais, à défaut d'autres victimes, cet intrépide nouvelliste est homme à se dévouer lui-même, à vous raconter les bons tours que lui joue sa femme, les raisons qui le déterminent à presser le mariage de sa fille, et l'indiscrétion qui lui a fait perdre son meilleur ami; enfin l'idée de sa propre mort n'aurait rien d'affligeant pour lui, s'il pouvait imaginer un moyen d'en colporter lui-même la première nouvelle.

Ce caractère de nouvelliste, qui n'a point encore été mis sur notre théâtre, se trouve esquissé dans l'excellente comédie de Sheridan (*School for Scandal*). Dans cette pièce, deux nouvellistes racontent aux amis d'un mari trompé que celui-ci, au lieu de se faire payer par la loi son déshonneur conjugal, s'est battu en duel avec le favori de sa femme : le fait est sûr, tous deux l'attestent; mais l'un croit que l'affaire s'est vidée à l'épée; l'autre, plus hardi, soutient qu'elle s'est décidée au pistolet : il en donne pour preuve les détails du combat, qui s'est passé dans une chambre.

« Le mari a reçu le coup de son adversaire au milieu du thorax; tandis que la balle du premier, moins bien ajustée, après avoir frappé, derrière l'amant, une petite statue en bronze de Shakespeare, est sortie par la fenêtre, et est allée blesser le facteur qui apportait une lettre de Northampton. » Cependant ces messieurs avaient fait une légère méprise; le combat n'avait eu lieu d'aucune manière. Il fallut bien en croire le mari, qui l'assurait lui-même, en adressant aux nouvellistes de *l'école de Médisance* ce vers de notre *Menteur:*

Les gens que vous tuez se portent assez bien.

n° xv. [27 juin 1814]

LES BAINS.

>*Simplex munditiis*
>   Hor., od. 1
>Élégant par la propreté.

J'ai fait une première campagne en Amérique avec un chevalier qui, je crois, vit encore, et que, par cette raison et par analogie à ses goûts, j'appellerai *Thermophile*. Il n'avait alors guère moins de cinquante ans, et force était de croire qu'il avait passé la plus grande partie de sa jeunesse à la cour, car il le répétait à tout propos. Le capitaine du bâtiment sur lequel nous étions embarqués, par égard pour une recommandation puissante dont le chevalier était porteur, lui avait donné la plus jolie chambre de la *dunette;* il en avait fait un vrai boudoir. Chaque jour, à l'heure du dîner, on le voyait habillé, coiffé, parfumé, comme il aurait pu l'être à terre, dans un repas de cérémonie. La conversation, dont il se chargeait volontiers, roulait toujours sur ses aventures de Paris et de Versailles, et

sur les bonnes fortunes sans nombre dont il avait
été le héros. Comme il avait pour auditeurs des
jeunes gens très disposés à le croire, et de vieux
officiers à qui les manœuvres de leurs vaisseaux
étaient plus familières que les usages de *l'œil-de-bœuf*,
le chevalier avait beau jeu à nous parler des carrosses du roi où il avait monté; des parties de Choisy
qu'il avait faites; de sa petite maison du faubourg,
et des femmes de la plus haute qualité qu'il avait eu
l'honneur d'y recevoir. Je me souviens que le *baigneur* jouait un grand rôle dans presque tous ses ré-
cits, et qu'il prononçait le nom de *Briel* avec un
souris presque malin, qui donnait à sa figure une
expression sublime de suffisance et de fatuité.

L'avantage que Paris avait dès-lors de posséder
deux ou trois chétives maisons de bains, établissait,
aux yeux du chevalier, la supériorité de cette ville
sur toutes les capitales du monde ancien et moderne.
L'aumônier du vaisseau, qui avait autant d'instruction que Thermophile avait d'assurance, l'étonna
beaucoup un jour en lui prouvant à quel degré de
barbarie nous en étions encore lorsque l'on comparait, sous ce point de vue, nos usages avec ceux des
anciens. « Quelle comparaison établir, lui disait-il,
entre ce chaudron ovale de cuivre, ou ce baquet
de bois que vous appelez une baignoire, dans lequel une anguille aurait de la peine à se retourner,
et les sept chambres de marbre dont se composaient

les bains des Grecs, qui toutes avaient un nom et une destination particulière, et au sortir desquelles on se faisait frotter et parfumer d'huiles et d'essences précieuses? M. le chevalier ne sait peut-être pas, continuait-il, que sous les empereurs on comptait à Rome sept ou huit cents maisons de bains où les raffinements, les recherches du luxe, étaient portés à un point dont rien, dans nos mœurs, ne peut donner l'idée. M. le chevalier ne sait peut-être pas que ces établissements étaient autrefois beaucoup plus communs, beaucoup plus magnifiques en France qu'ils ne le sont aujourd'hui; qu'il en existait jusque dans les couvents, comme nous l'apprend Grégoire de Tours; et qu'une des excuses qu'alléguaient les religieuses de Sainte-Croix de Poitiers, pour s'être sauvées de leur monastère, était qu'on ne s'y comportait pas dans le *bain* avec assez de modestie. M. le chevalier ne sait peut-être pas... — M. le chevalier sait tout cela, interrompit Thermophile avec humeur, mais il ne le croit pas. »

Quoi qu'il en soit des anecdotes que celui-ci nous racontait sans cesse, et dont le lieu de la scène était toujours chez le baigneur, les *Mémoires de Bussi-Rabutin,* dont je faisais alors mes délices, avaient fini par me persuader que les maisons de bains étaient, à Paris, le rendez-vous de tous les plaisirs, et qu'un homme comme il faut devait y passer toutes ses matinées.

L'expérience me détrompa sur ce point comme sur beaucoup d'autres. Lorsque j'arrivai dans cette capitale, il y a vingt-cinq ans, il n'était déjà plus question de parties fines chez les baigneurs, et les maisons de bains n'étaient encore remarquables ni par le nombre, ni par l'élégance, ni même par la commodité; mais on y parlait déjà des Bains-Orientaux (connus depuis sous le nom de Bains-Chinois), dont l'architecte, M. Lenoir, venait de donner les dessins. Une construction bizarre, un emplacement heureux, un service bien entendu, et, par-dessus tout cela, le mérite de la nouveauté, procurèrent à cet établissement une vogue qu'il a perdue et reconquise plusieurs fois. Les femmes qui se baignaient habituellement chez elles adoptèrent une mode dont l'économie n'était pas le seul avantage, et cette mode finit par passer dans les mœurs.

Dans l'espace de quelques années, le luxe et le nombre des maisons de bains augmentèrent considérablement. Aucune voix ne s'éleva contre un usage dont l'abus même est sans inconvénient. Aristote appelle la propreté une demi-vertu; et le sage Addisson qui la recommande comme une preuve de politesse et un moyen de faire naître l'amour, y trouve en outre une sorte d'analogie avec la pureté du cœur: on peut ajouter qu'elle tient son rang parmi les agréments de la vie, et qu'elle est d'un grand secours pour entretenir la santé.

Vingt établissements, plus brillants les uns que les autres, se sont formés successivement. *Poitevin* avait donné le signal, et ses bains avaient remplacé des bâteaux incommodes établis sur la rivière. Ceux de *Vigier*, dès leur origine, le disputèrent avec ce qu'il y a de mieux dans ce genre en Europe, ils ne jouissent néanmoins que d'une vogue un peu plébéienne, et ne sont guère fréquentés que par les bourgeois du faubourg Saint-Germain. Les *Bains-Chinois* ont attiré long-temps la foule élégante de la Chaussée-d'Antin. Les *Bains de Montesquieu* se distinguent sur-tout par leur noble construction : une entrée dessinée d'après la façade d'un temple grec, des peintures allégoriques qui ornent le vestibule, et qui rappellent celles que l'on voit au *Cassino;* un jardin plus joli que vaste, que l'on aperçoit de la rue, et autour duquel tournent des cabinets, tout concourt à faire remarquer cet établissement, où l'on a peut-être un peu trop sacrifié aux apparences extérieures. Les *Bains Saint-Sauveur* et *Saint-Joseph* vivent sur leur ancienne renommée, et continuent à faire les délices des quartiers Mont-Martre et Saint-Martin. Le Marais a ses *Bains,* comme son café *Turc;* et depuis que ces deux établissements publics sont en faveur, il est rare qu'un habitant de la rue de Vendôme s'égare dans sa promenade jusqu'au boulevart Italien.

Je passe sous silence un grand nombre de maisons de bains subalternes, et je me contente de dire un mot de l'*École de Natation*, que des perfectionnements de toute espèce, une méthode d'instruction plus prompte, un local vaste et commode, des secours infaillibles, ont mis au rang des établissements les plus utiles et les plus fréquentés de cette capitale. Je me hâte d'arriver aux *Bains de Tivoli*, qui réunissent, à tous les agréments qu'on trouve dans les autres, des avantages qu'on chercherait vainement ailleurs, et qui assurent à cette maison de bains une supériorité décidée sur toutes celles de l'Europe. On y administre les bains ordinaires, les bains d'eaux minérales factices; et les bains de vapeurs.

Les Romains, au rapport de Pline, faisaient un grand usage des eaux minérales; de là vient qu'ils avaient à Baye des maisons de campagne délicieuses où les personnages les plus importants se rendaient à certaines saisons de l'année. Ces eaux sont un bienfait de la nature, dont les anciens aimaient à profiter.

Les progrès de la chimie moderne ont donné les moyens d'imiter les eaux minérales naturelles, avec cet avantage qu'il est possible de les purger d'une foule de principes hétérogènes qui peuvent contrarier les indications médicinales. Celui qui prescrit les eaux minérales factices peut varier à son gré l'espèce et les proportions de leurs éléments, selon la nature de l'infirmité, selon le tempérament et l'âge des individus.

Le nombre des malades qui viennent chercher leur guérison aux bains de Tivoli s'accroît tous les ans; cette remarque est une preuve infaillible de leur efficacité. Les blessures de nos guerriers, les rhumatismes de l'âge mur, les paralysies de la vieillesse, les affections nerveuses des femmes, qu'une extrême civilisation tend à augmenter, y trouvent les secours, le traitement, et le régime qui leur sont propres.

Ce qui a peut-être contribué plus que toute autre chose aux succès de ce bel établissement, ce sont les traitements des maladies de la peau, opérés et suivis par le docteur Alibert, le médecin de l'Europe à qui cette partie de l'art est le plus redevable. Quelle reconnaissance ne lui doivent pas nos dames pour les réparations heureuses qu'il parvient à opérer dans la fraîcheur de leur teint, que tant de circonstances contribuent à altérer!

Les bains de vapeurs à l'*orientale* sont indiqués dans un grand nombre de maladies, et l'habitude finit par en faire un plaisir; on les administre à *Tivoli* dans trois pièces qui communiquent ensemble. La température est modérée dans la première: le malade s'y déshabille, s'y couvre d'un peignoir, et passe dans la seconde chambre, déjà plus chaude, d'où il se rend dans la troisième, dans laquelle le thermomètre marque 25 degrés de Réaumur. La chaleur, qui augmente graduellement jusqu'à 36 et même 40 degrés, ne tarde pas à procurer au malade une abondante transpiration. Je n'entrerai pas dans de plus longs détails sur une pratique bien connue de ceux qui en font usage, et de peu d'intérêt pour les autres.

N° XVI. [9 juillet 1814.]

LES CARICATURES.

> Quand l'absurde est outré, on lui fait trop d'honneur
> De vouloir par raison combattre son auteur;
> Enchérir est plus court.
>
> La Font., fab. 1, liv. IX

Quelques hommes d'un goût sévère se sont élevés contre le genre de la caricature : ils n'y voient qu'une satire grossière, également nuisible à la morale publique qu'elle outrage, et à l'art, qu'elle dégrade. Je ne partage point cette opinion, et je réclame pour la peinture un droit dont on a fait un devoir à la poésie, celui de pouvoir

> Passer du grave au doux, du plaisant au sévère.

Je crois qu'on peut rire, sans conséquence, des *charges* de Léonard de Vinci, comme on rit des *farces* de Molière.

C'est à tort, il me semble, que, appuyé sur l'étymologie du mot caricature (*caricatura*), on a voulu faire honneur ou honte aux Italiens d'un genre de composition dont on a trouvé plusieurs modèles dans les débris antiques que le temps a respectés. Ces trois figures d'*Anchise*, d'*Énée*, d'*Ascagne*, représentées avec des têtes de cochons, et trouvées à Herculanum, sont-elles autre chose qu'une caricature? N'est-ce pas une très bonne et très plaisante caricature que cette peinture d'un vase grec, publié par Winckelman, où l'on voit Jupiter apportant une échelle pour s'introduire, par la fenêtre, dans la chambre à coucher d'Alcmène, tandis que Mercure tient officieusement la lanterne qui éclaire cette scène nocturne?

Ce n'est rien moins qu'aux véritables restaurateurs de la peinture, à Michel-Ange et à Léonard de Vinci, que nous sommes redevables des premières caricatures qui aient paru dans les temps modernes. C'est dans une de ces débauches de crayon où sa fougueuse imagination l'entraînait souvent, que Michel-Ange dessina, pour la comédie italienne, les masques de *Polichinelle* et d'*Arlequin;* composition extravagante, dans laquelle néanmoins l'on peut, à certains traits, reconnaître l'auteur du *Jugement dernier*.

Je ne pense pas que les Italiens, dans cette partie de l'art, aient eu des imitateurs en France avant la fin du seizième siècle, époque à laquelle parut la *fameuse Procession de la Ligue*. On ne connaît pas l'auteur de cette ingénieuse et sanglante raillerie,

11.

qui porta les derniers coups au monstre de la Ligue.

Le talent de la caricature consiste à démêler et à saisir facilement le vice réel ou d'opinion qui peut se trouver dans quelque partie d'un objet, et à le porter à ce point d'exagération où, sans cesser de faire reconnaître le modèle, on parvient à le rendre ridicule. Ce qu'on demande sur-tout au dessinateur, dans ces petites compositions, c'est de l'esprit, mais de cet esprit particulier dont la malice et la gaieté font tous les frais, et qu'assaisonne presque toujours un grain de déraison. La *caricature* a cela de commun avec la *parodie* (dont elle se rapproche à beaucoup d'autres égards), qu'elle réussit d'autant mieux qu'elle s'exerce sur des objets plus élevés dans l'ordre physique et moral, et qu'elle choque plus de convenances en les traduisant en ridicules.

Il est peu de grands peintres qui ne se soient permis quelques débauches de cette espèce; mais par cela même qu'ils attachaient peu d'importance à ces *croquades*, leur nom n'a point été attaché à des productions éphémères dont leur talent a prolongé l'existence. Guichi et Callot ont néanmoins trouvé le secret de fonder, sur cette faible base, une réputation solide. On trouve dans les œuvres de ce dernier une foule de figures fantastiques d'une expression si grotesque, si originale, qu'elles sont, pour ainsi dire, passées en proverbe dans la peinture. Sa *Tentation de saint Antoine* est une mine féconde dans laquelle de très grands peintres n'ont pas dédaigné de puiser des accessoires et des *idées* même qu'ils n'ont eu que la peine d'ennoblir.

Si l'on faisait l'histoire de France en *caricatures*, on ne pourrait la commencer qu'au temps de la régence : des amateurs en ont conservé quelques-unes de cette époque, qui ne se distinguent pas moins par l'esprit et l'originalité de la composition que par l'excessive licence du sujet. Un pareil scandale accuse sans doute les déréglements du prince, mais il atteste plus certainement encore son extrême bonté. L'auteur des *Philippiques* en vers fut enfermé pendant long-temps, et celui des *Philippiques* en caricature ne fut pas même recherché. Cette différence dans la manière d'envisager le même délit s'explique par le caractère du prince offensé : l'auteur des vers avait calomnié son cœur, celui du dessin s'était égayé sur ses vices.

Le règne de Louis XV fut fertile en caricatures : ses maîtresses, plusieurs de ses généraux, quelques uns de ses ministres, faisaient trop beau jeu à la malignité pour qu'elle n'en profitât pas. On vit *une marchande de poissons*[1] complimenter une belle dame en habit de cour, sur la robe de laquelle était écrit : *La caque sent toujours le hareng.* On vit *des gens en*

---

[1] Le nom de famille de madame de Pompadour était Jeanne Poisson.

robe prendre, sur des ânes, le chemin de Pontoise [1]. La chanson de *la Bourbonnaise* fournit à elle seule le sujet d'une vingtaine de caricatures où la favorite n'était pas épargnée. *Les Jésuites, les Insurgents, les Anglomanes, les Ballons, la Cour plénière*, furent autant de sujets sur lesquels s'exercèrent successivement les faiseurs de noëls, de vaudevilles et de caricatures.

Un homme d'un talent aimable et facile s'imagina (il n'y a guère moins de trente ans) de réunir, dans les galeries et dans le jardin du Palais-Royal, les portraits des personnes les plus marquantes de l'époque, en s'attachant sur-tout à les faire reconnaître par l'exagération de leur costume, de leurs manières et de leurs attitudes habituelles. Ces deux dessins de Dubucourt eurent un grand succès dans le temps, et sont encore aujourd'hui recherchés des amateurs.

La révolution inonda la France d'un déluge de caricatures dans lesquelles chaque événement du jour, chaque séance de l'assemblée, chaque circonstance de la vie des principaux députés, étaient tour-à-tour exposés à la risée publique. Là se fit remarquer notre infériorité dans le genre de la caricature politique, où les Anglais excellent. Le défaut de goût, qui a marqué si loin du but le terme qu'ils

[1] Allusion à l'exil du parlement.

ont atteint dans les arts, loin d'être ici la matière d'un reproche, est pour eux un moyen de succès. Sans être jamais arrêtés par la crainte d'enfreindre les règles, de blesser les convenances, d'insulter au bon sens, ils donnent un plein essor à leur imagination vagabonde, et produisent des monstruosités risibles avec une fécondité sans exemple. Le burin, aussi expéditif que le crayon, renchérit souvent encore sur les imperfections du modèle, et l'amateur de toutes les classes peut, à très bon marché, satisfaire son goût pour ces burlesques images.

La collection la plus complète de caricatures qu'il y ait en Europe est celle de la reine d'Angleterre. Le cabinet que cette princesse s'est formé est confié à un conservateur spécial, lequel a sous ses ordres plusieurs employés, dont chacun a ses attributions particulières. Il est bon d'observer que, parmi les nombreux portefeuilles dans lesquels sont classées avec beaucoup d'ordre et de soin ces innombrables gravures, plusieurs sont remplis de caricatures dont la reine elle-même a fourni le sujet.

On aurait de la peine à expliquer à quoi tient l'infériorité où nous sommes restés, par rapport à l'Angleterre, dans cette espèce de jeu d'esprit qui semble exiger, par-dessus tout, les qualités qui distinguent le caractère français : la gaieté, la vivacité et le sentiment du ridicule. Je voudrais bien pouvoir faire honneur à notre politesse, à notre bonté naturelle, du désavantage que nous avons sur nos voisins dans cette partie; mais à quoi bon mentir? nos peintres ne sont pas encore assez riches pour payer des flatteurs.

Depuis quinze ans, la boutique de Martinet, véritable muséum des caricatures, n'en a pas offert dix qui méritent d'être distinguées. Bonaparte n'était pas né plaisant : et sous son règne, le burin ne fut pas plus libre que la plume ; et l'argus de la censure, une loupe à chacun de ses yeux, ne surveilla pas avec moins d'attention les estampes que les livres [1]. Nos dessinateurs se bornèrent à esquisser des *costumes*: dans ce genre, les collections des *Incroyables*, des *Merveilleuses*, du *Suprême bon ton*, sont recherchées comme des monuments de nos modes, d'autant plus précieux que des artistes d'un nom célèbre n'ont pas dédaigné quelquefois d'y imprimer le sceau de leur talent.

Je ne puis me rappeler sans indignation qu'à une époque où la police était, inclusivement, chargée de la direction de l'esprit public, elle ne rougit pas de faire exécuter et vendre à tous les coins de rue une odieuse caricature qui représentait, d'une manière aussi stupide que révoltante, le prétendu suicide du général Pichegru. Ces moyens infames, dont la plus

[1] Plus heureux que Bonaparte, les censeurs, qu'il a créés, n'ont point subi la déchéance, et les mêmes hommes exercent encore les mêmes fonctions, avec le même honneur.

vile populace n'était pas dupe, ont été employés dans vingt autres circonstances. Nous avons vu, depuis, de lâches marchands d'estampes exposer, *par ordre*, ces révoltantes caricatures où l'on donnait aux Parisiens, comme avant-goût et comme dédommagement des horreurs de la guerre qui devait bientôt les atteindre, le spectacle de granges en feu, de femmes outragées, de vieillards égorgés, et de toutes les variétés de Cosaques qui figuraient dans ces scènes désastreuses.

Jamais catastrophe au monde n'ouvrit un champ plus vaste au génie de la caricature que celle qui fit, en quelques jours, passer le même homme du premier trône du monde à celui de l'île d'Elbe; qui limita, dans un espace de quatre ou cinq lieues carrées, la puissance d'un conquérant qui *étouffait*, disait-il, *dans notre vieille Europe*. Cependant il faut convenir que nous avons été moins heureux encore en caricatures qu'en pamphlets politiques. Quelques plates grossièretés, dont les yeux se détournent avec dégoût, ont fait, pendant deux mois, l'ornement des magasins d'estampes; à peine a-t-on distingué dans le nombre deux ou trois dessins, tels que *les Habits retournés, le Lutrin de Village, le Déjeuner selon l'ordonnance, le Haut en Bas*, où l'on trouve du moins quelques étincelles d'esprit et de gaieté.

En admettant même que les personnalités indirectes soient un des attributs de la caricature satirique (ce que l'on pourrait contester en bonne justice et en bonne morale), encore faudrait-il se borner à saisir la *charge* du modèle; on trouve aujourd'hui plus commode d'exposer son portrait.

La caricature est un impôt que la malice lève sur le ridicule puissant. *La promenade au Palais-Royal* (à la ressemblance près des personnages) ne passait peut-être pas les bornes; mais qui ne s'indignerait de cet acharnement ignoble à poursuivre sans relâche, comme sans danger, trois individus dont on n'a rien à espérer ni à craindre, sans avoir à donner d'autres raisons du mal qu'on veut à l'un de ces personnages que le mal qu'il a pu faire, et qu'il n'a cependant pas fait? Ne serait-ce pas une curée qu'on abandonne à la meute pour la détourner de la poursuite des loups et des renards? Allons, messieurs les *caricaturistes*, abandonnez ces lieux communs insipides; cotisez-vous pour avoir un peu d'esprit; les sujets ne manquent pas : jetez seulement les yeux autour de vous.

Quelques unes de ces dernières caricatures sont encore plus blâmables par la nature des détails que par le choix du sujet. Il est des ridicules tellement honteux, que la moindre allusion qu'on peut y faire est un attentat à la pudeur, un outrage à la morale publique, et je ne croirai jamais qu'on puisse sans inconvénient exposer à tous les regards des objets qu'on n'ose pas même signaler pour s'en plaindre.

N° XVII. [16 juillet 1814.]

LE JARDIN TURC.

.... *Mens sine pondere ludit*
                                PÉTRAR.

L'esprit, dégagé d'affaires, se joue en liberté.

« Puisque vous me faites, par hasard, la grace de me consulter sur le choix de notre promenade habituelle du dimanche, je me prononce pour le boulevart du Temple. — Le Marais vous tient toujours au cœur, madame Guillaume, et c'est bien naturel :

A tous les cœurs bien nés que la patrie est chère !

« — Oui, monsieur, je suis du Marais, et n'en déplaise à vos beaux esprits du Vaudeville et aux plaisanteries surannées dont ils nous fatiguent, ce quartier de Paris a, sur tous les autres, un grand avantage, celui d'être le dernier asile des bonnes mœurs; l'épithète de *bourgeoises*, dont on les qualifie avec dédain, aurait pu m'en dégouter; heureusement j'ai connu celles du grand monde. Vous avez élevé votre fils aîné à votre manière, M. Guillaume;

vous en avez fait un jeune homme à la mode : aussi est-on sûr de le trouver par-tout, excepté dans sa famille. Ma fille a quinze ans, son éducation me regarde exclusivement; Jules est encore assez jeune pour prendre l'habitude de vivre et de s'amuser avec ses parents : c'est ainsi qu'on en use au Marais; vous trouverez bon que je m'en tienne à cette vieille méthode. — Vous prêchez un converti, ma chère femme, et l'exemple de Victor ne prouve en aucune manière que j'aie, à cet égard, d'autres principes que les vôtres : votre fils est militaire; il a les goûts de son état et de son âge; il serait injuste, peut-être même un peu ridicule, d'exiger qu'un jeune officier de dragons ne sortît de la maison paternelle que pour aller à l'exercice ou à la parade; mais, après tout, qu'a de commun cette question incidente de l'éducation domestique avec la promenade que nous allons faire?

« — L'une et l'autre auraient pour objet, monsieur, de vous déterminer à quitter votre noble et ennuyeux faubourg Saint-Honoré pour venir habiter la rue de Vendôme ou la Place-Royale, si vingt ans d'expérience ne m'avaient bien convaincue qu'en vous plaignant toujours de ma tête vous n'en faites jamais qu'à la vôtre. — J'ai vingt raisons, que vous connaissez toutes, pour tenir au logement que j'occupe; vous n'en avez qu'une pour en changer, et cette raison ne vaut rien, permettez moi de vous le dire : on ne vit ni plus économiquement, ni plus régulièrement au Marais qu'ailleurs; les plaisirs n'y sont pas plus innocents; les mœurs n'y sont pas plus pures ou plus bourgeoises, si vous l'aimez mieux, que dans notre noble faubourg; et les parades de *Bobèche*, les mélodrames, et le café Turc ne nous rapprochent pas plus de la vie patriarcale que les Tuileries, l'Opéra-Comique, et le café Tortoni. — Je sais, monsieur, qu'il est du bon ton de décrier le mélodrame et le café Turc; mais ce que je sais mieux encore, c'est qu'une mère peut du moins, sans danger, y conduire sa fille. — Eh bien ! madame, allons au café Turc, et voyons si nos observations justifieront votre préférence. »

Nous dînâmes de bonne heure, et nous nous acheminâmes, en famille, vers le boulevart du Temple, non sans nous arrêter à chaque pas pour examiner *les boutiques à vingt-cinq sous, l'Enfant qui pèse deux cent dix livres, l'Harmonica, les Tourneuses, le Grimacier*, et *le Lapin savant*. Jules nous tint un bon quart d'heure à écouter la parade; et ma femme, en s'éloignant avec humeur, fut forcée de convenir que le spectacle le plus bête n'était pas le plus innocent, et qu'on pouvait procurer à ses enfants des plaisirs moins grossiers et tout aussi convenables à leur âge.

Après avoir successivement visité *les Funambules, les Puces laborieuses, le café d'Apollon, le Cos-*

morama, *le Monde en miniature*, et autres merveilles du Boulevart, nous arrivâmes, à la chute du jour, au *Jardin Turc*, objet principal et but de notre promenade. Nous eûmes beaucoup de peine à percer la foule qui en obstrue l'entrée, et qui circule avec peine à travers les quatre rangs de chaises où siégent les patriarches du Marais.

Avant de nous asseoir, nous fîmes quelques tours au jardin. Ma femme ne se lassait pas de me faire admirer l'élégante distribution, la beauté, le charme de ce lieu de délices: trouverait-on rien de semblable dans ces cafés du boulevart d'Antin, où la présence d'une femme est un objet de scandale, ou du moins d'étonnement? Elle se complaisait surtout à me faire remarquer l'air décent, la tournure modeste de cette foule de jeunes personnes qui se promenaient avec leurs père et mère. S'il m'arrivait de lui faire observer, à mon tour, un plus grand nombre de jeunes couples abandonnés à leur propre surveillance, c'était toujours, à l'entendre, un frère et une sœur, un cousin et une cousine, dont elle me montrait les grands parents à quelques pas en arrière : je riais parfois de sa méprise, sans oser lui faire remarquer telles circonstances qui mettaient évidemment en défaut sa pénétration.

Il fut question de nous asseoir pour prendre des glaces; les sophas, dans la grande allée, sont occupés, de père en fils, par des habitués privilégiés, qui semblent faire partie du local comme les tables et les statues; un des garçons nous en fit observer plusieurs qui ont encore devant eux, à onze heures du soir, la tasse et le petit verre qu'ils ont pris à quatre heures, après leur dîner. Le grand pavillon était, comme à l'ordinaire, le rendez-vous des ébénistes du faubourg Saint-Antoine, des marchands de bois du boulevart Bourdon; et la grosse joie qu'entretenaient dans ce lieu les flots d'une bière mousseuse parut à madame Guillaume elle-même un peu trop *bourgeoise*.

Nous aurions trouvé à nous placer dans un joli kiosque éclairé en verres de couleur, qui plaisait beaucoup à mon petit Jules, si nous ne nous étions aperçus qu'il était à peu près rempli par une douzaine de militaires qui achevaient trop gaiement leur soirée : j'eus peur que leur conversation ne fût pas tout-à-fait à la portée de ma fille.

Nous fûmes un moment tentés de nous arrêter sous le pont chinois, bien que le lieu nous parût un peu sombre; mais toutes les places étaient prises : en cherchant à m'en assurer, je vis un homme d'un certain âge qui s'approchait mystérieusement d'une table qu'éclairait la flamme violette d'un bol de punch allumé; l'exclamation qui lui échappa ne me permit pas de douter qu'il n'eût fait là quelque triste découverte; je ne jugeai pas à propos d'assister à une explication conjugale qui paraissait devoir être un peu vive: « Vous m'aviez assuré, dis-je en riant à ma femme, que ces choses-là n'arrivaient point au Marais? — Vous êtes si pressé de soupçonner le mal! — Valait-il mieux s'en convaincre?»

Une table était vacante dans la grande allée, nous nous en emparâmes : à côté de nous se trouvaient deux messieurs et une dame qui paraissaient de la meilleure intelligence du monde. Avant que le garçon fût arrivé pour nous servir, Jules avait déjà fait remarquer à sa sœur que, tandis que le gros monsieur filait en pyramide une glace à la pistache, la main du jeune homme avait rencontré par hasard celle de la jeune dame, qu'il serrait affectueusement : nous n'étions pas encore bien dans cet endroit.

Nous allâmes nous asseoir à l'autre extrémité de l'allée, très contents cette fois de ne voir auprès de nous que des hommes graves rangés autour d'une table ronde, et conversant assez haut pour que nous ne perdissions pas un mot de leur entretien. Ces messieurs s'occupaient des affaires d'état : « Résumons-nous, disait l'un deux : veut-on un gouvernment despotique, l'esclavage de la presse est le premier principe à poser, le premier moyen à mettre en œuvre. Veut-on un gouvernement constitutionnel, la liberté de la presse doit être pleine, entière, sauf la responsabilité devant la loi du mauvais usage qu'on peut en faire. » Un épicier de la rue Porte-

Foin se mit ensuite à déclamer contre la dernière ordonnance de police; un marchand de vin de la rue Charlot commençait à pérorer à propos du *compte rendu.* « La politique me poursuivra donc par-tout! dit en se levant madame Guillaume; c'est bien assez du supplice où l'on me condamne chez moi deux fois par semaine; il y a des gens que je ne suis pas obligée d'entendre. »

Nous nous remîmes en quête d'une autre place; nous allions entrer dans un des cabinets de verdure qui bordent l'enceinte du jardin; mais il n'était séparé que par une charmille à jour d'un autre cabinet où deux personnes se parlaient si bas que j'eus peur que ma fille n'entendît ce qu'ils se disaient.

Un petit bosquet, à quelque distance de là, nous offrait un asile agréable où nous n'avions pour voisines que deux dames dont l'une devait être beaucoup plus âgée que l'autre, à en juger par le son de leur voix : ma femme avait prononcé que c'était une mère qui faisait des remontrances à sa fille; nous écoutâmes.

« Je vous ai dit, mademoiselle, de marcher toujours les yeux baissés, et de ne tourner la tête que lorsque je vous serrerais le bras; vous n'avez tenu aucun compte de ma leçon, et vous n'aviez point fait vingt pas dans ce jardin, qu'on savait déja qui je suis et qui vous êtes : autant vaudrait nous promener sous les arcades. — Et nous aussi, » dit en sortant madame Guillaume, dont le dépit ne pouvait plus se contenir. « Vous avez, je pense, aposté tous ces gens-là, continua-t-elle en s'adressant à moi, pour me donner, par leur conduite, un démenti formel; soyez satisfait, on ne me reverra plus ici. — Vous auriez tort, madame, et vous ne feriez que changer de prévention; ce jardin est fort agréable; il n'est, sous le rapport des personnes qui s'y rassemblent, ni mieux ni plus mal composé que tout autre lieu public où se porte la foule. On y trouve alternativement, et quelquefois tout ensemble, bonne et mauvaise compagnie; j'ai eu raison aujourd'hui, vous auriez peut-être raison demain; mais nous aurions tort tous les deux aux yeux de nos enfants, si nous nous en allions sans leur tenir parole. » Nous entrâmes dans un cabinet à l'extrémité de la terrasse, où l'on nous servit des glaces et des gaufres presque aussi bonnes et en meilleur air qu'au café de Foi. Madame Guillaume, qui n'a pas toujours raison, mais qui finit toujours par l'entendre, convint avec moi que les bonnes mœurs, dans une grande ville, sont le partage de certaines familles, et non le privilége de certain quartier; qu'une grande réunion d'hommes que le plaisir ou l'oisiveté rassemble, en quelque lieu que ce soit, suppose nécessairement une grande réunion de vices, de fautes, et d'abus, et qu'il n'y a d'exemples véritablement utiles ou dangereux pour les enfants que ceux qu'ils reçoivent dans leur famille.

N° XVIII. [23 juillet 1814.]

DIALOGUE DES MORTS.

GEOFFROY, L'ERMITE DE LA CHAUSSÉE-D'ANTIN,
UN COLONEL DE HUSSARDS

*Sit mihi fas audita loqui; sit numine vestro
Pandere res altâ terrâ et caligine mersas.*
VIRG., *Énéid.*, liv VI

Souffrez que je raconte ce que j'ai entendu; que je révèle des secrets ensevelis dans les ténébreux abîmes de la terre

On doit des égards aux vivants, on ne doit aux morts que la vérité
VOLTAIRE.

Lucien, Fontenelle, Montesquieu, ne se sont pas crus obligés de dire par quels moyens surnaturels ils étaient parvenus à communiquer avec les morts dont ils nous ont donné les *Dialogues;* je garderai, sur ce point, le même silence; il y a tel secret qu'on ne gagnerait rien à divulguer.

L'Ermite de la Chaussée-d'Antin avait quitté la terre, et s'avançait pour passer l'Achéron, au moment où Caron se disputait avec un gros mort d'assez mauvaise mine, vêtu d'une espèce de manteau d'Arlequin, et qui paraissait vouloir entrer de force dans la barque; le vieux nautonnier le repoussait à grands coups d'aviron. L'Ermite approche, regarde, et reconnaît avec surprise le patriarche des Feuilletons.

L'ERMITE.

Je ne me trompe pas, c'est ce bon M. Geoffroy.

GEOFFROY.

Mais, Dieu me pardonne, je crois reconnaître... Oui, vraiment... Soyez le bien venu, très vénérable Ermite de la Chaussée-d'Antin.

L'ERMITE.

Que diable faites-vous là? vous devriez être passé depuis cinq ou six mois?

GEOFFROY.

Ce butor de Caron ne veut-il pas absolument me faire payer mon passage? J'ai beau lui dire que je suis de la race des Hermoniens[1], que j'ai mes entrées par-tout, il n'en veut pas démordre; mais je m'en vengerai, parbleu! je ferai le *Journal de l'Empire* de Pluton, où je prouverai que ce batelier du diable ne sait pas son métier, et ne vaut pas le moindre bachoteux de la Grenouillère.

---

[1] Peuple voisin de l'Averne, qui prétendait avoir le droit de passer l'Achéron sans payer.

CARON.

Comme il a prouvé que Voltaire était un petit génie.

L'ERMITE.

Payez toujours, sauf à vous faire rendre votre argent.

GEOFFROY.

Mon cher, je n'ai pas une obole; les bons amis qui m'ont fermé les yeux n'ont pas songé à me mettre une pièce d'or dans la bouche. J'attends quelqu'un qui paie pour moi; ne pourriez-vous pas me rendre ce service?

L'ERMITE.

Je n'ai tout juste que ce qu'il faut pour moi; mais, un peu de patience, et vous verrez arriver ici quelques uns de ces grands acteurs, de ces sublimes auteurs à qui vous avez fait une si belle réputation; ils ne vous refuseront pas ce léger service.

GEOFFROY.

Je compte moins sur leur reconnaissance que sur le salutaire effroi que j'ai su leur inspirer; ils auront peur de mon ombre. Mais, à propos de réputation, celles que j'ai faites, à si grands frais, tiennent-elles toujours?

L'ERMITE.

Hélas! vous avez tout emporté avec vous.

GEOFFROY.

Raison de plus pour qu'on me regrette.

L'ERMITE.

Vous n'avez pas d'idée des larmes que vous avez fait répandre : vos protégés pleuraient en même temps votre personne et leur talent.

GEOFFROY.

Vous faites encore le plaisant, M. l'Ermite; mais j'entends raillerie, et je vous passerais même un peu d'humeur en songeant avec quelle irrévérence j'ai traité certaine tragédie..., certains opéras.... Au fait, j'ai dit ce que j'en pensais.

L'ERMITE.

Je le crois; vous n'étiez pas payé pour mentir?

GEOFFROY.

Je sais l'opinion qu'on avait de moi pendant ma vie, mais qu'en dit-on depuis ma mort?

L'ERMITE.

Tout ce qu'on en pensait de votre vivant.

GEOFFROY.

Diable! Et mes ouvrages?

L'ERMITE.

Vos *Feuilletons* ont le même sort que vos *Commentaires;* mais en revanche, on a offert à vos héritiers dix mille écus de votre *Correspondance.*

GEOFFROY.

C'est payer bien cher la certitude des faits dont on a la conviction.

L'ERMITE.

On s'est imaginé que votre *Correspondance* jetterait un grand jour sur l'histoire littéraire du commencement du dix-neuvième siècle.

GEOFFROY.

Robert Walpole se vantait d'avoir le tarif de toutes les consciences d'un parlement; moi, j'avais le tarif de tous les succès dramatiques obtenus depuis une quinzaine d'années. Je connais beaucoup de gens, là-haut, que ces révélations n'amuseraient pas.

CARON.

Aurez-vous bientôt fini votre colloque? voilà une heure que vous me tenez ici les bras croisés : voulez-vous passer, oui ou non?

L'ERMITE.

Je vois une ombre qui vient de ce côté; c'est un militaire, à en juger par son uniforme et ses blessures; il paiera pour cet honnête homme, et nous passerons tous ensemble.

CARON.

C'est contre la règle; je ne devrais en passer qu'un à-la-fois; mais depuis dix ans les morts arrivent en foule, et je me suis vu contraint d'enfreindre l'ordonnance.

GEOFFROY.

Sois tranquille, l'ouvrage ne te manquera pas; j'ai laissé sur terre un héros qui te taillera de la besogne.

CARON.

Il est vrai qu'il les expédie par milliers; cependant je remarque que depuis quelques jours le nombre des passagers diminue sensiblement; je parierais qu'il s'est passé là-haut quelque chose d'extraordinaire.

L'ERMITE.

Comment! vous ignorez encore....

LE COLONEL.

Holà! eh! batelier, embarquons vite, et qui m'aime me suive! je paie pour tout le monde.

GEOFFROY.

Le brave homme! Qui pourrait méconnaître en vous un de ces fils de la victoire qui, sur les pas du plus grand, du plus magnanime, du plus auguste monarque que le Ciel ait jamais accordé au monde, ont porté jusqu'aux extrémités de la terre la gloire et la terreur de l'aigle française!

L'ERMITE.

Un seul mot, mon cher Aristarque, et vous continuerez ensuite votre éloquente apostrophe: vous ne savez pas?...

GEOFFROY.

Je sais tout... Noble compagnon d'armes de l'*invincible Napoléon, du héros des siècles, du vengeur des nations, de l'homme du destin, que Dieu fit, et se reposa*, vous avez sans doute perdu la vie sur quelque glorieux champ de bataille aux rives du Danube ou de la Moskowa?

LE COLONEL.

Tu ne sais ce que tu dis : j'ai été blessé à Meaux,

et je suis mort à Paris, où les ennemis sont entrés.

GEOFFROY.

Serait-il vrai!

L'ERMITE.

La mort ne vous a pas changé, mon cher Geoffroy ; vous parlez des événements que vous n'avez pas vus, comme vous parliez autrefois des spectacles où vous n'aviez pas assisté. Sachez donc que Napoléon est déchu, et que le trône des lis est relevé.

GEOFFROY.

Eh! que ne parliez-vous donc? vous me laissez me confondre en éloges... Quoi! c'est maintenant un Bourbon qui règne sur la France? Quel bonheur! Faut-il que je n'aie pas assez vécu pour être témoin de ce grand événement! *Hoc erat in votis.* J'en pleure de joie.

L'ERMITE.

C'est cela. Voyez comme un mot d'explication arrange les affaires!

GEOFFROY.

Ma patrie est enfin délivrée de ce *fléau dévastateur*, de ce *torrent débordé pour ravager le monde,* de *cet usurpateur de la gloire nationale!*

LE COLONEL.

Comment, misérable! c'est ainsi que tu changes en un moment!

GEOFFROY.

Je ne change pas, c'est lui qui a changé : je suis toujours pour celui qui gouverne.

L'ERMITE.

De quoi vous étonnez-vous, mon brave colonel? Cette métamorphose n'est ni plus subite, ni plus honteuse que telles autres que je pourrais vous citer, et dont vous avez eu le temps d'être témoin.

LE COLONEL.

Par la mort! il me prend envie de couper les oreilles à ce caméléon.

L'ERMITE.

A quoi bon? Les oreilles d'un journaliste ne valent pas mieux que *le nez d'un marguillier*. *Il retourne son habit :* tant d'autres ont retourné les leurs! ce n'est pas une mode nouvelle; on retrouve dans toutes les grandes époques de notre histoire cette foule de *sages* qui crient, suivant le temps : *Vive le roi! vive la ligue!* Henri IV en riait; ses descendants doivent en rire aussi.

LE COLONEL.

Morbleu! vos sages sont des lâches. Les sentiments, les opinions sont libres; les devoirs sont dictés; je ne me suis jamais écarté des miens : soldat, j'ai obéi, et je suis descendu au tombeau, glorieux d'avoir combattu vingt ans pour cette chère patrie, que je porte encore dans mon cœur, tout glacé qu'il est. En prêtant au Roi, quelques jours avant d'expirer, un serment que j'aurais fidèlement rempli, j'ai donné un dernier regret à l'Empereur qui nous a conduit quinze ans à la victoire.

L'ERMITE.

Beau miracle, vraiment, avec des gens comme vous [1]! Le sang du héros d'Arques et d'Yvry coule dans les veines de ceux qui nous gouvernent, et les braves de *Marengo*, d'*Austerlitz*, et de *Friedland*, sont les descendants des vainqueurs de *Rocroy*, de *Denain*, et de *Fontenoy*.

GEOFFROY.

Si je vivais, les beaux articles que je ferais à propos de la *Partie de Chasse*, d'*Adélaïde Duguesclin*, de *Mérope*, d'*Héraclius*, à propos de tout! Comme je préconiserais le pouvoir absolu, en criant contre la tyrannie! Comme j'userais de la liberté de la presse en déclamant contre elle! Heureusement j'ai laissé des élèves! »

Tout en discourant, nos morts voyageurs avaient traversé l'Achéron et s'acheminaient vers le Léthé; l'Ermite fit la remarque que le fleuve était couvert d'une quantité innombrable de bandes de papier qui flottaient à sa surface; il en prit une que le vent avait poussée sur la rive: c'était un des feuilletons

---

[1] Ce mot, de S. A. R. monseigneur le duc de Berri, a été prononcé à l'une des dernières revues d'une manière plus énergique.

de l'ami Geoffroy; il le lui montra, en riant d'un rire assez malin. « Vous êtes bien tranquille (répondit celui-ci avec beaucoup d'aigreur), vos feuilles ne surnagent pas : ce sont les perles du Léthé; il faudrait plonger pour les avoir. »

Le gardien du fleuve présenta, suivant l'usage, aux trois passagers, une tasse remplie de l'eau du fleuve d'oubli. Le colonel n'en but qu'une gorgée, ne voulant, dit-il, oublier que sa dernière campagne. Geoffroy la refusa, et prétendit qu'il avait un meilleur moyen de perdre la mémoire. L'Ermite but la sienne tout d'un trait, convaincu, même après sa mort, qu'il y a tout à gagner à perdre ses souvenirs.

Nos gens prirent ensuite leur route à travers une longue allée de cyprès, qui les conduisit à la grande porte des Enfers.

GEOFFROY.

A propos, et le gâteau de miel pour Cerbère, qui de vous y a pensé?

L'ERMITE.

C'était votre affaire : vous connaissez cet usage-là par expérience.

> *Melle soporatam et medicatis frugibus offam*
> *Objicit*[1].

[1] On lui jette une pâte assaisonnée de miel et de pavots assoupissants.

VIRG., *Enéide*, liv. VI.

Mais soyez sans inquiétude; cette précaution n'est pas nécessaire : le chien à triple gueule n'est dangereux que pour les vivants, vous êtes mort, et ce redoutable gardien vous laissera passer tranquillement.

N° XIX. [30 juillet 1814]

TABLETTES
D'UN HOMME DU MONDE.

Nihil legebat quod non excerperet.
PLIN., *Epist.*

Il ne lit rien qu'il ne trouve à en extraire quelque chose.

Sterne a publié un voyage qui ne ressemble pas mal à ces notes sans liaison et sans suite qu'on lit sur des tablettes; il y règne une incohérence d'idées, de sentiments, d'observations, qui en a fait en partie la fortune. Je ne serais pas éloigné d'adopter, avec des restrictions, cette manière d'écrire les voyages, qui montre, pour ainsi dire, les objets dans l'espèce de désordre où ils se succèdent, en les peignant à mesure qu'ils passent sous les yeux. Je me rappelle avoir lu avec beaucoup d'intérêt un Voyage en Prusse, de M. de Guibert, composé de simples notes, de *summa capita*, jetées sans prétention sur le papier, et qui n'en décèlent que mieux l'observateur profond et l'habile écrivain.

J'ai toujours pensé que les tablettes d'un homme de génie devaient être le plus précieux de ses ouvrages. Quelques mots tracés au crayon, sur le *souvenir* d'un Newton, d'un Montesquieu, renfermaient peut-être le germe, la pensée première des plus sublimes conceptions : malheureusement ces espèces d'hiéroglyphes sont, la plupart du temps, inintelligibles pour ceux aux mains desquels ils tombent, et finissent même quelquefois par n'être plus entendus de celui qui les a tracés. C'est ainsi que plusieurs de ces fragments qu'on a publiés fort improprement sous le titre de *Pensées de Pascal* (et qui ne sont, à vrai dire, qu'un extrait de ses tablettes) fatiguent souvent en vain la pénétration du lecteur, et pourraient mettre en défaut celle de l'auteur lui-même.

Ces réflexions me venaient à l'esprit en parcourant le *souvenir* de mon ami M. de Clénord, qui me le montrait comme un modèle d'amphigouri auquel (à quelques citations près) il me défiait de rien comprendre. Je voulus en faire l'épreuve, j'envisageai ce travail comme des bouts-rimés que j'aurais à remplir, ou comme ce roman d'*Acajou* que Duclos composa sur des dessins de Boucher, qui les avait faits pour un ouvrage dont le manuscrit original avait été perdu. Voici mon commentaire ; je mets le texte *en italique*.

— *Depuis quatre mois, Br......, 1473.* — 6.

Le nombre des brochures dont nous sommes inondés depuis quatre mois se monte à 1473, parmi lesquelles il en est jusqu'à *six* que l'on peut citer et qui prouveront, en temps et lieu, que la sottise, l'abrutissement et la bassesse ne sont pas une épidémie si générale, qu'un petit nombre de bons tempéraments ne soient parvenus à s'y soustraire. Les six brochures *positives* sont :

Des Alliés et des Bourbons ;

De Moreau ;

De la liberté des Pamphlets et des Journaux ;

Lettres sur la liberté de la Presse ;

Remontrances du Parterre ;

Réflexions d'un Royaliste.

— *Anglais ; déchaînement sans motif, conduite des Français en opposition ; revanche facile ; famille royale d'Angleterre ; lord Cochrane ; accueil fait aux monarques du Nord*, etc.

La paix est faite ; les Anglais, qui en ont obtenu tous les avantages, nous en ont donné le gage le plus précieux. La meilleure intelligence devait régner entre les deux nations : d'où vient donc cet état de guerre où les journalistes anglais ont soin de maintenir chez eux l'opinion ? Pourquoi ces attaques journalières du *Courrier*, ces insinuations perfides de *M. Cobbett*, ces insinuations du *Messenger* ? Nos voisins triomphent avec trop d'orgueil de l'admiration niaise ou intéressée de leurs partisans, et du silence que le sentiment des convenances impose au reste de la nation. Si nous ne répondons pas à leurs provocations, si nos journalistes, à leur tour, ne s'égaient pas à leurs dépens, ce ne sont pas, au moins, les sujets qui leur manquent : on peut défier l'imagination la plus riche en scandale, la plus fertile en ridicule, d'en créer des modèles plus achevés que ceux qui se pressent, en Angleterre, jusqu'au pied du trône.

Avec une dose raisonnable d'*humour*, ne pourrait-on pas trouver quelques bonnes plaisanteries à propos de l'accueil fait à quelques généraux étrangers, en présence des souverains qui se trouvaient alors en Angleterre; cette réception n'est-elle pas de nature à faire naître plus d'une réflexion maligne sur la politesse et la politique des vieux Bretons?

— *Une dame d'un esprit supérieur, à qui nous sommes redevables d'un des plus agréables romans* [1] *qui aient paru depuis quelques années, lady Mary Hamilton, faisait dernièrement en ma présence, une réflexion qui ne m'a pas moins frappé par sa justesse que par la manière dont elle était exprimée; j'en prends note :*

« *On se trompe souvent sur les caractères* (disait cette dame), *par la raison qu'on croit devoir attendre les grandes occasions pour les juger; c'est une erreur.*

---

[1] *La famille du duc de Popoli.*

Il est telle circonstance qui fait violence au naturel: un poltron au désespoir a son moment de courage; il n'est point d'avare qui n'ait eu son jour de prodigalité. C'est par les petites choses qu'il faut éprouver les caractères: quand on veut savoir de quel côté vient le vent, ce n'est pas un caillou, c'est une plume que l'on jette en l'air. »

Il y a cinq ou six femmes à Paris chez lesquelles toute la gaieté, toute la grace, tout l'esprit de la nation, semblent s'être réfugiés.

— *Mademoiselle Bercheron : magasin de broderie, rue de R....., n° 135, au second. On peut entrer par l'allée du buraliste.*

Je l'ai vérifié : cette adresse-là ne se trouve pas dans l'*Almanach du Commerce*.

— *Boxeurs ! ! !*

N'ont pas réussi à Paris ; j'en suis étonné. Je m'attendais à voir nos vieux *fashionables* courir en foule au spectacle délicieux de deux hommes qui se cassent les dents et se font jaillir le sang à coups de poing, pour la modique somme de quarante sous. Il faut encore quelque temps pour déraciner cet ancien préjugé qui fait que nos Parisiens préfèrent une tragédie de Racine aux gourmades de deux crocheteurs. Cependant on m'a parlé de deux jeunes gens qui prenaient des leçons de pugilat britannique, à dix francs le cachet ; il a même été question d'un duel à coups de poing qui devait avoir lieu sur le boulevart de

Coblentz, et qui paraît différé jusqu'à ce qu'on ait reçu de Londres des instructions sur la manière d'y procéder.

— *Mot de Biron, lorsqu'il fut reçu chevalier.*

On rappelait ses titres de noblesse, et l'on ne disait rien de ses services :

« Voilà (dit-il en mettant ses parchemins sur le « bureau) ce qui me déclare noble ; et (en portant « la main sur son épée) voilà ce qui m'aurait fait « noble, si je ne l'avais pas été. »

— *M. de Saint-F... vient d'obtenir une place ; je m'en suis aperçu à l'importance qu'affecte l'amant de sa femme.*

Auquel des deux convient-il que je m'adresse pour recommander mon fils ? Cette question, dans nos mœurs, vaut la peine d'être résolue ; j'y penserai.

— 113 ? *Fi donc !.... Cercle des Étrangers, à la bonne heure.*

Quel est le galant homme qui ne craindrait pas d'être vu au Palais-Royal, au n° 113 ? Quel est celui qui ne se ferait pas honneur de se montrer au Cercle des Étrangers ? on ne joue pas moins de trente sous dans l'une de ces maisons, et pas moins de cinq francs dans l'autre. Il faut convenir que les proportions ne sont pas gardées, et qu'il y a plus de trois livres dix sous de différence dans l'estime que l'on porte aux habitués de ces deux endroits.

— *Demandez la paix les armes à la main, comme Hésiode recommande aux bons laboureurs de prier la main à la charrue.*

Maxime à l'usage de nos enfants.

— *M. le duc de N*** a la parole prompte et la pensée tardive.*

Ce qui fait qu'en prenant la peine de l'écouter jusqu'au bout, on trouve quelquefois un trait spirituel à la fin d'une phrase commencée par une bêtise.

— *Il y a des insectes nuisibles qui se sauvent par le dégoût qu'ils inspirent; le cœur se soulève au moment où l'on veut les écraser.*

— *Deux espèces d'hommes indispensables: gens de cœur et d'esprit; sinon, non.*

Il y a telles circonstances politiques qui font au gouvernement la loi de n'employer que des hommes de cœur et des hommes d'esprit; les uns pour se soutenir, les autres pour se maintenir: ce qu'il y a de pis dans ces moments-là, ce sont les sots qui ne doutent de rien, les poltrons qui n'osent rien, et les vieillards qui ne peuvent rien.

— 25 *février: Écrire à Lussan qu'il ne vienne pas demain dîner chez moi.*

— 18 *juin : Ne pas oublier de passer demain, pour la troisième fois, chez le marquis de Lussan!!* Les deux points d'exclamation qui terminaient cette note, m'en ont fait deviner le vrai sens. Lussan vivait autrefois, c'est-à-dire il y a quatre mois, dans la plus grande intimité avec M. de Clénord; il passait à sa maison de campagne une partie de l'année; pendant l'hiver, il dinait habituellement chez Clénord trois fois par semaine. Aujourd'hui, M. le marquis de Lussan ne va plus chez ses amis; il leur fait faire antichambre, et les oblige à revenir trois fois pour le rencontrer. Ce n'est pas qu'il soit plus riche; mais il a repris son titre, il va à la cour, il dîne à la seconde table chez les princes; on lui suppose du crédit, et il prend des airs.

— *Commarieux à Moulins. La meilleure histoire de la révolution.*

Il s'agit probablement d'une commission à faire : dans ce cas, à la place de Clénord, j'enverrais à M. de Commarieux la *Table du Moniteur;* c'est la meilleure histoire de la révolution que nous ayons encore : ce qui prouve, comme dit mon ami A***, *qu'on ne peut pas écrire l'histoire pendant qu'on la fait.*

— *L'amour est le revenu de la beauté* (disait hier à table la belle, bonne et spirituelle comtesse R*** de S***). — *Madame,* lui répondit quelqu'un, *vous devez être bien riche si tous vos débiteurs vous paient.*

N° XX. [6 AOUT 1814.]

DE LA PROPRIÉTÉ LITTÉRAIRE.

Quàm multa injusta ac prava fiunt moribus!
TER., *Heaut.*, acte IV.

Combien de choses injustes sont autorisées par l'usage ! ajoutons, *et par les lois !*

J'ai rencontré dans ma vie beaucoup de grands seigneurs qui pensaient, comme le ministre dont parle Figaro, *que l'amour des lettres est incompatible avec l'esprit des affaires;* ces messieurs affectaient pour les lettres le mépris que le renard de la fable a pour les raisins : cependant il est bon d'observer que les mandarins *illettrés* qui m'ont fourni cette remarque étaient presque tous de race noble ou financière. Un des ministres de Napoléon (par opposition directe avec un autre de ses collègues [1], dans la personne duquel les gens de lettres ont perdu le protecteur le plus noble et le plus éclairé) répétait souvent à ses employés : *Messieurs, sur-tout point de littérature; je ne*

---

[1] Le comte Français de Nantes.

protége ni les arts ni les sciences; je ne fais pas le petit Colbert, je vous en préviens; et tout le monde en tombait d'accord avec lui. Monseigneur se croyait d'autant moins obligé de suivre les traces du protecteur des Racine et des Boileau, qu'il ne craignait pas, disait-il, qu'on lui reprochât, au temps où nous vivons, de laisser de pareils hommes dans l'oubli; mais, en convenant du fait, peut-être aurait-on pu lui répondre que nos auteurs, à quelque distance qu'ils fussent de Racine et de Boileau, en étaient plus près encore que son excellence ne l'était du grand Colbert, ce qui maintenait toujours une sorte de proportion entre le protecteur et les protégés.

On peut calomnier les lettres (c'est une petite consolation pour ceux qui ne sauraient ni les cultiver ni les sentir); mais on est forcé de convenir, à leur louange, qu'elles ne sont pas ingrates. Sans remonter à Périclès et à Auguste, dont elles ont si généreusement payé les bienfaits, François Ier, en échange de la faible protection qu'il leur accorda, et sous le beau nom de *Père des Lettres*, n'en a-t-il pas obtenu de faire disparaître, aux yeux de la postérité, les taches nombreuses qui ternirent son règne? On se souvient que Léon X fit renaître et fleurir les beaux-arts; on a oublié qu'il fut cause du schisme de Luther. Le premier de nos bons poëtes, en ordre de date, obtint la faveur du meilleur de nos rois, et Voltaire, plus d'un siècle après, acquitta, envers Henri IV, la dette de Malherbe. C'est aux grands écrivains, et surtout à l'auteur du *Siècle de Louis XIV,* que ce monarque doit la plus brillante partie de sa gloire : la justice des gens de lettres a vengé la mémoire du Régent des crimes odieux dont la haine et la calomnie ont essayé de la flétrir.

Les gens qui *calculent,* obligés d'abandonner aux gens qui *pensent* une sorte de considération à laquelle ceux-là ne pouvaient prétendre, imaginèrent assez plaisamment que, puisque les sots avaient de l'argent sans gloire, les beaux-esprits devaient avoir de la gloire sans argent. Ce calcul, assez mathématiquement vrai, n'est pourtant pas moralement juste; il n'y a guère qu'une trentaine d'années qu'on a commencé à s'en apercevoir. Louis XVI (car c'est à ce règne d'adorable et de douloureuse mémoire que la postérité remontera pour trouver en France la source de toute idée, de toute institution vraiment libérale), Louis XVI, dis-je, est le premier de nos législateurs qui ait admis en principe que la propriété d'un ouvrage littéraire devait survivre à son auteur.

Avant d'aborder plus directement la question, je crois devoir observer, en passant, qu'en littérature le produit du travail est en raison inverse de son importance. S'il s'agissait d'en administrer la preuve en chiffres, je ne serais pas embarrassé de fournir un bordereau de recette qui prouverait, par exemple, que les tragédies d'*OEdipe chez Admète,* des

Vénitiens ou des *Templiers*, ont rapporté beaucoup moins d'argent à leurs auteurs que *les Ruines de Babylone, Monsieur Beaufils*, ou *Fanchon la Vielleuse*.

Il est curieux de rappeler ce que dit Racine le fils, comme héritier de son père :

« Suivant l'état du bien énoncé au contrat de ma-
« riage, il paraît que les piéces de théâtre n'étaient
« pas alors fort lucratives pour les auteurs, et que
« le produit, soit des représentations, soit de l'im-
« pression des tragédies de mon père, ne lui a pro-
« curé que de quoi vivre, payer ses dettes, acheter
« quelques meubles, dont le plus considérable était
« sa bibliothéque, estimée 1,500 liv., et ménager
« une somme de 6,000 liv., qu'il employa aux frais
« de son mariage. »

Maintenant, rapprochons de cet inventaire, par un calcul approximatif qu'on ne taxera pas d'exagération, le produit de ces mêmes ouvrages depuis la mort de leur illustre auteur, arrivée en 1699 ; supposons qu'on n'ait joué ses piéces, au nombre de douze, que vingt-cinq fois par an, ce qui fait deux représentations par mois ; supposons, beaucoup moins généreusement encore, que la recette ne se soit jamais élevée au-dessus de 1,200 fr., dont le neuvième compose le droit d'auteur ; il en résulte une somme de 380,000 fr., dont les comédiens ont hérité au préjudice des descendants du grand homme, dont quelques uns meurent peut-être de faim dans quelque coin du royaume.

Il ne tiendrait qu'à moi d'avancer comme un fait ce que je présente ici comme une simple hypothèse, puisqu'il est de notoriété publique qu'en 1786 les bienfaits de la reine ont arraché, pour un moment, à la plus affreuse indigence une petite-fille de Racine, à laquelle les dames de l'abbaye de Maubuisson avaient charitablement accordé un asile. Personne n'ignore que sans les secours de Voltaire la petite-nièce du grand Corneille serait morte de misère sur les lauriers de son oncle.

Chaque page de l'histoire des lettres présente l'homme de génie aux prises avec le malheur, souvent même avec le besoin, et lui laisse en perspective la triste certitude que le fruit de ses nobles veilles sera perdu pour ses enfants. Celui que Corneille appelait son maître, Rotrou, se vit obligé, pour recouvrer sa liberté, de céder aux comédiens, au prix de vingt pistoles, sa tragédie de *Venceslas*. L'académicien Du Ryer, historiographe de France et secrétaire du roi, fut réduit, pour faire subsister sa famille, à se mettre aux gages du libraire Sommanville, qui lui payait ses ouvrages sur le pied d'un écu par feuille. Le savant professeur Xylander vendit, pour quelques boisseaux de froment, sa traduction de *Dion Cassius*. Cervantes acheva sa vie dans un grenier; et le Camoëns mourut, littéralement, de faim dans la rue. Milton ne retira que dix livres sterling de son poëme du *Paradis perdu;* et l'abbé Delille vendit, en toute propriété, sa traduction des *Géorgiques* pour vingt-cinq louis. La plupart des ouvrages que je viens de citer ont pu faire la fortune de dix libraires; mais cette considération éloignée pouvait-elle influer sur la détermination des auteurs par rapport à leur famille, pour qui la propriété qu'ils aliénaient à si vil prix ne pouvait être envisagée comme un héritage?

On a de la peine à deviner comment s'établit une si révoltante injustice, et dans la tête de qui entra, pour la première fois, l'idée de s'emparer, au mépris des galères, d'une propriété plus légitimement acquise qu'aucune autre, et d'en dépouiller, à son profit, les enfants du véritable possesseur.

Je ne sais quel homme d'état a dit, bêtement, que les mots de *propriété littéraire* impliquaient contradiction. En quoi ce genre de propriété diffère-t-il des autres? Pourquoi les productions de l'esprit sont-elles, en quelque sorte, hors de la protection légale? Cela ne s'expliquerait pas même, en disant que les sots ont fait la loi; car les sots entendent généralement trop bien leurs intérêts pour s'exclure de l'héritage matériel des gens d'esprit, auquel le hasard de la naissance peut leur donner des droits.

La loi du 1er janvier 1791, qui assure aux auteurs la propriété de leurs ouvrages cinq ans après leur mort, était un premier pas vers la justice, parcequ'elle consacrait un principe; celle du 19 juillet 1798, qui proroge ce droit à dix ans, n'est plus qu'une concession arbitraire. Pourquoi cinq ans? pourquoi dix, vingt, trente, quarante? Pourquoi ce qui m'appartient légalement aujourd'hui ne m'appartiendra-t-il plus demain, dans un an, dans cent ans, jusqu'à ce que moi ou mes héritiers naturels nous en ayons aliéné la propriété? Je sais qu'après avoir épuisé les sophismes et les impertinences, on répond à une question si simple et si pressante par une loi formelle, qu'il ne reste plus qu'à exécuter : il est fâcheux seulement, que depuis vingt ans, elle ne soit pas encore parvenue dans toutes les villes de France : voici, du moins, ce qui me porte à le croire.

J'ai un cousin, auteur dramatique, dont l'existence et celle de quelques vieux parents, dont il prend soin, reposent uniquement sur le produit de ses ouvrages; il est venu me communiquer, il y a quelques jours, la lettre suivante, qu'il venait de recevoir d'un de ses correspondants dans une des principales villes du royaume :

« Je vous renvoie, monsieur, le mandat de 1,200 fr.
« que vous avez tiré sur l'agent des auteurs dans
« notre ville. Je me suis présenté chez ce dernier; il
« m'a montré le bordereau des sommes qui vous
« sont dues; elles excèdent de beaucoup le montant

« de votre mandat; mais, depuis plus de six mois,
« M. le directeur du théâtre s'est affranchi de toutes
« rétributions pécuniaires envers les auteurs dont il
« joue les pièces; il assure qu'il y est autorisé : c'est
« un fait que vous pourrez vérifier à Paris.

« Je vous salue, etc. »

Il résulte des informations ultérieures que mon cousin a prises, que non seulement ce directeur refuse de remplir des engagements fondés sur des lois, mais qu'il a trouvé un magistrat assez complaisant pour légaliser ses prétentions. Les autres se sont avisés de croire que, lésés dans leurs droits, ils avaient au moins celui de retirer leurs ouvrages; ils ont, en conséquence (en vertu de l'article de la loi du 13 janvier 1791, qui *défend de représenter aucun ouvrage d'auteur vivant sur aucun théâtre public de France sans le consentement formel et par écrit des auteurs*), ils ont, dis-je, signifié au directeur la défense de faire représenter leur pièce : à quoi M. le directeur a répondu par un arrêté du préfet, qui l'autorisait à ne tenir aucun compte de cette mauvaise chicane de gens de lettres, et à continuer de disposer de leurs propriétés comme il le jugerait convenable à ses intérêts particuliers et aux plaisirs du public, que les auteurs sont faits pour amuser (obligation, soit dit entre parenthèse, dont ils s'acquittent souvent assez mal).

On conçoit qu'il existe, entre un édile qui apprécie tous les avantages de sa place, et un directeur de spectacle qui connaît toutes les ressources de la sienne, des rapports dont l'utilité ne se règle pas toujours sur l'importance; mais pourquoi faut-il que les pauvres auteurs, qui sont les agents indirects d'une pareille association, en soient aussi les victimes? Pourquoi leur donner la préférence d'une injustice dont on ne se rendrait pas impunément coupable envers le moindre individu de la dernière classe de la société? Et de quel droit, enfin, un magistrat leur refuse-t-il la protection que la loi leur accorde? Cette loi garantit à chacun sa propriété; elle ne fait acception de personne, et veille avec le même soin sur les chétives épargnes que l'homme de lettres a pris tant de peine à amasser, et sur le coffre-fort que le receveur-général a trouvé si facilement le moyen de remplir.

Qu'est-il résulté de cet abus de pouvoir? Que la dette des auteurs s'est accrue, et que le directeur, y fût-il contraint aujourd'hui, se trouverait dans l'impossibilité d'y faire face. Resterait maintenant à examiner s'il existe une législation où les victimes de cette spoliation arbitraire (encore qu'elle ne se soit exercée que sur des gens de lettres) puissent être privées du droit de prendre à partie et de rendre responsable de leurs pertes le magistrat qui les a causées.

Pour terminer cet article comme je l'ai commencé, par une réflexion générale, je dirai qu'il est temps enfin que la *propriété littéraire* soit reconnue dans toute son intégrité, et qu'elle trouve, dans une loi nouvelle, une garantie contre l'avidité des libraires, des comédiens, et entrepreneurs de spectacle.

Louis XIV a prodigué ses bienfaits aux gens de lettres; Louis XV a déclaré *insaisissables* les productions de l'esprit; Louis XVI a reconnu le principe de la propriété littéraire : sans doute il appartient à Louis XVIII d'achever l'ouvrage de ses augustes prédécesseurs, et de faire cesser de monstrueux abus contre lesquels réclament également l'équité, la raison, et la gloire nationale.

Des comédiens se vantaient dernièrement, dans un journal, d'avoir fait entrer, dans le mois dernier, 75,000 fr. dans leur caisse; et le petit-fils de Favart, qui fonda l'Opéra-Comique, et la veuve de Sédaine, et les enfants de Marmontel, qui l'enrichirent de tant de productions charmantes, n'ont pas la plus légère part à un héritage auquel ils ont d'imprescriptibles droits!

Dans la classe des gens de lettres, les mariages sont, comparativement, moins nombreux que dans aucune autre. Cette remarque, qui a souvent été faite, porte sur un fait exact; mais, avant d'y trouver un sujet de reproche, peut-être aurait-on dû en rechercher la véritable cause. Elle est tout entière dans l'injustice des lois relatives à la propriété littéraire. Quels intérêts ont-ils à devenir époux et pères, ceux qui travaillent sans espoir de laisser à leurs veuves ou à leurs enfants l'héritage d'un bien qu'ils ont non seulement acquis, mais créé; ceux que la législation place, relativement à la postérité, dans une condition pire que celle du plus pauvre artisan, puisque celui-ci peut du moins léguer à ses fils son industrie et son exemple? Il viendra sans doute un temps où, pour prouver l'état de barbarie où la France se trouvait à cette même époque où nous croyons avoir atteint le dernier terme de la civilisation, on citera (en la ramenant à la plus simple expression) cette loi bizarre qui condamne à mourir de faim la veuve et les enfants d'un homme de lettres, dix ans après la mort de leur père.

N° XXI. [13 AOUT 1814.]

LA FÊTE ET LE LENDEMAIN.

> C'est une folie d'employer son argent
> à acheter des regrets.
> FRANCKLIN.

C'est une maîtresse femme que madame Moussinot, dont le mari, propriétaire de la maison que j'habite, est un des convives de nos soupers! femme de sens, d'esprit même, si l'on veut s'entendre sur ce mot, mais de tête sur-tout. Si le ciel l'eût douée d'une humeur plus facile, d'un ton moins bourgeois, d'un caractère moins impérieux, où la vanité ne trouvât pas aussi facilement accès, on pourrait la citer comme le modèle des bonnes ménagères. J'ai été long-temps à me faire à sa manière d'aimer son mari et ses enfants; la petite pointe d'aigreur qui domine jusque dans ses sentiments les plus tendres est peut-être cause qu'on ne rend pas justice à toutes les bonnes qualités dont elle est pourvue.

On ferait, je crois, une jolie comédie des scènes dont j'ai été témoin chez M. Moussinot, la semaine dernière, le jour et le lendemain de sa fête; ce petit tableau de mœurs doit trouver sa place dans la galerie de l'Ermite de la Chaussée-d'Antin, que je me suis imposé la tâche de continuer.

Il y a de fondation deux grandes solennités dans la famille de mon propriétaire; la Sainte-Barbe, fête de madame, et la Saint-Dominique, fête de M. Moussinot; ces jours-là sont les seuls pendant lesquels on déroge aux lois somptuaires qui régissent habituellement cette maison, où l'économie finirait par prendre le nom d'avarice, si de temps en temps la vanité n'y mettait pas bon ordre.

On rencontre dans presque toutes les maisons de Paris de ces gens qui se font un métier de leur infatigable complaisance; l'utilité dont ils se font, les prévenances dont ils se piquent, les rendent également indispensables au mari, à la femme et aux enfants. La maison de Moussinot a, comme une autre, son officieux en titre: c'est un ancien employé au contrôle général, vieux garçon qui vit de sa pension de retraite, et passe sa vie à se faire une occupation des affaires et des plaisirs des autres. Ses cinquante ans révolus ne lui ont rien fait perdre de sa gaieté; personne ne s'entend mieux que M. Descourtils à faire les honneurs d'une table qui n'est pas la sienne; il découpe les viandes avec beaucoup d'adresse, joue du violon autant qu'il en faut pour improviser un petit bal de famille, possède à fond tous les petits jeux innocents, et l'on est toujours sûr de le trouver pour faire un quatrième au *boston*, au *wisk*, au *reversi*. Trop vieux pour être de quelque conséquence auprès des jeunes filles, assez jeune encore pour qu'on lui tienne compte de ses assiduités auprès des vieilles, bien reçu par-tout, consulté sur tout, il est l'ami, le conseil, et l'oracle des maisons qu'il fréquente. Il n'avait pas encore trouvé l'occasion de déployer tout son savoir-faire auprès de madame Moussinot : la fête de son mari la lui fournit : il en rédigea le programme, et s'y proposa, pour but moral, d'opérer un raccommodement entre plusieurs membres de la famille, brouillés avec le chef pour affaire d'intérêt, chapitre sur lequel ce dernier n'entend pas raison. Il avait donné congé à une de ses nièces qui lui devait deux termes de son loyer, et ne craignait pas de plaider avec son gendre M. Bernard, tout procureur qu'il est, sur l'exécution d'une des clauses du contrat de mariage.

M. Descourtils, chargé des préparatifs de la fête, ne pouvait s'y livrer en présence de celui qu'elle avait pour objet; et comme le secret est l'ame de ces joyeux complots, madame Moussinot avait forcé son mari de sortir avant midi pour aller dîner à quatre heures chez un de ses amis, lequel avait ordre de ne pas le laisser sortir avant qu'on vînt le chercher.

A peine était-il au bas de l'escalier, que les ouvriers, sous la conduite de Descourtils, s'emparèrent de son appartement: tandis que les uns plaçaient les guirlandes de papier vert, suspendaient les quinquets et les girandoles, d'autres arrangeaient les banquettes et décrochaient les rideaux pour en faire une toile d'avant-scène et un manteau d'Arlequin dans la chambre à coucher de M. Moussinot, transformée à la hâte en salle de spectacle. On ne peut se faire une idée de la promptitude avec laquelle le lit, le bureau, les cartons, tous les meubles de cette pièce furent transportés et entassés pêle-mêle dans une petite chambre obscure qui servait d'office. Le théâtre, formé de deux tables que le menuisier ajusta, fut placé dans l'alcôve, et quelques paravents, les uns en tapisserie, les autres en papier chinois, servirent de décorations.

On démeubla le salon pour en faire une salle de bal, et l'orchestre, composé de deux musiciens du Cirque, fut établi, pour ménager l'espace, dans l'embrasure d'une croisée ouverte.

C'est principalement dans la décoration de la salle à manger que Descourtils donna l'essor à sa riante imagination : ce n'était que festons, que guirlandes, que chiffres enlacés. Au-dessus de la place que devait occuper le maître de la maison, une couronne de laurier et de roses, ingénieusement suspendue à la poulie dont on avait décroché la cage du serin, devait, à un signal donné, descendre perpendiculairement sur la tête de M. Moussinot.

Il était sept heures quand le local fut entièrement disposé; les personnes invitées furent exactes, contre l'ordinaire; M. Bernard se présenta de bonne grace, et, en homme qui sait vivre, il eut l'air d'oublier que le matin il avait obtenu un jugement contre son beau-père.

A huit heures précises, M. Moussinot, que Descourtils avait eu l'attention d'aller chercher, arriva, et témoigna d'abord une surprise mêlée d'humeur à la vue des lampions qui bordaient l'escalier.

Toute la compagnie, madame Moussinot en tête, vint le recevoir dans l'antichambre, et lui présenter ses bouquets; au même moment, les deux musiciens de l'orchestre exécutèrent l'inévitable quatuor de Lucile, et le cœur de M. Moussinot s'épanouit au milieu des embrassements de sa famille.

Son humeur fut près de renaître quand il vit en quel état on avait mis son appartement; mais les plaisirs se succédèrent avec tant de rapidité qu'ils ne lui laissèrent pas le temps de la réflexion. Son attendrissement alla jusqu'aux larmes, en écoutant une petite pièce en vaudevilles, à la fin de laquelle ses amis et ses enfants lui adressèrent tour-à-tour des couplets où l'on aurait pu contester la justesse et l'à-propos des éloges, si le sentiment, en pareil cas, n'avait pas le privilège de la déraison. Descourtils était d'autant plus sûr de l'effet de sa petite pièce, qu'il en avait déja fait usage dans vingt autres fêtes, et qu'au moyen des couplets à tiroir qu'il avait en réserve, elle s'appliquait également bien à tous les saints du calendrier.

Le bal suivit la comédie, et fut interrompu à dix heures pour le souper. La sensibilité de M. Moussinot y fut mise à la plus rude épreuve qu'elle eût encore soufferte. Quelle profusion! chaque plat, chaque bouteille de vin, qu'il comptait des yeux sur la table, lui arrachait un soupir, que sa femme étouffait d'un regard. Une ronde, dont chaque couplet fut arrosé d'une bouteille de vin de Champagne, et à la fin de laquelle la couronne (qui n'avait pas été calculée bien juste pour la tête du héros) lui descendit sur le nez, termina le repas de la manière la plus satisfaisante.

Après le souper, la danse recommença, et se serait prolongée fort avant dans la nuit, si tout-à-coup un locataire, en bonnet de nuit et en robe de chambre d'indienne, ne se fût présenté dans la salle du bal, pour se plaindre du vacarme que l'on faisait dans la maison à une heure indue, et menaçant de donner congé dès le lendemain : le procureur allait lui prouver qu'il n'y avait pas lieu à résiliation de bail; M. Moussinot, de l'aveu de sa femme, trouva plus simple de borner là les plaisirs de la soirée, et de donner le signal de la retraite. Je sortis le dernier, et je m'amusai quelques moments de l'embarras du bon-homme, qui ne pouvait retrouver ni son bonnet de nuit ni ses pantoufles, et qui, faute d'aide pour remonter son lit, fut obligé de coucher sur un canapé; la fatigue et le vin de Champagne lui firent néanmoins prendre son parti d'assez bonne grace; je l'attendis au lendemain.

En effet, dès sept heures la querelle était engagée entre les deux époux; et, chose extraordinaire, le mari, cette fois, criait presque aussi haut que sa femme. Je ne manquais pas de prétexte pour assister à ce petit démêlé, dont je connaissais déja la cause, et dont j'étais bien aise d'étudier les résultats.

Quand j'arrivai, la servante, les yeux encore gros de sommeil, ramassait dans la salle à manger les débris des verres et des assiettes qui avaient été cassés la veille. Moussinot, la figure enflammée, allait d'une chambre à l'autre, et tout ce qu'il voyait augmentait sa colère. Rien de plus risible et de plus incohérent que ses discours : « Vingt-deux bouteilles vides, cela se conçoit-il!... Allons, mes rideaux déchirés!... du calicot à cent dix sous l'aune!... Et des trous dans la boiserie pour attacher leurs maudits quinquets! Mes livres de comptes, mes cartons, où les a-t-il fourrés, cet enragé Descourtils? — Ayez donc des attentions! criait de sa chambre madame Moussinot. Qu'en dites-vous, M. Guillaume?

Une femme n'est-elle pas heureuse d'avoir un pareil mari? — Eh! madame, répondit Moussinot, pourquoi donc me disiez-vous hier que j'étais le meilleur mari du monde? — Parceque c'était votre fête. »

C'était votre fête: ces mots, que la maîtresse et la servante employaient alternativement, comme excuse à tous les reproches que Moussinot pouvait faire; ces mots, dont je m'étais servi moi-même en entrant pour l'apaiser, lui faisaient faire, chaque fois qu'il les entendait, la plus singulière grimace que j'aie encore remarquée sur une figure humaine.

Cette première scène n'était que le prélude de celles qui devaient suivre; bientôt les fournisseurs de la veille arrivèrent à la file, et chacun son mémoire à la main. Moussinot se récria sur le prix des articles: « *C'était votre fête*, lui répondirent en chœur les ouvriers; nous étions pressés par le temps, et monsieur ne voudrait pas marchander notre zèle. » Il fallut payer les mémoires sans en rien rabattre.

Pour achever la comédie, M. Bernard, accompagné d'un huissier, vint signifier le jugement qu'il avait obtenu *contre le meilleur des pères;* madame Moussinot traita fort durement son gendre, et je rappelai à ce maître procureur tout ce qu'il avait dit et chanté, quelques heures auparavant, en l'honneur de son beau-père: « Autre temps, autre soin, me répondit-il froidement: *Hier c'était sa fête.* »

Quand M. Bernard fut parti, j'essayai de faire entendre raison à mon voisin, et même à ma voisine; il convint qu'il devait savoir gré à sa femme et à ses amis de leurs intentions; mais il persista fort raisonnablement à soutenir qu'on pouvait s'amuser à moins de frais; que le désordre et la profusion n'étaient pas le plaisir, et qu'une véritable fête de famille ne devait pas avoir de lendemain. Madame Moussinot, de son côté, confessa qu'elle s'était laissée aller au desir de faire comme les autres; qu'elle avait voulu qu'il fût question de sa petite fête, et qu'elle avait cette fois moins consulté ses sentiments que son amour-propre.

Les deux époux s'embrassèrent, en se promettant de se fêter à l'avenir avec moins d'ostentation; et je les quittai bien convaincu que si jamais la vanité a fait quelque heureux dans ce monde, cet heureux-là n'était qu'un sot.

n° XXII. [20 AOUT 1814.]

PATHOLOGIE MORALE

DES MALADIES RÉGNANTES.

Mille mali species, mille salutis erunt
Ovid., *de Arte amandi*, lib. II

Pour tant de maladies diverses il est aussi divers remedes.

Une des plus utiles institutions de la médecine moderne est, sans contredit, celle des cours de *clinique*. On ne devine pas la nature, il faut la prendre sur le fait; c'est au chevet du lit des malades, en suivant, pour ainsi dire, de l'œil les progrès, la marche, les déviations de la maladie, qu'on acquiert cette expérience des faits, que ne remplacera jamais l'étude des livres, et qui compose, à mon avis, la plus grande partie de la science des médecins: on en peut dire autant de la science des moralistes: elle est également le fruit de l'expérience et de l'observation; les maladies du cœur de l'homme ne sont ni moins nombreuses, ni moins cachées que celles de son corps, et les médecins des ames ont le grand désavantage de ne pouvoir obtenir d'aveux de leurs malades. Il faut surprendre à ceux-ci le secret d'un mal qu'ils ont intérêt de cacher, et dont ils n'ont pas l'envie de guérir.

Le plus ancien docteur de cette faculté est Théophraste; il n'est pas, comme Hippocrate, le dieu ni même le chef de son école; Montaigne, La Bruyère et Adisson en sont les véritables lumières. Le docteur La Bruyère s'est moins occupé de l'espèce que des individus; il a circonscrit sa pratique dans le cercle borné des maladies du grand monde, dont il nous a laissé un traité complet. Il est très probable qu'il a employé le temps qu'il a passé à la cour à toute autre chose qu'à enseigner l'histoire à M. le Duc. Son livre est celui de sa vie entière. On peut, avec plus ou moins de facilité, concevoir et exécuter à tout âge un ouvrage d'esprit, de métaphysique ou d'érudition; mais *les Caractères* exigeaient, indépendamment du génie, seul capable de les produire, une masse d'observations qui ne pouvaient être que le produit du temps et d'une longue étude des hommes. Aussi La Bruyère commence-t-il son livre en disant : *Je rends au public ce qu'il m'a prêté;* le public a reçu cette dette comme un présent.

On pourrait croire que c'est une chose facile que d'observer; quoiqu'il ne s'agisse que de regarder et de bien voir, cependant très peu d'hommes sont doués de cette faculté : cela ne viendrait-il pas de ce qu'on aime mieux attirer les yeux sur soi que de les fixer sur les autres? L'amour-propre ne s'arrange pas d'une étude qui appelle sans cesse notre attention hors de nous-même.

De tous les hommes d'esprit que j'ai connus, le marquis de Céderon est celui qui m'a paru réunir à un plus haut degré les qualités dont se compose le talent du moraliste observateur. Je l'avais connu en Provence dans ma jeunesse, et je l'ai rencontré la semaine dernière à Paris.

Cet homme pénètre tout ce qu'il regarde; il interroge votre pensée, il répond à votre silence. Aucun vide, aucun défaut, aucun ridicule n'échappe à sa pénétration; mais son coup d'œil a cela de malheureux et de particulier, qu'il ne se porte jamais que sur le mauvais côté de l'objet qu'il envisage; c'est cependant un excellent homme. Je le trouvai, il y a plusieurs jours, dans l'antichambre d'un ministre; assis tout seul dans un coin, il roulait en clignotant ses petits yeux ronds autour de lui, et pinçait de temps en temps ses lèvres minces, de manière à donner à sa figure une expression d'ironie et de malignité qui me le fit aussitôt reconnaître. Je courus à lui, et, après les premiers compliments, je m'informai du motif qui l'amenait dans des lieux pour lesquels je lui avais toujours connu beaucoup de répugnance. « Je suis médecin, me dit-il; vous ne devez pas vous étonner de me trouver dans un hôpital. » Comme il vit que je n'entendais pas, il continua : « Vous savez que depuis vingt ans je m'occupe d'un traité des maladies morales qui affligent l'espèce humaine, particulièrement en France : j'en suis au chapitre des *maladies régnantes*, et je viens au foyer pour les observer mieux. Je me suis fait solliciteur, afin de me donner une contenance, et j'ai d'abord demandé la croix de Saint-Louis, comme tout le monde ; j'espérais bien que cela traînerait quelque temps, car je n'ai que des droits ; je réclame aussi une pension de retraite, et comme je laisse passer les plus pressés, je suis bien sûr d'avoir achevé mon travail avant d'avoir obtenu ma pension. »

Nous sortîmes ensemble après l'audience : le marquis me communiqua ses notes sur les maladies régnantes, et me permit d'en extraire quelques unes au profit de mes lecteurs :

Fragments d'un ouvrage inédit, intitulé : « Pathologie morale. Observations pour l'année 1814. *Troisième trimestre.* » — Temps superbe, quoiqu'un peu lourd ; atmosphère chargée de vapeurs électriques qui se consument en éclairs. Vents du nord. Le thermomètre variant de plusieurs degrés dans un jour d'un quartier de la ville à l'autre.

« Invasion de plusieurs maladies nouvelles, dont quelques unes ont offert des diagnostiques d'un caractère tout particulier.

« Un grand personnage, d'une constitution très-faible, après avoir été affecté pendant dix ans d'une paralysie sur la langue, avait tout-à-coup recouvré la parole comme par un miracle : on remarquait bien encore un grand embarras dans l'organe de la voix, mais on espérait qu'il se dissiperait à force d'exercice; malheureusement le malade vient d'être atteint d'un mal étranger, connu sous le nom de *croup ministériel,* qui rend son état actuel pire que celui dont le ciel l'avait tiré.

« *La fièvre pamphlétaire,* qui s'est propagée depuis quelques mois avec une incroyable rapidité, semblait devoir céder aux remèdes lénitifs indiqués par un médecin habile [1]. La Faculté en corps a décidé qu'il fallait couper cette fièvre au premier accès; je ne répondrais pas qu'il n'en résultât de graves accidents.

« Beaucoup de gens, pour avoir passé trop brusquement d'une température à une autre, sont attaqués d'une espèce de fluxion qu'on appelle arrogance, et qui se manifeste par la position élevée de la tête et des épaules, par la roideur du cou et de l'épine dorsale, qui ne s'inclinent qu'avec une peine extrême; le malade éprouve une convulsion habituelle de la lèvre supérieure, qui donne à sa physionomie l'expression de l'insolence et du dédain : cette

---

[1] *Rapports sur la fièvre pamphlétaire.*

maladie se termine ordinairement par un saignement de nez.

« L'organe de la mémoire a été lésé chez certaines personnes d'une manière bien étrange; elles ont complétement oublié leur pays, dont elles ne veulent reconnaître ni les mœurs ni les goûts, ni les usages; elles font tout venir d'Angleterre, jusqu'à leurs enfants.

« Depuis une vingtaine d'années, les grandes commotions avaient prodigieusement multiplié en France les maladies du cerveau; la manie, la démence, la frénésie, ont eu chacune leur époque; la tendance est maintenant vers l'imbécillité; j'ai traité plusieurs sujets arrivés à ce période, et j'en ai guéri quelques uns à force de cordiaux. Chez la plupart, le mal est incurable, parcequ'il est aggravé par les charlatans qui le traitent.

« Beaucoup de vieillards ont été pris au printemps d'une fièvre *juvénile*, d'un caractère tout particulier. Pendant l'accès, ils oublient leur âge, affectent les airs et les goûts de la jeunesse. Cette fièvre est épidémique; mais les femmes se sont préservées de la contagion.

« J'ai été appelé en consultation dans une maison particulière, où se réunissent des hommes atteints d'une mélancolie dont les effets sont assez remarquables: ces messieurs ont, comme Perrin-Dandin, la fureur de juger; la cause dont ils s'occupent a pour objet un pupille qui s'est émancipé, et qu'ils voudraient remettre en tutelle. J'avais prescrit des remèdes tendants à rétablir l'équilibre dans les humeurs; ils ont protesté contre mon ordonnance.

« Parmi les maladies régnantes, il en est une dont les symptômes et le caractère sont si variables, qu'on ne lui a pas encore donné de nom : ceux qu'elle afflige ont la démarche incertaine, le regard équivoque; ce qu'ils demandent est rarement ce qu'ils veulent, ce qu'ils expriment est rarement ce qu'ils sentent; ils marchent vers un but et en désignent un autre; confondant sans cesse le mal qu'ils éprouvent avec celui qu'ils craignent, ils altèrent leur santé par des remèdes, au lieu de la rétablir par le régime.

« En général, la santé des femmes a moins souffert que celle des hommes. Les palpitations et les maux de nerfs, qui ont repris leur ancien nom de *vapeurs*, sont toujours leur indisposition à la mode; quelques femmes ont éprouvé des vertiges, dont l'effet le plus commun a été d'éveiller et de réveiller chez elles des idées mystiques, dont leurs maris auront seuls à souffrir.

« Une maladie presque universelle, et qui a tous les caractères d'une véritable épidémie, c'est la fièvre de l'ambition; chaque jour la contagion fait de nouveaux progrès, et s'étend de proche en proche à toutes les classes de la société : cette fièvre chez certains individus, a des redoublements accompagnés de délire ; les malades, pendant la crise, ne rêvent qu'armoiries, rubans, croix et cordons : pour peu qu'on les perde de vue, ils s'échappent, et vont courir les antichambres, en demandant des places, des honneurs, des dignités : celui-ci fait valoir les services que ses pères ont rendus ; celui-là, les services qu'il aurait pu rendre ; l'un veut qu'on lui tienne compte du mal qu'il a fait à bonnes intentions ; l'autre conclut, de ce qu'il n'a jamais rien été, qu'il a des droits incontestables à être quelque chose. L'intrigue, la flatterie, la bassesse, caractérisent les différents paroxismes de cette maladie, qui acquiert un tel degré d'intensité chez quelques individus, qu'on les prendrait pour de vrais démoniaques ; on ne délivre pas ces possédés, mais on s'en délivre à la cour avec de l'eau bénite, dont il s'y fait depuis quelques mois une grande consommation. »

n° XXIII. [27 AOUT 1814]

LE BUREAU DES NOURRICES.

> *Præcipuum jam inde a teneris impende laborem.*
> VIRG., *Georg.*, lib III.
>
> Sur-tout veillez sur eux dès leur plus tendre enfance.

> ...... *Nimis uncis*
> *Naribus indulges*......
> PERSE, sat. II
>
> C'est aussi pousser le jeu trop loin.

« Monsieur, quelqu'un vous demande. — Que me veut-on? Vous savez que je ne reçois personne avant trois heures. — Cette demoiselle dit qu'il faut absolument qu'elle vous parle. — Ah, c'est une demoiselle! — Oui, monsieur, une jolie petite femme-de-chambre qui ne veut parler qu'à vous, et qui s'est informée si madame n'était pas là. — Diable! faites entrer. »

« Ma maîtresse m'a chargée de remettre ce billet à M. Guillaume, à lui seul. — C'est moi, mademoiselle; donnez.

Le billet était conçu en ces termes:

« Quelqu'un que vous ne connaissez pas, mon-
« sieur, et qui n'en a pas moins pour vous le plus
« tendre attachement, a besoin de vous voir au-
« jourd'hui même, et de vous confier un secret et
« un dépôt d'où dépend le bonheur de sa vie. »

« Cette lettre n'est pas signée ; de qui est-elle? —
D'une dame que je sers depuis très peu de temps,
et que je ne connais encore que sous le nom de
Juliette. — Elle est jeune? — Je ne crois pas qu'elle
ait dix-huit ans. — Et jolie? — Une figure, une grace
angéliques. — Est-elle mariée? — Je le présume. —
Mais que veut-elle de moi? — Je l'ignore. — Laissez-
moi son adresse, et dites, ma belle enfant, que je
me rendrai, entre sept et huit heures du soir, au
rendez-vous qu'on m'assigne. »

Resté seul, je me mis à réfléchir sur une aventure
qui me parut d'abord un peu trop gaie pour mon
caractère et pour mon âge : cependant, en me rappelant l'air modeste de la femme-de-chambre, en
examinant la forme et l'écriture distinguées du billet, j'en vins à des conjectures plus honorables pour
la personne qui l'avait écrit, et, s'il faut tout dire,
plus flatteuses pour mon amour-propre. Je n'osais
pas m'avouer hautement l'espoir un peu ridicule
qui me passait par la tête; mais je m'habillai avec
plus de recherche qu'à l'ordinaire, et, en arran-
geant mes cheveux, je faisais disparaître tous ceux
dont la couleur argentée pouvait dénoncer mes

quarante-cinq ans révolus. Je sortis sans en prévenir ma femme, et je m'acheminai, en fiacre, par la grande allée des Champs-Élisées, vers la grande rue de Chaillot. Je reconnus la maison qui m'était indiquée, et j'entrai mystérieusement, comme le portaient mes instructions, par la petite porte verte du jardin. La femme-de-chambre, qui m'y attendait, me conduisit, en passant sous une treille à l'italienne, dans un pavillon isolé du corps-de-logis principal; elle me pria d'attendre un moment dans une salle basse, et me quitta pour aller prévenir sa maîtresse de mon arrivée.

La fatuité n'a jamais été mon défaut, même dans l'âge des illusions qui l'excusent; cependant comment douter d'une bonne fortune si clairement annoncée? Je n'en doutais plus, et tous les efforts de ma raison ne tendaient qu'à prémunir mon cœur contre les séductions auxquelles je me voyais déjà exposé.

La jeune messagère revint; nous montâmes ensemble un petit escalier recouvert en tapis de moquette, et, après avoir traversé une antichambre et un salon plus proprement que richement meublés, je fus introduit dans une chambre à coucher qu'éclairait faiblement une lampe de nuit.

Au moment où j'entrai, une grosse femme, qui tenait à la main une jatte d'argent, sortit avec la femme-de-chambre, et je restai dans une situation singulière, que j'éprouverais quelque embarras de décrire. J'étais debout contre la cheminée, essayant de distinguer les objets, lorsqu'une petite voix d'une douceur extrême, qui partait du fond d'une alcove, m'adressa timidement ces mots :

« Vous devez trouver bien étonnant, monsieur, que, n'ayant pas l'honneur d'être connue de vous, j'aie pris la liberté de vous inviter à passer chez moi?... — Madame (répondis-je avec émotion, en m'approchant du lit, et en découvrant une figure charmante dont la pâleur rendait encore les traits plus touchants), une pareille invitation, quelque imprévue qu'elle soit, est faite pour causer plus de plaisir que de surprise. — Je vais augmenter beaucoup la vôtre en m'expliquant sur le service que j'ose réclamer de vos bontés et de votre indulgence. — Ah! parlez, madame, ou permettez-moi de deviner, dans un pareil aveu, ce qui pourrait embarrasser votre modestie. — Je suis étrangère dans cette ville : l'événement qui m'y a conduite, et qui m'y retient, m'a déja coûté bien des larmes; il doit faire ma destinée, et vous en êtes l'arbitre. — Que puis-je faire pour vous, ma belle enfant (repris-je avec vivacité, et en m'emparant d'une petite main bien blanche que l'on m'abandonnait, et qui tremblait en serrant doucement la mienne)? — Sans exiger, en ce moment, une confidence que je ne me sens ni la force ni le courage de vous faire dans l'état où je suis, promettez-moi (il y va de ce que j'ai de plus cher au monde) de ne point me refuser la grace que je voudrais pouvoir vous demander à genoux. — Je vous le promets. — Ainsi, vous consentez à recevoir un dépôt sacré pour mon cœur, qui doit l'être aussi pour le vôtre, et que je vais remettre entre vos mains? » Ces derniers mots, le ton dont ils étaient prononcés, les larmes qui les accompagnaient, dérangeaient toutes mes idées, et je n'imaginais plus quel service on pouvait attendre de moi. Je n'en réitérai pas moins la promesse par laquelle je m'étais engagé. Dans ce moment, la jeune dame tira deux fois le cordon de sa sonnette, prit ma main, qu'elle baisa, et sur laquelle je sentis couler ses pleurs, et me dit, en sanglotant : « Vous connaîtrez, en montant dans votre voiture, la nature de l'engagement que vous venez de contracter avec moi; mais c'est d'un autre que vous apprendrez à quel titre j'ai pris la liberté d'avoir recours à vous. »

Je sortis, après avoir embrassé la jolie malade; et, sans rien concevoir à tout ce que je venais de voir et d'entendre, je regagnai ma voiture par le même chemin que j'avais pris en arrivant; et, comme j'y montais, la grosse femme que j'avais aperçue en entrant dans la chambre à coucher, me mit une espèce de corbeille sur les genoux, et ferma aussitôt la portière, en me disant : « Sur-tout, monsieur, ayez-en bien soin; elle est jolie comme un ange. »

Le cocher part: il faisait nuit, et j'avais placé sur la banquette devant moi la corbeille mystérieuse, couverte d'un voile de taffetas. Je cherchais à deviner ce qu'elle pouvait contenir, lorsqu'à mon extrême surprise mon oreille est frappée... du cri d'un enfant. J'hésite un moment pour savoir le parti que je prendrais : continuerai-je ma route? retournerai-je sur mes pas? Je me figure, d'un côté, la honte et le chagrin de la petite dame; de l'autre, la scène qui m'attend chez moi : mais enfin j'avais promis solennellement, je ne me croyais plus le maître de reculer; et, tout en réfléchissant sur la bizarrerie de cette aventure, tout en riant d'assez mauvaise grace de ma dernière bonne fortune, j'arrivai au logis.

J'allai droit à l'appartement de ma femme; elle était seule : « Voici, ma chère, lui dis-je en lui présentant la *barcelonnette* couverte, un présent que je vous apporte. — Que signifie cette mauvaise plaisanterie? me répondit-elle. — La plaisanterie est meilleure que vous ne croyez (continuai-je en levant le petit rideau de taffetas vert, et exposant aux yeux de madame Guillaume la jolie petite créature que le berceau contenait). »

Tout ce que la tête d'une femme peut renfermer de sentiments violents se peignit à-la-fois dans les yeux de la mienne : « Un enfant! s'écria-t-elle; un enfant chez moi! dans ma maison! A qui appartient-il? Parlerez-vous, monsieur?» Je vis, au regard qu'elle me lança, qu'il n'y avait pas de temps à perdre pour lui raconter de point en point mon aventure, qu'elle écoutait sans avoir l'air d'y ajouter foi, et sans détourner les yeux de dessus l'enfant, qu'elle avait placé sur un sopha. « Prétendez-vous, reprit-elle, lorsque j'eus fini de parler, que j'ajoute foi à ce roman de nouvelle fabrique? et ne pouviez-vous trouver une fable qui s'accordât mieux avec l'impertinente ressemblance que cette petite fille apporte au monde? — Comment, madame, vous croiriez...?— Croire! non, monsieur, je suis sûre. A moins d'être aveugle, comment ne pas être frappée?... C'est une honte, une indignité, vous dis-je (et elle se mit à pleurer en s'asseyant près du berceau). » « Ma chère amie, lui dis-je du ton le plus solennel que je pus trouver, je vous proteste que vos soupçons n'ont pas le plus léger fondement, et si vous voulez prendre la peine de réfléchir un peu et de m'écouter un moment, vous rougirez bientôt de les avoir conçus. » Quelques mots d'explication, la vue du billet que la jeune dame m'avait écrit le matin, et que je communiquai à madame Guillaume, calmèrent ses inquiétudes sans les détruire. Pendant ce débat conjugal, l'enfant se mit à crier: rien, en toute autre circonstance, ne m'eût paru si plaisant que de voir ma femme se livrer tour-à-tour, ou même tout à-la-fois, aux sentiments opposés qui bouleversaient sa tête et son cœur; passer d'un accès de colère à un élan de sensibilité; bercer l'enfant sur ses genoux, le regarder avec tendresse, et me lancer des regards furieux; lui adresser des mots pleins de douceur, et à moi des reproches pleins de dépit et d'amertume.

Pour terminer cette querelle, je pris un parti qui pouvait seul me justifier à ses yeux, et lever tous ses doutes : je lui proposai de m'accompagner le lendemain à Chaillot, et de s'assurer par elle-même de la véracité des faits, dont elle s'obstinait à douter encore. Cette preuve de confiance fit une révolution subite dans ses idées, et, dès ce moment, madame Guillaume ne s'occupa plus que de la petite créature qui nous avait été confiée; elle la prenait dans ses bras, l'embrassait comme une mère, et ne pouvait se lasser d'admirer la grace, la délicatesse de ses traits, et le charme de son premier sourire.

« Et vite! et vite! M. Guillaume, sonnez ma femme-de-chambre, et prenez garde que ma fille n'entre ici! car vous sentez bien... Suzanne, prenez cette enfant, portez-la dans votre chambre... Vous voilà bien surprise; je ne le suis pas moins que vous... N'est-elle pas jolie comme l'Amour? Je vais la monter moi-même; courez chercher du lait, du miel; cela suffira pour la nuit : demain, nous aurons une nourrice; j'irai moi-même au bureau pour la choisir. Il n'y a rien de tel que le lait d'une mère; j'en sais quelque chose; car Dieu merci, j'ai nourri tous mes enfants : c'est un devoir; mais on n'est pas toujours maîtresse de le remplir. » Tout en parlant, madame Guillaume, qui avait pris l'enfant dans ses bras le portait chez sa femme-de-chambre, et moi, j'admirais la mobilité des sentiments d'une femme, en voyant la mienne passer, en quelques minutes, de l'humeur à la colère, de la colère au mépris, du mépris à l'indignation, à l'attendrissement, à la pitié, et, finalement, de la pitié à la tendresse la plus vive.

En Turquie, après la mort d'un père de famille, on lève trois pour cent dans tous les biens du défunt, et l'on fait sept lots du reste : deux pour la veuve, trois pour les enfants mâles, et deux pour les filles; mais si la veuve a allaité ses enfants, elle a de plus le tiers des cinq derniers lots. Cette loi d'un pays qui passe pour n'en point avoir, serait très bonne à adopter chez certains peuples où *les lois abondent et vicient*, quoi qu'en dise le proverbe.

L'usage où étaient les mères, de quelque condition qu'elles pussent être, d'allaiter leurs enfants, a duré très long-temps en France; les reines elles-mêmes ne croyaient pas alors que leur rang les dispensât de remplir un devoir que la nature prescrit, et qu'elle récompense par de si doux plaisirs.

Vers la fin du seizième siècle, les femmes de la

cour commencèrent à s'en dispenser, et le funeste exemple qu'elles donnèrent ne tarda pas à être généralement suivi.

Le livre d'*Émile* fit, à cet égard, une heureuse révolution dans les mœurs, et l'éloquence de Rousseau réveilla dans le cœur des mères un sentiment, ou plutôt un besoin trop long-temps assoupi : on ne fit pas attention que l'accomplissement de ce devoir suppose l'exercice de plusieurs autres, et plus d'une femme, en prenant l'engagement de *nourrir*, sans rien changer à la vie dissipée dont elle avait pris l'habitude, en négligeant les précautions qu'exigeait son nouvel état, eut à se repentir d'avoir trop inconsidérément cédé au vœu de la nature et aux conseils de son éloquent interprète.

Dans l'état actuel de la société, toutes les femmes ne sont point appelées au bonheur de nourrir leurs enfants; la vie trop mondaine ou trop laborieuse à laquelle les unes sont condamnées, la faiblesse de la constitution d'un grand nombre, leur interdisent cette douce prérogative de la maternité. Je sais que cette raison n'en est pas une aux yeux de ces hommes absolus qui réduisent tout en système, et qui ne veulent point d'exception à la règle générale qu'ils ont une fois posée; mais tous les paradoxes du monde, sous quelque forme brillante qu'ils soient présentés, ne me feront jamais entendre que le lait d'une mère débile, d'une santé trop délicate, ou détruite par quelque cause que ce puisse être, soit jamais préférable pour son enfant à celui d'une femme étrangère, jeune, saine, et bien portante.

Ma femme, qui ne raisonne jamais qu'avec son cœur, et qui croit penser juste quand elle sent vivement, n'était guère moins exclusive dans son opinion: « Il est dans la nature de nourrir ses enfants! » répétait-elle sans cesse; et, sans vouloir entendre que tout ce qui est dans la nature n'est pas toujours dans la société, sans prendre garde que mes objections ne portaient pas sur le principe, mais sur les conséquences forcées qu'on voulait en déduire, elle insistait (pour me convaincre de tout ce que je convenais avec elle) sur les inconvénients sans nombre résultant de l'envoi des enfants en nourrice.

« Voyez (continuait-elle en achevant de s'habiller pour sortir avec moi, tandis que je jetais sur le papier les premières lignes de cet article), voyez, monsieur, le beau fruit de vos institutions sociales! A peine un enfant est-il venu au monde, qu'il est remis aux mains d'une étrangère qui lui vend le lait maternel, comme une laitière, à tant la pinte; les premiers mots qu'il bégaie, les premières caresses qu'il prodigue, sont pour une autre que celle qui lui donna le jour, et son premier attachement est pour une famille à laquelle il n'appartient pas; rentré dans la sienne, la première leçon qu'il reçoit est une leçon d'ingratitude : tous les soins de ceux qui l'entourent ont pour but de lui faire oublier cette nourrice qui lui a tenu lieu de mère, ce père adoptif qui le caressait au retour du travail, ces frères de lait qui jouaient autour de son berceau; et ce n'est qu'à force de temps et de travail que l'éducation parvient à déraciner de si douces affections, à les transplanter sur le sol paternel, et, si j'ose m'exprimer ainsi, à greffer dans son cœur l'amour filial. »

Madame Guillaume ne s'arrête pas volontiers quand elle parle de ce qui l'intéresse; et, comme l'expression de ses sentiments réveillait des pensées dont j'avais besoin d'occuper mon esprit, je l'écoutai sans l'interrompre jusqu'au moment ou nous arrivâmes au *bureau des Nourrices*.

Cette belle institution est un des derniers bienfaits du règne le plus long et le plus brillant de nos annales.

Ce fut en 1715 que Louis XIV, pour arrêter les abus et les désordres dont l'affluence des nourrices dans la capitale était devenue la source, rendit l'ordonnance qui portait création de cet établissement, sous le nom de *Bureaux des nourrices de la Recommanderesse*. Ces bureaux, séparés autrefois, sont maintenant réunis dans un même hôtel de la rue Sainte-Apolline. En entrant dans la cour, nous fûmes aussitôt entourés par une troupe de femmes d'habits et de patois différents, qui vinrent nous offrir leurs services. Madame Guillaume, plus au fait que moi des usages et des personnes, ne s'arrêta pas long-temps à les écouter: « Ces nourrices, me dit-elle, sont du nombre de celles qui spéculent trop long-temps sur leur ancienne fécondité : presque toutes sont dans un âge où elles n'ont plus guère d'autre moyen de renouveler leur lait qu'en renouvelant leurs nourrissons : ce n'est pas là ce qu'il nous faut. »

Nous entrâmes dans la salle dite des *Locations*, où se rassemblent, pour l'ordinaire, les plus jeunes nourrices, parmi lesquelles un cinquième, pour le moins, ne sont ni veuves ni mariées. Si l'on voulait en conclure que les mœurs sont moins pures en France que dans tel ou tel autre pays de l'Europe, je répondrais par ce fait, que je puis appuyer de preuves administratives ; c'est que l'ancien département du Léman, si voisin de la Suisse (de ce pays si renommé par l'innocence de ses mœurs patriarcales), compte annuellement dans ses charges, et toutes proportions gardées, un plus grand nombre d'enfants abandonnés que dans cette ville de Paris, sentine de vices et de corruption.

On a tant parlé et tant souffert des maux que la révolution a produits, qu'on a de la peine à convenir qu'il en soit résulté quelque bien. Il est certain, cependant, qu'à aucune autre époque les crimes d'infanticide et d'abandon des enfants n'ont été moins communs. La révolution, en relâchant les principes de la législation et de la morale, a rendu les rapports entre les différentes classes plus directs, les relations plus nombreuses, et les mariages plus faciles. Les filles-mères ont gagné en humanité ce qu'elles ont perdu en pudeur, et la pensée d'un crime n'a plus cherché d'excuse dans la crainte de la honte. S'il est vrai, comme le dit Beccaria, que l'infanticide devienne plus commun chez un peuple à mesure que les lois et les mœurs deviennent plus sévères, nous avons du moins un motif de nous applaudir de l'indulgence des nôtres.

L'établissement de la rue Sainte-Apolline a pour objet : 1° d'offrir un point de ralliement, un lieu de réunion aux nourrices qui affluent dans la capitale; 2° de donner une garantie aux parents forcés de leur confier leurs enfants, la plupart du temps, sans les connaître ; 3° d'assurer aux nourrices le prix de leurs soins et le recouvrement de leurs deniers. Indépendamment de la salle publique des locations, cette maison contient plusieurs dortoirs, où chaque lit de nourrice est placé entre deux berceaux, dont l'un est destiné à son enfant, et l'autre au nourrisson qu'elle emmène.

Je n'entrerai pas dans de plus longs détails sur l'administration intérieure de ce bureau, où l'on admire à chaque pas cet esprit d'ordre, cet amour du bien, ce respect pour l'humanité, que l'on remarque aujourd'hui dans tous les établissements publics dirigés par l'honorable commission des hospices. Je reviens dans la salle des Locations, que nous parcourons, madame Guillaume et moi, chacun de notre côté. Quand il s'agit de choisir entre des femmes, à quelque usage qu'on les destine, *jeunesse et grace,* comme dit Voltaire, *ont toujours l'avantage.* Mes regards s'arrêtèrent d'abord sur une petite villageoise de dix-huit ans tout au plus; son air triste, sa figure aimable, et l'extrême propreté d'un vêtement bien simple, parlaient en sa faveur.

« D'où êtes-vous, mon enfant? — D'un village à quatre lieues d'Auxerre. —Vous cherchez un nourrisson? — Oui, monsieur, un nourrisson à domicile. — Êtes-vous à Paris depuis quelque temps? — (Avec un peu d'hésitation, et en tortillant les pointes de son fichu:) Je sors de la *Maternité,* où j'ai fait mes couches. — Et vous y avez laissé votre enfant? — (Avec vivacité:) Nenni, monsieur; s'il n'était pas mort, je ne chercherais pas à en nourrir un autre. — Êtes-vous mariée? — (Avec un soupir et en baissant les yeux:) Je devrais l'être. (Elle pleure.) —Vous avez sans doute des répondants? — Je ne connais personne ici. — Mais dans votre pays? — Je ne veux plus y connaître personne. —Votre nom? — Annette. — Et votre famille? —Vous n'avez pas besoin de la connaître pour me confier un enfant; je l'aimerai, je vous assure: il faut bien que j'aime quelqu'un : voici les certificats de bonne santé des médecins de l'hospice. » Je donnai mon adresse à cette jeune fille, et je l'aurais arrêtée dès le moment même, si madame Guillaume, qui m'avait rejoint, et qui avait entendu la fin de notre colloque, ne m'eût pris à part pour me faire de graves objections sur mon choix ; j'y répondis de manière à l'intéresser au sort de cette pauvre fille, et en lui faisant observer qu'après tout, la nourrice et le nourrisson n'auraient point de reproches à se faire : d'ailleurs, nous n'étions pas engagés, et nous pouvions continuer nos recherches.

Pendant que nous causions dans un coin de la salle, une grosse Picarde d'une trentaine d'années, forte en voix, haute en couleur, nous aborda et vint offrir ses services à ma femme de l'air le plus délibéré, et répondant d'avance à toutes les questions que nous aurions pu lui faire. « Madame cherche une nourrice, et moi je cherche un nourrisson ; nous pouvons faire affaire ensemble : un lait de six mois, ni plus ni moins ; je viens de rendre l'enfant de madame Bertrand, boulangère dans la rue Beaubourg : informez-vous de moi chez elle, au bureau, à tous les *meneurs,* par-tout où vous voudrez. Il n'y a pas un habitant, à dix lieues aux environs d'Amiens, qui ne connaisse Thérèse Gaillochot ; mon mari est vigneron à Hubecourt ; j'ai six enfants, tous plus beaux l'un que l'autre ; vous voyez mon dernier : il est gros et gras, j'espère ! c'est qu'il ne chôme pas avec moi ; j'en nourrirais trois à mon aise. Votre enfant sera mieux chez moi que chez vous ; ma petite Gabrielle est un vrai trésor pour un nourrisson ; c'est mon aînée ; elle n'a pas treize ans, vous lui en donneriez dix-huit. » Cette bonne femme parlerait, je crois, encore, si madame Guillaume n'eût trouvé le temps, entre deux respirations, de lui dire que c'était une nourrice à domicile que nous venions chercher. Celle à qui nous nous adressâmes ensuite était une jolie paysanne de Meriel ; elle nous apprit « qu'elle s'était décidée à *faire une nourriture*, parcequ'elle ne gagnait pas assez à filer du coton, son mari, ancien caporal au 81ᵉ de ligne, était revenu de la guerre d'Espagne avec un œil de moins, et donnait des leçons de pointe et d'espadon à toute la jeunesse du pays, au prix de cinq sous le cachet. Elle nous fit remarquer que nous aurions, avec elle, l'avantage de voir notre enfant aussi souvent qu'il nous plairait, au moyen de petites voitures qui vont et viennent sans cesse de Paris à Meriel. » La condition de nourrir *sur place* ne pouvait lui convenir : nous continuâmes nos recherches.

Pendant que ma femme, après avoir passé en revue plusieurs autres nourrices, s'entretenait avec la petite Annette, qui s'était approchée d'elle, j'avais lié conversation avec un des employés de cette maison, qui me donna connaissance des réglements et des ordonnances royales sur lesquels cette institution est fondée. Je remarquai avec étonnement que l'esprit de sagesse et de prévoyance qui les a dictés n'a pris aucune précaution contre un genre de délit dont il existe plusieurs exemples, et qui se renouvelle peut-être beaucoup plus souvent qu'on ne croit : je veux parler de la suppression d'état résultant du changement des enfants en nourrice. Combien d'anecdotes je pourrais citer (indépendamment de celle qui a fourni le sujet de l'opéra de *Lucile*), où l'on trouverait la preuve que ces échanges sont d'autant plus à craindre qu'ils sont plus faciles à exécuter !

Je ne fus point surpris, en rejoignant madame Guillaume, d'apprendre qu'elle avait décidément arrêté la petite Annette, que nous emmenâmes avec nous, en riant de l'aventure romanesque qui nous mettait dans le cas de donner une nourrice que nous ne connaissions guère, à un enfant que nous ne connaissions pas.

Après avoir donné à celui-ci ses premiers et ses plus tendres soins, madame Guillaume me fit souvenir que je lui avais promis de lui faire connaître la mère, et nous nous rendîmes ensemble à la petite maison de Chaillot : la jeune dame était partie le matin même pour la Rochelle ; mais on nous remit de sa part une petite boîte, où nous trouvâmes des lettres, des cheveux, et un portrait dont la seule inspection nous révéla un mystère de famille dans la confidence duquel je crois pouvoir me dispenser de mettre mes lecteurs.

N° XXIV.° [15 septembre 1814.]

LES MENDIANTS.

Melius mori quàm mendicare
Plaut
Il vaut mieux mourir que de mendier

Depuis Gusman d'Alfarache, le métier, ou plutôt la profession de mendiant (car ces messieurs ont aussi leur vanité), a fait en France de singuliers progrès. Cette espèce de congrégation s'est accrue de plusieurs ordres qui vivent sous la même règle, bien qu'assujettis à des pratiques différentes. La confrérie primitive avait adopté pour costume la livrée de la misère; on mendie aujourd'hui en habit galonné, en uniforme, en soutane, et même en voiture. Toutes les classes de la société ont leurs mendiants; et si jamais un homme d'esprit, bon observateur, s'avise d'en écrire l'histoire, cet ouvrage sera d'une toute autre importance, d'une toute autre étendue que les *Repues franches de Villon*, et les *Ruses et les Finesses de Ragot*, le capitaine des gueux.

Le Code des Mendiants, dont l'univers est redevable, comme chacun sait, au savant don Mateo d'Aleman, *Cantador de Resultats,* est un livre classique d'une utilité généralement reconnue. J'ai quelque raison de croire qu'un écrivain digne, à tous égards, d'une tâche aussi honorable, s'occupe en ce moment d'une nouvelle traduction de ces *Pandectes* de la Gueuserie, qu'il a l'intention d'enrichir de ses propres mémoires : j'ose espérer qu'il voudra bien joindre mes éloges à ceux qu'Alphonse de Barras et Louis de Valdes [1] ont faits de cet excellent ouvrage.

L'auteur espagnol, qui paraît avoir beaucoup voyagé, et dont le livre est le fruit de ses longues méditations sur le caractère des différents peuples, pose en fait que les *Français mendient en s'inclinant.* Les progrès de la civilisation ont apporté, à cet égard comme à beaucoup d'autres, des changements notables. Les mendiants du peuple se contentent encore de *s'incliner ;* mais les mendiants des classes supérieures *s'agenouillent,* et ceux de distinction *se prosternent.*

Les expériences physiologiques ont démontré que, dans une certaine classe d'animaux, la faculté de s'élever en rampant tenait à la disposition et à la flexibilité des vertèbres ; il en est de même parmi

---

[1] Voyez le roman de *Gusman d'Alfarache.*

les reptiles à figure humaine : les plus habiles à monter sont ceux dont l'épine dorsale a le plus de souplesse. Bonaparte disait un jour, en parlant d'un illustre mendiant qui n'a point changé de profession : *Je ne sais comment cela se fait : cet homme a huit pouces de plus que moi; et toutes les fois que je lui parle, je suis obligé de me baisser pour l'entendre.*

Dans ce pays, où l'on a toujours le soin de donner un nom honnête aux actions qui le sont le moins, on a substitué au mot *mendier*, dans l'usage habituel de la conversation, ceux de *prier, postuler, solliciter, faire sa cour*. Pour savoir au juste lorsque ces mots, qui ont aussi leur signification particulière, doivent être admis comme synonymes du terme humiliant dont ils prennent souvent la place, il suffit d'une simple définition : *mendier*, c'est *demander avec importunité une chose à laquelle on n'a aucun droit;* cette définition admise, je ne crains plus que l'on se méprenne sur mes véritables intentions, et qu'on m'accuse de méconnaitre les droits sacrés d'une honnête misère à la pitié des ames sensibles.

Pour faire avec quelque succès ce métier de mendiant, qui paraît si facile, il faut néanmoins, à un grand fonds de patience, joindre le courage tout particulier de supporter les humiliations, les refus, les dégoûts, et le mépris; il faut, dans les grades supérieurs, renoncer à toute espèce d'indépendance, ramper en poste d'antichambre en antichambre, tendre une main au maître et l'autre au valet, et ne pas craindre d'assiéger la porte qu'on vous a vingt fois jetée sur le nez : tout cela ne s'apprend pas dans un jour.

Les naturalistes ont imaginé, pour faciliter l'étude de la science, des divisions de genres, de classes, qui n'existent pas dans la nature; elle ne nous offre, dans ses trois règnes, que des espèces liées les unes aux autres par des rapports qui détruisent les systèmes établis pour les séparer : il en est de même dans l'ordre moral; la société se fonde sur des distinctions d'état, de rang, qu'un examen approfondi des caractères fait insensiblement disparaître : c'est ainsi que l'observateur arrive du mendiant des rues au mendiant des palais, sans s'apercevoir des différences extérieures qui les séparent. Qu'importe l'objet que l'on poursuit, quand les moyens que l'on emploie sont les mêmes? Mendiants de pain, mendiants de richesses, mendiants de renommée, mendiants de faveurs, tous sont également à charge à l'état, honteux à la nation, et nuisibles à la société.

Les lois des anciens sur la mendicité valaient mieux que les nôtres, à en juger par les résultats : les Égyptiens, au rapport d'Hérodote, ne souffraient chez eux ni mendiants, ni vagabonds; chaque canton avait son juge de police auquel tous les citoyens rendaient annuellement compte de leurs moyens d'existence.

Le même esprit régnait chez les Grecs. « Il n'y a point de *mendiants* dans notre république, dit Platon dans une de ses lettres; et si quelqu'un exerce ce honteux métier, le magistrat du lieu l'oblige à sortir du pays. »

Chez les Romains, un des premiers devoirs de la charge des censeurs était de veiller sur les mendiants; et les lois, à leur égard, étaient si rigoureuses, qu'elles portaient textuellement qu'il valait mieux laisser périr de faim les mendiants vagabonds que de les entretenir dans leur fainéantise : *Potius expedit inertes fame perire quàm in ignavia favere.*

Les vastes hôpitaux que Constantin fonda en faveur de tous les chrétiens sortis d'esclavage devinrent, en quelque sorte, les séminaires de la mendicité, dont le fléau s'étendit bientôt sur toute l'Europe.

Charlemagne, en fulminant des édits contre la mendicité vagabonde, avec défense de nourrir aucun mendiant valide qui refuserait de travailler, avait fini par en purger ses vastes états; mais, deux siècles après, la fondation et l'exemple d'un ordre de religieux voués à l'aumône firent renaître la race des mendiants. Il entrait dans la règle des uns et des autres de vivre sans travailler et aux dépens d'autrui. Les moines ont fait respecter leurs vœux;

les mendiants n'ont jamais pu parvenir à légitimer les leurs.

Depuis deux cents ans, on a rendu en France une vingtaine d'édits ou ordonnances contre la mendicité, d'autant plus inutiles qu'elles étaient plus rigoureuses, et qu'elles n'avaient pour but que de pallier le mal qu'il fallait prévenir par l'établissement des maisons de travail.

Les gouvernements qui se sont succédé depuis 1790 ont tour-à-tour provoqué à ce sujet des lois fondées sur le principe d'une sage prévoyance; mais elles sont restées presque par-tout sans exécution. Les premiers et les plus heureux essais de cette méthode ont été faits dans la Belgique par le comte de Pontécoulant, alors préfet du département de la Dyle, et maintenant membre de la chambre des pairs. En moins d'un an, au moyen de l'établissement des *Refuges* pour les mendiants infirmes, et des ateliers de travail pour ceux qui pouvaient travailler, la mendicité fut totalement détruite dans le pays où ce mal était peut-être le plus profondément invétéré. J'étais alors à Bruxelles, et j'ai pu me convaincre par mes yeux qu'en fait d'administration tout est possible au talent joint à la persévérance.

Depuis quelque temps les mendiants ont envahi de nouveau cette capitale; les rues, les promenades publiques en sont inondées; mais ce ne sont plus, comme autrefois, ces pauvres couverts de haillons, hideux de misère et d'infirmités apparentes; ceux-ci ont habilement tiré parti des derniers événements de la guerre : on a vu sortir des faubourgs de Paris une nuée de mendiants en habits de paysans francs-comtois, alsaciens, champenois, bourguignons, dont les prétendues chaumières avaient été brûlées, les fermes pillées, les récoltes détruites; j'ai vu même une femme qui cherchait à exciter la compassion par un malheur que toutes les aumônes du monde ne sauraient réparer. Quelques-uns de ces misérables, qui spéculent en même temps sur la pitié et sur les malheurs publics, n'ont pas craint, pendant quelques jours, de déguiser leur turpitude sous une capote et un schackos militaires, et de déshonorer l'habit d'un soldat français! Mais l'opinion a bientôt fait justice de ces jongleurs, dont la sollicitude paternelle du gouvernement décelait trop évidemment la fourberie. Dans cette nouvelle émission de mendiants, il s'en trouve plusieurs qui demandent l'aumône en plein jour, tout aussi bien vêtus que ceux auxquels ils s'adressent. Le coryphée de l'espèce est un homme d'une quarantaine d'années, que l'on rencontre habituellement sur le boulevard Italien ou dans la rue de Provence; un habit de drap neuf, une coiffure soignée, et des bas de soie blancs ne laisseraient pas soupçonner la profession qu'il exerce; aussi a-t-il soin de vous en prévenir de loin par un salut, qu'il accompagne gravement de ces mots : *Je demande l'aumône;* tout prêt à répondre, comme le mendiant espagnol, à ceux qui seraient tentés de lui faire quelques observations : *Je vous demande de l'argent, et non pas des conseils.* Cet homme, dont je me suis amusé à examiner le manége, a une servante qui vient le prévenir quand son dîner est servi, et qui lui apporte le soir une redingote ou un parapluie, suivant le temps qu'il fait.

Ces hommes qui mendient le superflu me conduisent, par une transition insensible, à parler de ceux qui mendient les richesses. Vareuil est le modèle par excellence des mendiants de cette classe : avec vingt-cinq mille livres de rente, veuf et sans enfants, rien ne l'empêcherait de mener une vie honorable, d'occuper agréablement, ou même utilement, ses loisirs; il aime mieux tendre la main dans l'antichambre d'un traitant, et obtenir, à force de bassesses, un intérêt, sans mise de fonds, dans une entreprise où il ne risque que son honneur.

Viennent ensuite, dans l'ordre inverse où je les ai classés, les mendiants de réputations littéraires. C'est le plus souvent à la porte des journalistes qu'on les trouve demandant l'aumône. Ils ne sollicitent d'abord, en toute humilité, qu'*une petite annonce* pour un *petit* ouvrage : l'ont-ils obtenue, ils se hasardent à demander, par grace, *un petit ar-*

ticle. Ils le font eux-mêmes, pour vous en éviter la peine, et sont toujours là pour le glisser dans la feuille le jour où l'on est embarrassé sur les moyens de la remplir. Les pauvres de cette espèce sont moins délicats que les autres mendiants : ils ne font pas scrupule d'aller sur les brisées de leurs confrères ; et quand ils ne peuvent arriver, ils sollicitent alors pour qu'on ne laisse point passer les autres.

De tous les mendiants de cour, le plus illustre et le plus malheureux est ce pauvre comte de Morval : il a soixante-dix-sept ans, un grand nom, une grande fortune ; il a toutes les dignités ; il jouit de tous les honneurs attachés à son rang et à sa naissance ; courbé sous le poids des ans et des infirmités, il aurait besoin du repos, qu'il aime et qu'il peut goûter avec tant de charme au sein de sa famille ; mais il lui manque un titre pour que sa femme ait à la cour un privilége qu'elle ambitionne, et c'est pour satisfaire une vanité puérile, dont il partage le ridicule, qu'il se rend chaque jour au château, sans égard pour l'asthme dont il est atteint, et qui lui fait mesurer avec tant d'effroi le grand escalier, au haut duquel il n'est jamais sûr de parvenir en vie. Que ne parle-t-il ? Sans doute il obtiendrait l'objet de ses vœux ; car on doit, au moins, de la pitié au vieillard octogénaire qui mendie la faveur.

N° XXV. [17 SEPTEMBRE 1814.]

POUR ET CONTRE.

TROISIÈME SOUPER DE M. GUILLAUME.

Infantes sumus, et senes videmur.
MART., ep. LXX.

Nous sommes des enfants, et nous paraissons des vieillards.

Tout le mal est venu (continua M. Moussinot en s'asseyant à table et en attachant sa serviette à sa boutonnière) de ce que nous avons voulu avoir plus de raison et plus d'esprit que nos pères; or donc, le remède est tout simple: remettez les choses comme elles étaient. Je défie qu'on se tire de là.

DUTERRIER.

Voilà ce qui s'appelle un vigoureux raisonnement; je ne vois pas, en effet, ce qu'on pourrait y répondre, et c'est tout simplement pour soutenir la conversation que je demanderai à M. Moussinot ce qu'il entend par *nos pères*.

MOUSSINOT.

Eh parbleu! j'entends.... les maris de nos mères, de nos grand'mères, de nos bisaieules, etc.

DUTERRIER.

Fort bien; mais avant de remettre les choses comme elles étaient du temps de nos pères, il faut savoir desquels vous parlez. S'agit-il de nos pères les Gaulois, vous nous obligerez à rétablir la fête du *gui de chêne*, et l'usage un peu dur de brûler, de temps à autre, des petits enfants dans des corbeilles d'osier en l'honneur de Teutatès; c'est à quoi vous n'aviez peut-être pas pensé. Si vous voulez vous en tenir à nos pères les Francs, vous voilà déclaré *vilain*, M. Moussinot, et, qui pis est, *serf* de M. le comte de Clénord, ici présent, et sur le *fief* duquel vous avez pris naissance. Vous contentez-vous de remonter aux croisades, alors vous trouverez bon que j'en appelle au *jugement de Dieu* pour terminer le petit procès que nous avons ensemble, et que je vous prouve mon bon droit à grands coups de lance ou de pertuisane.

MOUSSINOT.

Plaisanterie que tout cela! Je ne date pas de si loin, et ne reconnais pour ancêtres que de bons Français comme vous et moi.

M. GUILLAUME.

Mais à quelle époque placez-vous ces bons Français-là? car encore faut-il savoir quels sont les temps et les hommes que vous nous proposez pour modèles.

MOUSSINOT.

Je ne suis pas fier, moi, et je n'ai pas fait des recherches pour m'assurer si les Moussinot étaient connus du temps des croisades; mais j'ai des baux et des contrats en bonne forme qui prouvent qu'un de mes aïeux parisiens avait déjà pignon sur rue du temps de Henri IV : voilà mon roi, voilà mon époque, et voilà où je veux en revenir.

DUTERRIER.

Nous préserve le ciel, M. Moussinot, de ce bon temps où la France, couverte encore des plaies de la guerre civile, était sans force au-dedans, et sans autre considération au-dehors que celle qu'elle tirait de son monarque; où les grands chemins avaient disparu sous les ronces; où cette capitale, réduite à cent-quatre-vingt mille habitants, n'était, pendant la nuit, qu'une vaste caverne de voleurs; où, dans l'espace de dix ans, le meilleur des rois et des hommes eut à se défendre cinq fois du fer des assassins, sous lequel il finit par expirer!

DUBUISSON.

Vous avez beau jeu, messieurs les savants, quand il s'agit de disputer l'histoire à la main; mais, en présence des faits, nous sommes aussi habiles que vous, et j'espère que vous ne trouverez pas mauvais que nous fassions des vœux pour voir renaître ces jours de paix et de bonheur où nous avons vécu, et que nous maudissions de toute notre ame cette infernale révolution qui les a détruits.

DUTERRIER.

Je partage votre haine pour les excès de la révolution; mais je ne veux pas que l'on ferme les yeux sur les abus qui l'ont fait naître : je ne vois pourtant pas d'inconvénients à la maudire, pourvu que nous en profitions.

DUBUISSON.

Profiter de quoi ?

DUTERRIER.

De l'expérience de nos malheurs, et de quelques avantages qu'ils nous ont procurés.

DUBUISSON.

Grand merci de vos avantages! ils ont été achetés trop cher.

DUTERRIER.

J'en conviens; mais, puisqu'ils sont payés, nous serions bien dupes de n'en pas jouir.

DUBUISSON.

Je sais tout le mal que la révolution a fait; quant au bien, je suis encore à m'en apercevoir.

DUTERRIER.

Sans parler de quelques bienfaits politiques dont l'importance ne sera bien appréciée que par nos neveux, cette époque désastreuse a vu naître plusieurs institutions qu'il serait aussi extravagant de laisser détruire qu'il eût été dangereux d'en laisser subsister d'autres.

MOUSSINOT.

Extravagante ou non, je ne ferais grace à aucune.

M. GUILLAUME.

Pas même à ce *nouveau système d'unité des poids et mesures,* réclamé depuis si long-temps par tout ce qu'il y avait d'hommes raisonnables en France? pas même à l'institution du *jury* en matière criminelle? pas même à cette belle organisation de l'*Institut,* si utile aux progrès des connaissances humaines, qui trouvent un appui mutuel dans le lien qui les unit sans les confondre?

CLÉNORD.

J'ai mon fils à l'École polytechnique, et, tout ennemi que je suis des innovations, je me déclare le partisan le plus zélé d'un établissement d'où sont sortis des savants du premier mérite, des officiers d'artillerie et du génie auxquels nos armes out dû, depuis vingt ans, une partie de leur gloire, et dont les plus jeunes élèves, dans la terrible journée du 30 mars, ont donné, sur la butte Saint-Chaumont, l'exemple d'un courage au-dessus de tout éloge, et digne du succès qu'il n'a point obtenu.

FREMINVILLE.

Admire qui voudra toutes ces écoles, tous ces établissements militaires; on n'en supprimera jamais autant que je le desire. De quelque côté que l'on tournât ses pas autour de cette capitale, on s'y croyait dans un séminaire de soldats : école d'artillerie, école de cavalerie, école de fifres et de trompettes ; on eût dit qu'il n'y avait plus d'autre science au monde que l'exercice : nos enfants étaient enrégimentés au sortir du berceau ; leur premier vêtement était un uniforme, leur première coiffure un schakos, et leur premier joujou un fusil ou un sabre. Puis après, marche à la gloire ! et reviens si tu peux.

DUTERRIER.

On avait, sur ce point comme sur tant d'autres, poussé les choses hors de toute mesure ; ce qui n'empêche pas que le système d'instruction militaire ne fût essentiellement bon, et qu'il ne soit à desirer qu'on en conserve les bases. J'en dis autant de l'Université, recréée sur les seuls principes qui conviennent au but de son institution, aux intérêts de l'état et aux progrès des lumières.

FREMINVILLE.

N'admirez-vous pas aussi cette discipline militaire introduite dans les lycées, transformés en casernes, et ne trouvez-vous pas de très bon goût de voir le successeur des Rollin, des Hersan, des Goffin, visiter les classes comme un officier-général visite un poste, au son du tambour ; inspecter des élèves qui tenaient d'une main leur fusil, de l'autre le *Gradus*, et qui lui récitaient *l'École du Fantassin* au lieu des vers de Virgile ou d'Horace ?

DUTERRIER.

La plaisanterie est si bonne qu'on l'a prise au sérieux, et que d'un mot, l'abus, si c'en était un, a été réformé; ainsi n'en parlons plus.

MOUSSINOT.

Moi, sur toutes ces choses-là je n'ai qu'une manière de raisonner, et je m'en trouve à merveille: tout ce qui s'est fait avant 1788 était bien; tout ce qui s'est fait depuis ne vaut pas le diable, et je ne sors pas de là.

DUBUISSON.

Notre ami, M. Moussinot, est si fort sur ses principes, qu'il m'assurait hier que, s'il était roi d'Espagne, il voudrait, par la même ordonnance, rétablir l'inquisition et défendre la *vaccine*.

CLÉNORD.

Je suis bien, à quelques égards, du nombre de ceux qui préfèrent de bons vieux préjugés à des innovations trop souvent dangereuses, et je ne serais pas embarrassé de présenter cette préférence comme une vérité politique qui n'est, je le sens bien, qu'un paradoxe en morale; mais je ne vais pas si loin que mon voisin Moussinot, et je suis prêt à convenir qu'en dépit de leur date il faut conserver à tout prix :

Ce *Conservatoire des arts et métiers*, établissement unique en Europe, où l'on a réuni les modèles en grand de la plupart des machines connues, où le public est admis, où les artistes, les ouvriers, sont accueillis avec une extrême bienveillance, et trouvent, dans une école de dessin annexée à cet établissement, l'instruction dont ils ont besoin pour apprendre à dessiner les machines dont ils ont le modèle sous les yeux;

Ce *Comité de vaccine*, à qui nous devrons bientôt l'extinction de la petite vérole;

Cette *Société d'encouragement*, formée par des souscriptions volontaires, qui donne des prix et fait des avances aux artistes, et qui a rendu de si grands services à l'industrie nationale;

Ce *Conservatoire de musique*, qui a déjà porté au plus haut point de perfection l'exécution instrumentale, et qui a, pour ainsi dire, *nationalisé* en France un art charmant dont l'Italie semblait s'être réservé le privilège.

Je m'oppose aussi de toutes mes forces à ce qu'on néglige une branche d'industrie rurale à la prospérité de laquelle notre agriculture et nos fabriques de laine sont également intéressées.

MOUSSINOT.

Vous voulez parler des *mérinos;* pour ceux-là, j'y tiens, et j'y tiens en toute sûreté de conscience; car c'est à notre bon Louis XVI que nous sommes redevables de l'introduction des troupeaux espagnols. Tel que vous me voyez, j'ai suivi toutes les expériences de Rambouillet, depuis 1786 : j'ai vu croître et se perfectionner, par les soins infatigables de notre savant M. Teissier, ce magnifique troupeau, devenu la souche de tous ceux qui se trouvent aujourd'hui répandus sur le sol français, et notamment de celui que j'ai élevé moi-même dans ma belle terre du Gâtinais, et dont je me suis avantageusement défait l'année dernière.

DUTERRIER.

On a dû à cette importation et à cette multiplication des mérinos des avantages sans nombre ; on touchait au moment d'en recueillir le fruit le plus important, celui d'affranchir notre industrie du tribut considérable qu'elle payait à l'étranger pour alimenter les manufactures de draps : eh bien ! grace à l'avarice de nos fabricants et à l'incurie de l'administration, tous ces avantages sont à la veille d'être perdus : le prix des laines de mérinos n'excédant presque plus celui des toisons grossières, déjà les propriétaires de troupeaux de race espagnole vendent leurs agneaux aux bouchers, et engraissent leurs brebis dans la même intention, d'où il suit qu'avant deux ans nous n'aurons plus de mérinos en France, et que nous serons, comme par le passé, forcés d'exporter annuellement des sommes considérables pour l'achat des laines fines, si le gouvernement, sans égard aux réclamations intéressées de quelques fabricants, ne se décide pas, d'après le vœu bien prononcé des propriétaires de troupeaux et des sociétés d'agriculture, à établir une utile concurrence, en permettant l'exportation des brebis, des béliers mérinos et de leur laine.

CLÉNORD.

Un abus de cette nature est détruit aussitôt qu'il est connu; songeons à la prospérité de nos manufactures, mais n'oublions pas que la première de toutes est l'agriculture : *quelle manufacture* (dit avec raison le savant agronome que l'on vient de nous citer) *que celle qui fournit à un royaume plus de deux milliards de revenus!* Je suis cultivateur, et je n'adopte pas plus facilement les théories nouvelles en fait d'agriculture qu'en fait de politique; mais je n'en préconise pas avec moins de chaleur les découvertes dont j'ai reconnu l'utilité; et, n'en déplaise à M. Moussinot, les paniers dont se servaient nos pères pour élever les abeilles ne valaient pas les *ruches pyramidales* de l'invention de M. Ducouëdic [1], que j'ai introduites, avec beaucoup de succès, dans le canton que j'habite; car, après tout, comme dit d'Alembert, il n'y a *que la raison qui finisse toujours par avoir raison.*

MOUSSINOT.

Or donc, et pour en revenir de vos mérinos à nos moutons, puisque la raison nous dit que nous étions, en 1788, les plus heureux de la terre, re-

[1] Voyez la *Journée de l'Homme des champs*, par M. Ducouëdic.

mettons-nous comme nous étions en 1788, et reconstruisons l'édifice monarchique sur les bases de l'*Almanach royal* de cette même année.

DUTERRIER.

J'ajoute, pour compléter votre idée et celle de beaucoup de gens dont vous êtes l'écho : Détruisons ces ponts qui facilitent les communications entre les deux rives de la Seine ; remettons le Louvre dans l'état de délabrement où il était ; reconstruisons ces baraques qui obstruaient la place du carouzel, les nids à rats qui surchargeaient le pont Saint-Michel ; rendons aux moines le cinquième du territoire français ; rétablissons la dîme en faveur du clergé, etc., etc., et dix pages d'etc.

CLÉNORD.

Tenez, mon cher M. Moussinot, n'exagérons rien, de peur d'ôter tout crédit à nos paroles : profitons du bien qui s'est fait, sans égard, et, si vous voulez même, sans reconnaissance pour ceux qui l'ont opéré ; et permettez-moi une petite comparaison qui mettra mon idée dans tout son jour : je suppose qu'un torrent a passé sur votre belle terre du Gâtinais, dont vous nous parliez tout-à-l'heure : en travaillant à réparer ses ravages, vous vous apercevez que ce torrent dévatateur a fait jaillir une source dans un endroit privé d'eau ; qu'il a comblé de débris une fondrière énorme qui gênait vos transports ; qu'il a fertilisé une bruyère où ses eaux ont séjourné ;

votre haine pour les torrents et le souvenir de vos pertes vous empêcheraient-ils de profiter des avantages partiels que ce fléau vous aurait procurés? Il en est de même du torrent révolutionnaire : ses débris ont servi à élever des monuments utiles ; ses flots ont nettoyé quelques marais ; son limon même, déposé çà et là sur quelques landes, les a fécondées. Réparons les maux que le torrent a faits ; mais ne soyons pas assez fous pour nous priver du bien qu'il a produit.

N° XXVI. [2 OCTOBRE 1814.]

COURTISANIANA.

>Quand Auguste avait bu, la Pologne était ivre.
>
>FRÉDÉRIC II, *roi de Prusse*

On trouve dans l'histoire des dynasties d'Aboulfarage, que le calife Mansoul avait un fils unique à l'éducation duquel il donnait tous ses soins. Moti-Lillah (c'est le nom du jeune prince) voyageait sous la conduite d'un sage gouverneur, et se trouvait dans le Korassan lorsqu'il apprit, avec une douleur inexprimable, la mort de Mansoul, au trône duquel il était appelé par sa naissance moins encore que par le vœu du peuple, dont son père avait été l'idole. Le prince, tout occupé de sa douleur, laissa faire à son mentor les préparatifs de son départ, et prit avec lui la route de Bagdad.

Chemin faisant, il recueillit avidement les conseils que lui donna son gouverneur Alibour, auquel il ne dissimulait pas avec combien d'inquiétude il se voyait, si jeune, chargé des destins d'un empire. « Grand prince, lui dit Alibour, l'art de gouverner

« des hommes n'est, en grande partie que l'art de
« les connaître, et c'est par les courtisans qu'un roi
« doit en commencer l'étude. L'expérience vous en
« paraîtrait longue et pénible; mais si Votre Hau-
« tesse consent à faire usage de ma méthode, j'ose
« répondre qu'elle saura, dès le premier jour, à quoi
« s'en tenir sur le caractère des principaux person-
« nages de sa cour. » Moti-Lillah consentit à tout,
et, d'après les conseils de son gouverneur, il arriva
incognito dans son palais. Le bruit de son arrivée
ne tarda cependant pas à se répandre; et tous les
grands, empressés de lui rendre leurs hommages,
se présentèrent auparavant chez Alibour, afin d'obtenir de lui quelques renseignements sur les goûts,
les dispositions et l'humeur du nouveau calife.

Le premier dont il reçut la visite fut le grand
iman, homme de vie et mœurs exemplaires sous
l'ancien régime; il savait l'Alcoran par cœur, et avait
fait le voyage de la Mecque. Alibour lui apprit,
sous le secret, que le seul défaut du jeune prince
était une passion insurmontable pour le vin, qu'il
avait contractée dans ses voyages, et à laquelle il se
livrait sans réserve.

A l'iman succéda le grand-visir, vieillard cacochyme et vieilli dans les affaires, à qui le gouverneur confia que son royal élève n'avait d'autre goût
que celui de la parure, dont il faisait son unique
occupation.

Vint ensuite le chef des émirs, brave soldat qui avait passé sa vie dans les camps, et ne connaissait d'étude et de plaisirs que ceux de la guerre; aussi fut-il très fâché d'apprendre que les arts d'agrément, la musique et la danse étaient les seuls que le prince cultivât, et qu'il se plût à récompenser dans les autres.

Le dernier qui se présenta chez Alibour était le chef des eunuques: ce ne fut pas sans en concevoir de vives inquiétudes qu'il reçut la confidence des goûts militaires, de la passion de Moti-Lillah pour le métier des armes, auquel il paraissait vouloir consacrer sa vie entière.

Le jour de la présentation arrive; la foule des courtisans vulgaires assiégea le palais, et chacun s'efforça, par les signes extérieurs de l'abjection la plus profonde, d'attirer sur soi un regard du calife. Les ministres parurent les derniers au divan, et je laisse à penser quel fut l'étonnement du prince à l'aspect de son vieux visir avec une petite barbe blonde bien parfumée, un cafetan bleu-de-ciel, brodé en argent, un turban posé sur l'oreille et surmonté d'une aigrette, affectant les allures et les manières d'un jeune étourdi de Bagdad. Le grand iman suivait le visir en chancelant sur ses jambes; son teint, naturellement blafard, paraissait enflammé de tous les feux du vin de Schiras qu'il avait bu; sa langue épaisse articulait avec peine quelques mots sans suite qui trahissaient l'état d'ivresse où il paraissait se complaire. Le chef des émirs se présenta en fredonnant un air nouveau, et en faisant quelques glissades qui annonçaient son goût et son talent pour la danse. Le prince ne savait que penser de ces travestissements, et commençait à manifester son courroux, lorsque la figure grotesque du chef des eunuques, affublé d'un casque et d'une cuirasse, vint dérider son front et désarmer sa colère. Comme il paraît convenu que les courtisans ne doivent jamais se rire au nez, quelque ridicule que soit le masque dont ils jugent à propos de se couvrir, ils attendirent, pour se moquer les uns des autres, que le prince leur en eût donné l'exemple; ce qu'il fit de bon cœur, en apprenant d'Alibour la cause, le but et le motif de cette singulière mascarade. L'historien persan ne rapporte pas la suite de cette aventure; mais, en parcourant les annales du règne de Moti-Lillah, on voit clairement que le calife profita des leçons d'Alibour, et qu'il sut apprécier à leur juste valeur le mérite et la franchise des courtisans.

La race en est ancienne, et se reconnaît aux mêmes marques dans tous les temps et dans tous les pays. Pense-t-on que les courtisans d'Alexandre, qui portaient la tête penchée sur l'épaule gauche, parceque le monarque macédonien avait pris cette habitude; que les favoris de Philippe, qui se couvraient un œil, parceque ce roi était borgne; que ceux de je ne sais plus quel électeur de Saxe, qui se grossissaient le ventre avec des fourrures, pour imiter la difformité de leur maître; pense-t-on, dis-je, que tous ces courtisans soient d'une espèce différente que les ministres du calife de Bagdad, et qu'en pareille occasion ils se fussent montrés plus scrupuleux sur les moyens d'arriver à la faveur?

On doit convenir, cependant, que, si l'esprit des courtisans est le même, l'art qu'ils exercent a fait de grands progrès; on flatte maintenant avec infiniment plus d'adresse; on est parvenu à dissimuler jusqu'à sa dissimulation. Aristippe avait découvert *que les grands ont leurs oreilles aux pieds:* on a remarqué depuis qu'ils ont leurs yeux aux genoux, et qu'ils voient mal tout ce qui s'élève plus haut.

Les Romains, sous la république, affectaient un mépris souverain pour la flatterie; mais à peine curent-ils prononcé le nom d'empire, qu'ils atteignirent, dans l'art des courtisans, le sublime de la bassesse. César, trois mois après avoir passé le Rubicon, fut appelé *le père de la patrie.* Octave devint *Auguste*, et, de son vivant, Auguste devint dieu. Un décret du sénat donna à César des droits d'époux sur toutes les dames romaines; et ce même corps, qui disposa pendant quatre siècles de tous les trônes du monde, s'assembla, sous Domitien, pour délibérer à quelle sauce l'empereur devait manger un turbot!

Les courtisans, qu'il ne faut pas toujours confondre avec les hommes de cour, n'ont jamais été jugés plus sévèrement que par leurs maîtres. François I*er* voyait en eux *des enfants de tribus qui n'ont point de parents;* Alphonse de Portugal les comparait *à des plats arrangés avec symétrie sur la table, pendant la durée du festin, et confondus dans la cuisine, quand on vient à laver les écuelles;* le Régent définissait le courtisan par excellence, *un homme sans honneur et sans humeur.*

Ce n'est guère qu'au règne de Louis XIII, ou plutôt du cardinal de Richelieu, que les Français commencèrent à se distinguer dans l'art de préparer, à la cour, le poison de la flatterie (car Henri IV n'est pas connu par ses flatteurs; il a le mérite, bien plus rare chez les rois, de l'être par ses amis). Cet excellent prince aimait la vérité, et se plaisait à l'entendre; c'est un des avantages qu'il eut sur Frédéric, qui ne l'écoutait pas toujours avec plaisir, même dans ses petits soupers de Postdam: *Messieurs, taisons-nous,* disait-il souvent, *voici le roi.* On n'aurait pas dit impunément à Frédéric, comme à Henry IV : *Sire, dormez encore, nous en avons bien d'autres à dire sur votre compte.*

Louis XIII n'a pas été gâté par les flatteurs; c'est encore une obligation qu'il eut à son ministre, dans l'antichambre duquel toute la noblesse venait *piquer le coffre,* pour me servir de l'expression de Longuerue. Richelieu vit à ses pieds, pendant quinze ans, les grands, le clergé, et les gens de lettres. Parmi ces derniers, Corneille est le seul qui ne craignit pas de lui résister ouvertement; mais l'auteur du *Cid*, qui défendit sa gloire littéraire contre le cardinal avec un si noble courage, céda au besoin de flatter le trésorier de l'épargne, qui ne payait pas très exactement la pension du poëte. Corneille n'avait pas appris de Pindare le secret de *demander harmonieusement l'aumône*. Il n'y a pas un chambellan, de nos jours, qui ne hausse les épaules de pitié, en lisant l'épître dédicatoire de *Cinna* : rien de plus ridicule et de plus impertinent, il faut bien l'avouer, que cette comparaison que le grand Corneille s'efforce d'établir entre M. de Montoron et l'empereur Auguste ; on voit qu'il est tout près d'en convenir lui-même ; *J'ai vécu si éloigné de la flatterie*, dit-il, *que je pense être en possession de me faire croire lorsque je donne des éloges, ce qui m'arrive rarement*.

Louis XIV donna, du moins, de beaux prétextes à la flatterie; sans doute elle en abusa, mais on est bien près d'approuver les éloges que l'esprit assaisonne. Boileau, dans ce genre, n'eut de rival heureux que Voltaire. Que d'esprit et de grace dans cette distinction que Boileau fit chez madame de La Fayette, où l'on remarquait que l'usage permettait alors de se servir indifféremment du mot *gros* ou *grand*, et de dire *une grosse* au lieu d'une *grande* réputation; *un gros*, au lieu d'un grand mérite : «Tout ce qu'il vous plaira, dit l'ingénieux satirique; mais on ne me fera jamais entendre que Louis-*le-Gros* soit la même chose que Louis-*le-Grand*. »

Il y a un peu moins de délicatesse dans cet exorde d'un capucin qui, prêchant à Fontainebleau devant Louis XIV, commença ainsi son sermon :

Mes frères, nous mourrons tous. Puis, s'arrêtant tout-à-coup, et se tournant vers le roi : *Oui, Sire, nous mourrons presque tous*.

Les mémoires du temps s'accordent à peindre le duc de Grammont comme le plus spirituel et le plus fin courtisan de cette époque. Il entra un jour dans le cabinet du cardinal sans être annoncé; Son Éminence, dans un de ces moments de distraction qu'elle ménageait à son esprit, s'amusait à sauter à pieds joints contre la muraille. Le duc sentit sur-le-champ combien il était dangereux de surprendre un premier ministre dans une occupation aussi puérile : un sot se serait retiré en balbutiant des excuses auxquelles une bonne disgrâce eût servi de réponse; l'habile courtisan ne commit pas une pareille faute : il entre avec précipitation, et s'écrie : *Je parie cent écus que je saute plus haut que Votre Éminence;* et le duc et le cardinal de sauter à l'envi ! Grammont eut de plus l'esprit de sauter de quelques pouces moins haut que Monseigneur, et de perdre son pari. Six mois après, il fut fait maréchal de France.

Jamais souverain ne fut mieux flatté que Louis XIV ; mais Napoléon le fut davantage, comme j'aurai bientôt occasion de le remarquer. Dans les dernières années du grand roi, l'adulation se montra, sinon plus ingénieuse, du moins plus recherchée. Pendant qu'on décorait les jardins de Versailles des chefs-d'œuvre de Coustou, de Coysevox, etc., Louvois avait imaginé de faire placer des statues hors d'aplomb sur leurs piédestaux ; l'inclinaison était assez remarquable pour qu'elle sautât aux yeux du roi, qui demanda qu'on la fît disparaître ; Louvois soutint fortement que la statue était d'aplomb sur sa base ; Mansard et Le Nôtre, qui avaient le mot, se rangeaient du côté du ministre ; le roi, sûr de son fait, ordonna qu'on vérifiât la perpendiculaire au moyen du niveau ; l'instrument donna gain de cause au roi : et les courtisans de s'extasier sur la justesse du coup d'œil de Sa Majesté !

Vers la fin de ce règne, la flatterie finit par perdre toute pudeur : Louis XIV, devenu vieux, se plaignit un jour, à table, de n'avoir plus de dents : « *Eh! Sire, qui est-ce qui a des dents?* » s'empressa de répondre La Roche-Aimon, en s'efforçant d'en cacher de superbes. Le maréchal Villeroy, le plus intime favori de ce monarque, dont plusieurs défaites désastreuses n'avaient pu diminuer la faveur, s'y maintenait pas des mots semblables. Le roi, qui avait la faiblesse de ne pas savoir vieillir, s'informait de l'âge d'un ancien officier qui demandait sa retraite. « Quel âge a-t-il donc? demanda le roi au maréchal. —*Mais, Sire*, répondit celui-ci, *l'âge de tout le monde, soixante-six ans.* » Louis XIV, qui trouva cette réponse toute simple, rit pourtant beaucoup de celle de cet apprenti courtisan, à qui ce prince demandait quand accoucherait sa femme, et qui lui répondit avec un profond salut: *Quand il plaira à Votre Majesté.*

Louis XIV vivait au milieu de cette nuée de vieux courtisans qui tâchaient de faire oublier à ce prince les revers de ses armes et les ravages irréparables des années qui s'accumulaient sur sa tête. Cette époque fonda la gloire du fameux *OEil-de-Bœuf*, séminaire des courtisans du dix-huitième siècle, dont l'éclat (pour ne pas me servir d'une expression plus juste) fut depuis effacé par celui des antichambres des Tuileries et de Saint-Cloud. Cet *OEil-de-Bœuf*, inconnu à la grande majorité de la génération actuelle, était la dernière pièce des grands appartements du château de Versailles, et précédait la chambre à coucher du roi. C'est là qu'en attendant le lever, venaient se réunir les grands seigneurs et les courtisans (car je ne puis trop répéter que ces deux mots ne sont pas essentiellement synonymes); là chacun venait, selon l'événement ou la nouvelle du jour, composer son air et son maintien ; pleurer sur la défaite d'Hochstedt, ou se réjouir sur la victoire de Denain; s'informer de quel front il fallait aborder tel ou tel ministre; s'il fallait saluer Torcy ou tourner le dos à Pompoune. C'est là que présidait le maréchal de Villeroy,

> Favori de Louis plus que de la victoire,
> Et grand à l'*OEil-de-Bœuf,* mais petit dans l'histoire.

Ce doyen des courtisans endormait le roi dans des idées de grandeur qui n'étaient plus que des souvenirs. C'était à qui lui dissimulerait mieux sa décadence et celle de l'état. On ne lui offrait au théâtre, que les fades prologues de Quinault; l'évêque de Noyon, Clermont-Tonnerre, fondait un prix *annuel,* dont l'objet devait être de célébrer périodiquement et éternellement les vertus de ce monarque; et le duc de Grammont sollicitait un brevet d'historiographe, c'est-à-dire de *flatteur breveté* (pour appeler les choses par le nom que leur donne Duclos). Ce même écrivain, qui exhale si énergiquement sa bile contre les courtisans de cette époque, qu'il qualifie d'*empoisonneurs,* s'il eût vécu un demi-siècle de plus, n'aurait plus trouvé dans la langue d'épithète pour exprimer son indignation.

Louis XIV tomba malade, et la foule, qui diminuait à sa cour en raison des progrès de la maladie, se grossissait chaque jour à celle du Palais-Royal; aussi le duc d'Orléans, pour connaître au juste l'état de la santé du roi, se contentait-il de s'informer s'il y avait eu, le matin, beaucoup de monde à l'OEil-de-Bœuf.

Il y a trois espèces de flatteries ; la flatterie de parole, la flatterie d'action, et la flatterie d'imitation ; on les employa toutes trois auprès de Louis-le-Grand : on ne fit guère usage, pour plaire au régent, que de la flatterie d'imitation, la plus fine de toutes, et la plus commode auprès d'un prince ami du plaisir. Les courtisans qui s'étaient montrés, sous le règne du feu roi, les plus assidus au sermon, se montrèrent pendant la régence les plus assidus à l'Opéra; on se fit débauché, comme on s'était fait dévot, pour faire sa cour. Les plus grands, ou si l'on aime mieux, les plus bas flatteurs de Louis XIV, devinrent les *roués* du régent, et ceux à qui l'âge interdisait les fonctions d'une pareille charge, en sollicitèrent, pour leurs enfants, l'honorable survivance.

Adrien fit élever un temple à Antinoüs, et trouva des prêtres ; comment s'étonner que Law et Dubois aient eu des flatteurs ? N'a-t-on pas dit que la peste en trouverait, si elle avait des places et des pensions à donner ? L'aventurier irlandais vit se vérifier la boutade de ce grand seigneur qui disait ingénument : *Je déclare que je deviens l'ami et même un peu le parent de tous ceux qu'il plaira au roi de nommer surintendants des finances.* Law trouva en France, pendant son court ministère, des parents sur lesquels il n'avait pas compté, et qui lui prouvèrent, après sa banqueroute, qu'il avait eu raison.

De tous les flatteurs de Dubois, le plus hardi, sans doute, celui qui démontra le mieux jusqu'où peut descendre la bassesse, est cet évêque de Nantes qui se chargea de sacrer l'*infame*, pour le faire asseoir dans la chaire de Fénélon. Il eut l'avantage d'étonner le régent, qui ne s'étonnait pas facilement, comme chacun sait.

On a vu, par la définition que ce prince a donnée du parfait courtisan, qu'il appréciait cette classe d'hommes à sa juste valeur. Il s'est souvent égayé sur leur compte avec autant d'esprit que de vérité. Il se plaisait à répéter ces mots d'Antisthène, l'élève de Socrate : *Les courtisans ont ce point de ressemblance avec les courtisanes, que les uns et les autres souhaitent à l'objet auquel ils s'attachent tous les biens, excepté le bon sens et la prudence.*

Les flatteurs sont comme les voleurs (disait-il un jour à l'auteur d'un ouvrage sur les dangers de l'instruction rendue trop populaire, dans lequel ce prince était loué avec exagération) : *leur premier soin est d'éteindre la lumière.*

Pour prouver que la flatterie naissait de la dépendance, le régent disait : *que les deux espèces d'hommes que l'on flattait le plus étaient les rois et les geôliers.*

Louis XV était enfant lorsqu'il parvint au trône :

Beauvilliers ou Fénélon eussent fait, des qualités naissantes de cet aimable prince, des vertus précieuses pour l'état; mais ce fut à Villeroy que le soin de son éducation fut confié. Un trait suffit pour caractériser un pareil gouverneur: une fête brillante avait attiré une foule innombrable dans les cours du château; Villeroy, en faisant remarquer au jeune roi, qu'il avait conduit sur un balcon, le peuple immense qui se pressait pour le voir, crut devoir lui donner cette utile leçon:

Sire, lui dit-il, *tout ce peuple est à vous; il n'y a rien là qui ne vous appartienne; vous êtes le maître absolu de tout ce que vous voyez.* On ne doit s'étonner que d'une chose: c'est qu'un prince élevé de cette manière n'ait pas été un tyran.

Ce n'est pas sur de pareils principes que le vertueux Montausier dirigeait l'éducation du dauphin. Ce prince tirait à la cible avec le jeune Créqui; celui-ci, beaucoup plus adroit à cet exercice, affectait néanmoins de mettre toujours plus loin du but que S. A. R. *Petit serpent*, s'écrie M. de Montausier en colère, *il faudrait vous étouffer.* C'est, je crois, ce même M. de Montausier qui disait *que les flatteurs trouvaient leur compte avec les grands comme les médecins avec les malades imaginaires: ceux-ci paient pour des maux qu'ils n'ont pas, et ceux-là pour des vertus qu'ils devraient avoir.*

Louis XV, après avoir été pendant vingt-cinq ans

l'idole de la nation, resta tout le reste de sa vie en butte aux libellistes et aux courtisans, et se montra, par indolence autant que par générosité de caractère, indifférent aux outrages multipliés des uns et aux serviles hommages des autres. Dans une visite qu'il faisait un jour dans les bureaux des affaires étrangères, on avait eu soin de laisser, par hasard, sur une table où l'on savait que le roi devait s'arrêter, un éloge pompeux de ses vertus et de ses qualités héroïques; on avait poussé l'attention jusqu'à placer auprès du papier des lunettes, dont Sa Majesté commençait à se servir. La chose arriva comme on l'avait prévu : le roi lut, en rougissant, l'impertinent panégyrique; mais ce à quoi l'on ne s'attendait probablement pas, c'est à l'observation qu'il fit, en jetant les lunettes sur la table: *Elles ne valent pas mieux que les autres*, dit-il; *elles grossissent ridiculement les objets.* Ce prince, d'un esprit très distingué, d'un jugement très sain, et malheureusement d'un caractère très faible, disait *que la vérité entrait dans l'oreille des rois dans la même proportion que l'argent dans leur coffre, un pour cent.* Je ne suis pas éloigné de croire qu'il s'exagérait encore une partie de ses richesses.

Vers le milieu du dernier siècle, quelques philosophes se mirent en tête d'introduire la vérité dans les cours; Voltaire donna l'exemple à Potsdam, et il ne lui manqua, pour réussir, que de douter un peu plus du succès. Aucun prince n'a témoigné plus de mépris pour les courtisans que le grand Frédéric : *On a tort,* disait-il un jour, *de les accuser de manquer absolument de caractère, de se modeler, en toute occasion, sur les maîtres: il est bien vrai qu'on les voit tristes, gais, libertins, dévots avec ceux qui le sont; mais les a-t-on jamais vus malheureux avec ceux qui le deviennent?*

Diderot avait été appelé en Russie par l'impératrice; dans l'un de ces soupers de *l'Ermitage*, plus agréables, quoique un peu moins gais, que ceux de *Sans-Souci*, le philosophe fit une sortie violente contre les flatteurs, qu'il termina en disant *qu'il faudrait un enfer exprès pour eux.* Catherine interrompit la conversation pour lui demander ce qu'on pensait à Paris de la mort du dernier czar. Diderot, qui sentit sur-le-champ la perfidie d'une pareille question, balbutia quelques mots de *nécessité politique... de raisons d'état.....* — *Monsieur Diderot,* lui dit froidement l'impératrice, *prenez-y garde, vous prenez tout au moins le chemin du purgatoire.*

C'est pourtant cette même princesse, que son caractère et son esprit mettaient si bien en garde contre l'adulation, que ses courtisans firent tomber dans le piége le plus grossier que la flatterie ait jamais dressé sous les pas d'un souverain. Dans un des voyages qu'elle fit dans ses vastes états, ses ministres, pour lui prouver les bienfaits de son règne, s'avisèrent de faire voyager des villes et des villages de carton, qu'on plaçait sur la route de Sa Majesté, au milieu des déserts qu'elle parcourait, et où elle était aussi surprise que flattée de trouver une population qui la précédait à son insu, et qui voyageait en poste dans les voitures de la cour.

La sévère probité de Louis XVI éloigna les flatteurs; ils trouvèrent auprès de la reine un accès plus facile, mais leurs rangs s'éclaircirent au premier nuage de la révolution : le dernier mot de courtisan que la reine entendit fut probablement la réponse de M. de Calonne à cette princesse, qui lui annonçait qu'elle avait quelque chose à lui demander: *Si Votre Majesté demande une chose possible, elle est faite; si elle demande une chose impossible, elle se fera.*

Je ne parlerai pas des flatteurs de Marat et de Robespierre, parmi lesquels figuraient en première ligne les exécuteurs des hautes-œuvres et leurs nombreux auxiliaires. Les flatteries de pareils courtisans, adressées à de pareils maîtres, devaient être ce qu'elles ont été, des hécatombes humaines.

Bonaparte, à qui seul il fut donné entre tous les hommes extraordinaires d'étonner le monde plus encore par sa chute que par sa prodigieuse élévation, ne se montra indigne du trône que du jour où il résolut d'y monter; il n'y fut pas plus tôt assis, qu'il s'y trouva pour ainsi dire bloqué par des légions de courtisans armés d'impudence et de bassesse, qui reculèrent, à sa honte et à la nôtre, les bornes de la servitude. Les rois de France, à toutes les époques de notre histoire, n'avaient guère trouvé de flatteurs que parmi ces grands qui s'intitulent eux-mêmes des serviteurs, et que Regnard appelle

> Des complaisants en charge et payés pour sourire
> Aux sottises qu'un autre est toujours prêt à dire;

et parmi ces écrivains faméliques que les Anglais ont flétris en croyant les honorer du nom de *lauréats*. Bonaparte, empereur, vit tous les corps de l'état se disputer la honte de diviniser ses folies et d'exalter ses funestes passions. Les hommes les moins prévenus en faveur de l'ancienne monarchie se ressouvinrent alors que les parlements, jadis, ne faisaient entendre leur voix au pied du trône que pour faire des remontrances au monarque, et que, dans leurs discours, l'éloge n'était, le plus souvent, qu'un prétexte pour faire entendre la vérité. Tous ceux qui s'adressaient à l'empereur semblaient imbus de cette maxime du poète persan : *Combattre l'opinion d'un roi, c'est tremper les mains dans son propre sang : si le prince dit, au milieu du jour, qu'il fait nuit, hâtez-vous d'ajouter que la lune est brillante, et que vous voyez les pléiades.*

L'adulation employa pour Napoléon des formules dont les flatteurs de Tibère et de Domitien auraient rougi de se servir; un préfet termina par ces mots la harangue qu'il adressait au vainqueur d'Austerlitz : *Quand Dieu eut fait Bonaparte, il se reposa.*

Un autre fonctionnaire, d'un rang plus élevé, avait sur son bureau un buste de l'empereur et le Code de la conscription : sur l'un était écrit en lettres d'or, *Voilà mon Dieu;* et sur l'autre, *Voilà ma loi.* Ce magistrat n'était pourtant pas le même qui essaya de prouver à la tribune que *la conscription était un moyen d'accroître la population*, tandis qu'un autre *y voyait un exercice utile à la santé des jeunes gens.*

Avant de parler des courtisans d'aujourd'hui, dont la plupart n'ont fait que retourner à la hâte leurs habits de la veille, il faut leur laisser le temps de s'habiller à neuf, de se recorder ensemble et de se partager les rôles. Tout ce dont on peut juger dans les premières répétitions, c'est que la pièce sera du genre le plus comique.

N° XXVII. [15 OCTOBRE 1814.]

UN VOYAGE EN DILIGENCE.

> Dans maint auteur de science profonde,
> J'ai lu qu'on perd trop à courir le monde
> GRESSET

Les Parisiens sont, en général, si profondément imbus de la vérité de cette maxime de Gresset, que l'idée d'un voyage est celle qui entre le plus difficilement dans leur esprit. La plus forte tête de l'Estrapade ou de la Cité permet à peine à son imagination de s'égarer à une lieue des barrières. Ces respectables citadins savent bien, par tradition, qu'il y a quelque chose au-delà de Montmartre et de Pantin; mais de quelle importance cela peut-il être à des yeux habitués aux merveilles de Paris?

Un homme de beaucoup d'esprit, de trop d'esprit peut-être, Crébillon fils, qui n'a dû sa réputation qu'à des ouvrages frivoles, et qui avait assez de talent pour la fonder sur des productions durables, est un des premiers qui se soient égayés sur ce ridicule des Parisiens. Il a composé (en société avec son ami Sallé) un petit ouvrage plein de sel, d'esprit et de naturel, sur un *Voyage de Paris à Saint-Cloud :* je ne m'écarte pas de mon sujet en citant un passage de cette burlesque Odyssée, où l'auteur décrit plaisamment les apprêts du départ de son héros :

« Je n'avais plus (c'est le voyageur lui-même qui
« parle) que quelques jours devant moi pour me
« disposer à partir. Je commençai par faire blan-
« chir tout mon linge, que j'étageai dans une malle,
« avec quatre paires d'habits complets de diffé-
« rentes saisons; deux perruques neuves, un cha-
« peau, des bas et des souliers aussi tout neufs; et
« comme j'avais entendu dire qu'en voyage il ne fal-
« lait s'embarrasser de bagage sur soi que le moins
« possible, je mis dans un grand sac de nuit tout
« mon nécessaire; savoir: ma robe de chambre de
« calmande rayée, deux chemises à languettes, deux
« bonnets d'été, un bonnet de velours aurore brodé
« en argent, des pantoufles, un sac à poudre, ma
« flûte à bec, ma carte géographique, mon compas,
« mon crayon, mon écritoire, un sixain de piquet,
« trois jeux de comète, un jeu d'oie et mes Heures;
« je ne réservai, pour porter sur moi, que ma montre
« à réveil, mon flacon à cuvette plein d'eau sans
« pareille, mes gants, mes bottes, un fouet, mon
« manchon de renard, mon parapluie de taffetas
« vert, ma grande canne vernissée, et mon couteau
« de chasse à manche d'agate. »

Il n'est personne qui n'ait, une fois dans sa vie, pris place dans un coche ou dans une galiote, qui ne puisse apprécier la vérité d'une peinture dont j'ai dernièrement retrouvé le modèle dans la diligence de Bordeaux.

Par goût, au moins autant que par économie, je n'aime point à voyager dans une chaise de poste, où l'on n'a le plus souvent pour compagnie qu'un domestique auquel on n'a rien à dire, ou un compagnon de voyage qui dort les trois quarts du temps. Je me suis quelquefois amusé à causer avec le postillon; mais indépendamment de la position incommode des interlocuteurs, et du bruit de la voiture qui vous force à répéter deux ou trois fois la même question ou la même réponse, on a bientôt appris le nom des châteaux qui se trouvent sur la route, et celui des voyageurs de marque qui l'ont parcourue dans la semaine. Parlez-moi d'une diligence bien chargée, bien pleine : c'est une petite ville ambulante qui a ses différents quartiers, son gouvernement, sa police, et jusqu'à ses spectacles; sa population, il est vrai, n'excède guère une trentaine d'individus, y compris les postillons et les animaux domestiques de la suite des voyageurs; mais cette population a ses lois, ses préjugés, ses rangs, et ses habitudes. L'intérieur de la diligence est le quartier du beau monde, la Chaussée-d'Antin de la diligence; le *cabriolet* en est le Marais, et l'*impériale* la Cité.

J'avais loué ma place huit jours d'avance, pour m'assurer celle du fond, la seule où je ne sois pas incommodé du mal de mer, auquel je suis sujet en voiture. Nous devions partir à minuit : à onze heures et demie toutes mes dispositions étaient faites, et j'étais installé dans la maison roulante qui devait me transporter des bords de la Seine à ceux de la Garonne.

Je passe légèrement sur les apprêts du voyage dont je me rappelle que mon prédécesseur, l'*Ermite de la Chaussée-d'Antin*, a donné l'année dernière [1] une description très exacte. Déjà les ballots, les malles, les porte-manteaux, les caisses de toute espèce ont été successivement placés dans les balances, évalués en kilogrammes, et déposés, suivant leur poids, dans les magasins ou sur l'impériale de l'énorme voiture; déjà le conducteur, sa feuille en main, est venu faire l'appel des voyageurs; un seul est en retard, c'est un militaire; n'importe, minuit sonne :

> On n'attend pas, chacun se place;
> Sous le poids de l'horrible masse,
> Déjà les pavés sont broyés :
> Les fouets hâtifs sont déployés,
> Qui, de cent diverses manières,

[1] Voyez le n° LXXIV du deuxième volume de *l'Ermite*, La Cour des Messageries.

Donnent à l'air les étrivières.
. . . .
Nos coursiers, ce bruit entendu,
Connaissant la verge ennemie
Rappellent leur force endormie :
Ils tirent ; nous les excitons ;
Les cochers jurent : nous partons.

Ce moment est celui des derniers adieux : on n'entend que ces mots: « Écrivez-moi ; portez-vous « bien. N'oubliez pas mes commissions. Bien des « choses chez vous ; embrassez mes enfants.... Bon « voyage ! »

Me voilà roulant dans les rues, au milieu d'une belle nuit dont le calme n'est troublé que par le bruit des roues de notre diligence, en possession d'ébranler périodiquement les maisons qui se trouvent sur son passage. Le silence profond qui régna pendant la première heure ne fut interrompu que par quelques bâillements et quelques soupirs de mes compagnons de voyage, dont j'essayais en vain de démêler quelques traits à la lueur fugitive des réverbères. La seule chose qui me fût bien démontrée, c'est que j'avais auprès de moi une grosse masse élastique et ronflante qui me tenait étroitement bloqué dans un coin. Je n'avais trouvé d'autre moyen de me conserver la faculté de respirer, que d'opposer la résistance de mon coude à la pression que mon voisin me faisait subir. Cet arc-boutant appuyé contre son flanc droit, auquel le jeu de ses poumons donnait un développement prodigieux, le forçait d'interrompre de temps en temps son bruyant sommeil, pour me dire: « Monsieur, votre coude me gêne. » A quoi je me contentais de répondre: « Monsieur, toute votre personne me gêne bien davantage. » Et il se rendormait.

J'aurais été long-temps sans deviner ce qui s'opposait à l'extension de mes jambes, si quelqu'un, moins endurant que moi, n'eût alongé si brusquement les siennes, qu'il en résulta un aboiement et un coup de dent sur une jambe qui me parut appartenir à un Anglais, à en juger par le *God dam* expressif dont il accompagna un second coup de pied contre l'animal, dont les cris réveillèrent sa maîtresse. Celle-ci, d'une voix aigre-douce, fit entendre les mots d'incivil, de brutal; l'Anglais soutint que *le chien il n'avait pas le droit d'entrer dans la carrosse;* la dame prétendit qu'elle avait payé pour sa bête; et néanmoins, pour terminer la querelle et mettre son chien à l'abri des atteintes de l'étranger, elle le prit sur ses genoux, où il resta fort tranquille, sans que son repos en fût plus innocent, comme nous aurons bientôt occasion de le dire.

Cette petite scène nocturne provoqua des éclats de rire, dont quelques uns partaient d'une bouche féminine que je supposais jeune et jolie, sans trop savoir pourquoi : l'aimable rieuse, séparée de moi par mon oppresseur, avait pour vis-à-vis quelqu'un dont la tête, abandonnée aux cahots de la voiture, allait tout naturellement au-devant de la sienne, sans qu'aucun des deux se plaignît de la rencontre.

Tout était rentré dans le calme, et nous cheminions au bruit mesuré des ronflements de mon gros voisin, quand le galop d'un cheval, accompagné de jurements affreux, vint avertir le postillon d'arrêter : c'était notre lieutenant de hussards, lequel avait oublié, en soupant au café Lyonnais avec une douzaine d'amis et d'amies, que la diligence n'attend personne. L'officier, tout en continuant de jurer, de pester contre le conducteur, paya le cheval qui l'avait conduit de Paris à Rambouillet, et monta prendre sa place dans le cabriolet; nous nous remîmes en route.

C'est un tableau bien imposant, bien majestueux que le lever du soleil au bord de la mer, dans une vaste et belle campagne; mais, en revanche, c'est un spectacle bien grotesque que ce même lever du soleil dans une diligence : les premiers rayons de l'aurore y viennent éclairer des figures si bizarres, si comiques, si burlesquement accoutrées, après une nuit de voyage; le sentiment de la surprise et de la curiosité s'y peint d'une manière si plaisante, que l'imagination la plus folle ne saurait aller au-delà.

Dès que nous pûmes distinguer les objets, nous commençâmes par nous regarder : l'espèce de tonneau à figure humaine que j'avais auprès de moi, et qui dormait encore, fixa d'abord tous les regards, et fut salué par un rire universel, dont les éclats finirent par l'éveiller : il souleva le bonnet de laine qu'il avait abattu sur ses yeux, étendit les bras avec un long bâillement, tira sa montre, et parla de déjeuner.

La femme qui me faisait face, et sur les genoux de laquelle reposait un chien-loup, devait avoir une quarantaine d'années, autant qu'on en pouvait juger à sa figure à moitié cachée sous un chapeau de velours noir, orné de deux plumes jadis blanches; en remarquant un très grand sac à ouvrage suspendu à son bras, d'où sortaient quelques manuscrits; en l'entendant fredonner quelques airs d'opéra comique, je supposai que ce devait être une comédienne de province : je ne me trompais pas.

L'Anglais, empaqueté dans une redingote épaisse comme une couverture, et la tête couverte d'un bonnet de feutre à gourmette, passait de temps en temps la main sur la jambe que le chien avait mordue; regardait en sifflant la campagne du pays chartrain, et avalait quelques gorgées de rhum, dont il avait sa provision dans un flacon de cuir. Ce fut en vain que le gros homme tenta sa générosité en faisant l'éloge de cette bonne habitude de prendre le matin, en voyage, quelque liqueur confortante : l'Anglais but encore un coup, reboucha son flacon, et le remit dans sa poche.

Le jeune homme qui se trouvait à l'autre coin, sur le devant de la voiture, ne quittait pas des yeux la jeune fille qui lui faisait face, et dont la jolie figure était encore au-dessus de l'idée que je m'en étais faite. Au soin qu'il prenait d'enfoncer son chapeau sur ses yeux, on eût dit qu'il ne prenait pas autant de plaisir que nous à voir renaître le jour.

On s'arrêta pour déjeuner; tout le monde descendit, et je vis pour la première fois mes compagnons des faubourgs de la diligence. Le hussard avait déja fait connaissance, dans le cabriolet, avec une grosse et fraîche nourrice de Ruffec, qui venait de rendre son nourrisson. Les voyageurs juchés sur l'impériale se hâtaient de descendre; l'un d'eux, soit empressement, soit pour faire preuve d'agilité, dédaigna de se servir de l'échelle, voulut sauter, et prit si mal ses mesures, que, le pied lui manquant sur la roue, il s'aida, pour se retenir, de la première chose qui lui tomba sous la main; cette première chose se trouva, par hasard, le collet de la redingote de notre Anglais, qui sortait le dernier de la diligence, et, qui, entraîné dans la chute de l'habitant de l'impériale, alla rouler avec lui sur un tas de fumier, près duquel s'était arrêtée la voiture. Chacun se prit à rire de l'aventure; la gaieté des assis-

tants excita la colère des malencontreux voyageurs.
L'Anglais, en se relevant, fit raisonner un terrible
God dam! le Provençal se fit reconnaître au *tron de
Diou!* qu'il articula non moins énergiquement, et
qu'il accompagna d'une menace à laquelle le premier répondit par un vigoureux coup de poing,
dont il attendit la riposte dans l'attitude d'un boxeur.
L'habitant de Marseille, peu au fait des beaux-arts
de la Tamise, se saisit du manche d'une fourche, à
l'aide duquel il aurait infailliblement assommé son
adversaire, s'il n'eût écouté que le gros homme qui,
du haut de la diligence où il était resté pour déjeuner, criait de toutes ses forces: *Frappez fort! ils
m'ont pris deux vaisseaux sans déclaration de guerre;
vengez nos colonies sur le dos de ce gaillard-là.* Mais
nous nous empressâmes de séparer les combattants,
et nous entrâmes avec eux à l'auberge.

Nous y fûmes témoins d'une reconnaissance conjugale entre la dame au petit chien et un des voyageurs de l'impériale : ces tendres époux, tous deux
acteurs de province, se retrouvaient après une séparation de douze ans, et se réjouissaient d'assez mauvaise grace du hasard qui leur avait fait contracter,
chacun à l'insu de l'autre, un engagement au même
théâtre. L'explication commencée nous promettait
une scène extrêmement comique: elle fut interrompue par celle que le gros homme vint faire à la
duégne. Celui-ci avait placé dans une des poches

de la diligence une moitié de volaille, sur laquelle il comptait pour son déjeuner. Malheureusement le chien de la dame avait flairé les provisions pendant la nuit, et comme il se trouvait placé sur les genoux de sa maîtresse, tout juste à la hauteur du buffet, il avait profité de sa position pour faire un excellent repas aux dépens de notre armateur. Cet accident, qui égaya beaucoup notre déjeuner, remit cependant en question les droits du chien à la place qu'il occupait dans la voiture; et toutes les parties entendues, le conducteur décida que le chien serait confié au mari, et qu'il achèverait le voyage sur l'impériale.

Ce point réglé, et la paix rétablie, nous remontâmes en voiture.

J'ai toujours remarqué qu'en diligence l'intimité ne s'établissait entre les voyageurs qu'après le premier repas: on croit se connaître du moment qu'on s'est assis à la même table. Notre baronnet ne pensait déjà plus aux terribles attaques du Provençal; une bouteille de *clairet* avait suffi pour éteindre son ressentiment: l'armateur, qui s'était dédommagé sur un reste de dindonneau de la perte de son poulet, oubliait un larcin que ne lui rappelait plus la présence du voleur; je crois même que la duégne commençait à se consoler d'avoir retrouvé son mari: quant aux deux jeunes gens, il était aisé de s'apercevoir que leur liaison datait de plus loin que la nôtre, et qu'ils avaient fait ensemble plus d'un voyage. Chacun ne songeait plus qu'à jouir des charmes d'une belle matinée; l'officier apprenait à la nourrice des chansons de bivouac, dont les refrains nous arrivaient par le guichet du conducteur, en même temps que les sons du comédien, qui, du haut de l'impériale, chantait un *Vive Henri IV!* que l'Anglais accompagnait, entre ses dents, du *God save the King.* « Avouez, monsieur, lui dis-je en lui faisant remarquer un point de vue magnifique, qu'il est difficile de voir une plus belle campagne. — La campagne est belle, j'en conviens; mais, en revanche, la voiture est bien dure, bien *inconfortable*; chez nous, on ne voudrait pas de vos diligences pour transporter du charbon de terre. — C'est un avantage que vous avez sur nous; vos moyens de transport sont plus prompts, plus faciles, et ce serait un plaisir de voyager en Angleterre, si l'on pouvait avoir un sauf-conduit des honnêtes gens que vous appelez des *gentilshommes de grand chemin.* — Nous avions le choix entre la police et les voleurs; de deux maux, nous avons pris le moindre. — C'est encore là un de ces avantages que nous vous abandonnons volontiers. — Ce n'est pas le seul sacrifice de ce genre auquel votre fierté soit réduite. — Dites plutôt auquel notre modestie consente. C'est une maladie du caractère des Français que cette tendance à déprécier ce qu'ils possèdent, et s'exagérer le bien qu'ils croient voir ailleurs; mais cette maladie diminue tous les jours, et il faut convenir que vous faites tout votre possible pour en hâter la guérison — Je sens bien qu'il entre un peu d'ironie dans vos remerciements; n'importe, en travaillant au bonheur des nations, nous n'avons pas dû compter sur leur reconnaissance. — Il faudrait, en vérité, que les Américains fussent bien ingrats pour vous refuser la leur. Vit-on jamais une guerre plus juste, plus loyale que celle que vous leur faites? La correction fraternelle que vous leur avez infligée à Washington a paru, je le sens, un peu trop sévère à cette foule de gens qui s'obstinent à rester étrangers à votre sublime politique; mais, à l'éternel honneur du nom français, il s'est trouvé parmi nous des ames assez fières, des esprits assez courageux, pour faire l'apologie d'une action d'autant plus mémorable que les fastes de la guerre n'en offrent aucun exemple. — Je n'étudie la politique que dans les journaux; or, j'ai lu dans *le Courrier* que les monuments publics appartenaient au vainqueur; donc nous avions le droit de les brûler, ne fût-ce que pour nous en donner le plaisir; d'ailleurs, de quoi se mêle-t-on? Nous faisons la guerre comme il nous plaît, quand il nous plaît, et nous la ferons aussi long-temps que nous serons les plus forts; c'est-à-dire aussi long-temps que nous aurons de l'argent pour acheter des soldats, et des vaisseaux pour les transporter aux quatre coins du monde : vous voyez, ne vous déplaise, que notre règne n'est pas près de finir. — M. de la Tamise, si la paix, heureusement rétablie entre nos deux nations, permettait de revenir sur le passé, j'essaierais de vous prouver que sans les fautes et les trahisons qui ont amené la ruine de Bonaparte, vous auriez peut-être à gémir sur l'événement qui vous paraît aujourd'hui le moins probable. Le jour où le chef de la nation française pourra dire, avec plus de raison et dans un autre esprit que Louis XIV : *L'état, c'est moi;* le jour où l'esprit national confondra sans retour et sans réserve les intérêts de la nation et de son souverain, l'Angleterre, qui prend si facilement les sentiments que sa position lui commande, appréciera sans doute à sa juste valeur l'amitié franche et loyale que la France lui a si souvent offerte sans succès, et les dangers d'une rupture que nous sommes aussi loin de craindre que de prévoir. »

Pendant que nous parlions, la duègne, qui ajustait sa coiffure devant un miroir de poche, voulut prendre part à la conversation, où elle n'avait rien compris, et fit, en minaudant, un éloge des Anglais qui me parut mesuré sur la grosseur d'une bourse de guinées qu'elle avait aperçue.

« Corbleu, madame, interrompit l'armateur, vous en parlez bien à votre aise ; mais si vous aviez été à Londres aussi souvent que moi, si vous aviez eu votre fils prisonnier pendant quatre ans à bord d'un ponton, si l'on vous avait pris deux navires, le premier un mois avant la guerre, et le second quinze jours après la paix, je voudrais bien savoir ce que vous penseriez de ces messieurs. — L'amirauté est juste, reprit l'Anglais avec un sourire goguenard ; elle vous a rendu votre bâtiment. — Comme elle nous a rendu nos colonies, en en confisquant la moitié, et en m'ôtant les moyens de me servir de l'autre. »

La dame prenait parti pour l'amirauté, et commençait, en termes de coulisses, une dissertation sur le droit maritime, laquelle ne pouvait manquer d'égayer beaucoup la discussion, lorsqu'un cri général lui coupa subitement la parole. Dans une descente assez rapide pour exiger la précaution d'enrayer, que l'on n'avait pas prise, nous avions quitté la chaussée, et nous roulions très vite à quelques pouces d'un fossé ; le postillon nous y versa en cherchant à éviter une ornière. Ces accidents, trop communs en diligence, quand ils ne sont pas très fâcheux, sont pour l'ordinaire très comiques : le nôtre fut heureusement de cette dernière espèce. Les moins chanceux en furent quittes pour quelques contusions. Les habitants de l'impériale, placés au plus haut point de projection, s'échappèrent par la tangente ; et furent lancés avec autant de vitesse que de bonheur, sur une prairie nouvellement fauchée. Dans l'intérieur, notre chute fut plus rude : l'Anglais et l'armateur, d'après la disposition des places, en supportèrent tout le poids, aggravé par les efforts que chacun faisait pour sortir : débarrassé le premier, je m'empressai de donner des secours aux autres ; les deux gros hommes juraient à l'envi, chacun dans sa langue ; la duègne, dont la tête s'était engagée entre leurs jambes, poussait des cris lamentables ; le jeune homme et la petite demoiselle, tombés plus naturellement, ne soufflaient pas le mot : je les aidai à sortir, et je remarquai que l'un riait de l'accident dont l'autre paraissait toute honteuse. Je crus que nous ne viendrions jamais à bout de déloger la dame, qui s'était tellement enchevêtrée dans sa chute, que son mari lui-même ne savait comment la prendre, et prétendit qu'on ne l'aurait jamais tout entière. Quand on la vit sur pied, dans l'inconcevable désordre que sa toilette avait souffert, un rire tel que je ne crois en avoir de ma vie entendu de semblable, ce rire inextinguible dont Homère fait le partage des dieux, s'empara de tous les assistants : voyageurs, conducteur, postillon, tout le monde fut atteint de cette convulsion de gaieté, dont le Provençal, la nourrice et l'officier ne se délivrèrent qu'en se roulant sur l'herbe. Pendant cette scène extravagante, qui ne dura pas moins de cinq minutes, l'Anglais et l'armateur, qu'on avait oubliés dans la voiture, se déballèrent le mieux qu'ils purent; le baronnet continuait à *damner* la diligence par toutes les lettres de son alphabet, tandis que son rival d'embonpoint, assis au bord du fossé, et cherchant son mouchoir pour s'essuyer le front, tirait de sa poche un soulier de femme que la comédienne y avait laissé.

Après avoir péroré quelques moments sur notre mésaventure, et consultation faite avec le conducteur, qui nous assura qu'il fallait au moins quatre heures pour relever la diligence, nous prîmes le parti de gagner à pied Vendôme, dont nous n'étions éloignés que d'une petite lieue; nos trois dames, plus ou moins froissées dans la chute, avaient besoin pour marcher d'un peu d'aide; le comédien, prévoyant qu'il aurait nécessairement la charge de sa femme, offrit d'aller en avant pour faire préparer le dîner; la duégne, à son défaut, s'empara du bras de l'Anglais, qui parut tout fier de cette préférence. L'aimable enfant suivit son jeune conducteur; la nourrice avec son officier marchaient en éclaireurs; je restai au centre avec le Provençal; et le gros armateur, appuyé sur sa canne de jonc, se roulait derrière, en soufflant comme un derviche au sortir de la mosquée.

Nous n'étions pas à la fin de nos tribulations : à peine avions-nous fait un quart de lieue, que nous fûmes surpris par un orage, qui me rappela d'autant plus à propos les beaux vers du quatrième livre de l'*Énéide*, que je vis notre Anglais se réfugier, avec sa tendre compagne, dans le creux d'un rocher, à quelque distance de la grande route.

Speluncam Dido dux et Trojanus eamdem
Deveniant : prima et Tellus, et pronuba Juno
Dant signum : fulsere ignes et conscius æther
Connubiis : summoque ululârunt vertice Nymphæ.

Nous arrivâmes à Vendôme dans un état déplorable : notre premier soin fut de nous sécher de notre mieux à la chaleur d'un feu clair que nous fîmes allumer ; nous allâmes ensuite prendre place à une vaste table, où se trouvaient déja réunis les voyageurs d'une autre diligence, qui venaient de Bordeaux et se rendaient à Paris.

Parmi ces derniers, notre lieutenant de hussards rencontra un de ses camarades qu'il n'avait pas vu depuis quinze ans. Rien de plus touchant que les témoignages d'amitié que se donnèrent ces braves frères d'armes : ils s'interrogeaient alternativement sur le sort de leurs amis ; la même réponse suffisait à presque toutes les questions : *Il est mort.* Les uns avaient péri sur les bords du Tage ; les autres dans les déserts glacés de la Russie ; celui-ci était mort dans les prisons de Cadix ; celui-là dans les cachots de Gibraltar, où il avait expiré dix-huit mois.

Tandis que nos deux militaires se rappelaient leurs faits d'armes, les comédiens s'entretenaient avec le maître de musique de Bayonne, lequel avait loué toute l'impériale pour lui et sa famille, composée de sa femme, qui jouait les *Dugazon* dans l'opéra comique, les caractères dans la comédie, les confidentes dans la tragédie, et figurait au besoin dans les ballets : la mère de cette *grande utilité* était habilleuse, et son fils aîné *contre-basse ;* trois autres petits enfants grandissaient pour le service de Thalie et de Melpomène.

Cette famille, qui ne dînait pas à table d'hôte, alla s'établir dans un cabaret voisin, où le mari de la duégne voulut absolument l'accompagner.

Les autres voyageurs de cette diligence étaient un procureur qui allait à Paris suivre un appel à la cour de cassation, et demander la croix de Saint-Louis pour avoir été l'un des premiers trente mille qui prirent la cocarde blanche à Bordeaux; une petite grisette assez gentille, qui riait à tout propos, plaisantait avec tout le monde, et paraissait avoir choisi pour intendant un homme d'une cinquantaine d'années, dont les manières généreuses étaient bien propres à justifier son choix. Cet honnête propriétaire d'un excellent clos de Médoc s'était fait devancer à Paris par une centaine de pièces de *Soterne* et de *Château-Margot*, dont je serais bien étonné qu'il rapportât la valeur dans sa province. Un commis-voyageur, la veuve d'un militaire, qui allait chercher sa fille à Écouen, pour la ramener à

Blaye dotée d'une pension de 250 francs que le roi lui avait accordée en récompense des services de son père, complétaient cette diligence, à la réserve d'une place vacante depuis Angoulême, où l'on avait laissé un chanoine de Bordeaux, qu'une indigestion de truffes avait empêché de continuer sa route. Les compagnons du chanoine nous prièrent de nous informer de sa santé en passant à l'*Orange de Malte*.

Nous nous mîmes à table, l'Anglais à côté de la duégne, qui y jouait l'embarras avec une grace qui me donna une très haute idée de son talent comique. La moitié du dîner se passa paisiblement; on y parla, selon l'usage, des aventures de la route, de la beauté des chemins, des emplettes faites à Châtellerault, et de la cherté des auberges. Au moment où l'on entamait les discussions politiques, qu'il est si difficile d'éviter, le mari de notre comédienne (qui ne nous avait pas prévenus de l'effet que le vin produisait sur son époux) entra dans la salle à peu près ivre, et jeta sur l'Anglais un regard d'Othello: la sensible Édelmone pâlit lorsqu'elle entendit son mari s'écrier, en se saisissant du sabre du militaire. « Mille doubles croches! M. l'Anglais, il y a dans votre voyage une demi-heure dont il faut que vous me rendiez compte ou raison. » Le baronnet, fort peu endurant, se disposait à répondre à cet époux brutal en lui envoyant une bouteille à la tête; mais le vigoureux conducteur se saisit du jaloux, et la dame, qui connaissait le faible de son mari et les usages de Londres, s'établit médiatrice dans une querelle dont elle était la cause : on offrit dix guinées au comédien, qui consentit à ce prix non seulement à se désister de son enquête, mais à rompre l'engagement qu'il avait à Bayonne. Il prit gaiement son paquet, embrassa sa femme le plus affectueusement du monde, et fut rejoindre son ami le maître de musique.

Notre diligence raccommodée, après avoir pris congé des autres voyageurs, nous suivîmes la route de Tours.

Nous n'avions encore passé qu'une nuit dans la diligence ; mais l'orage et la chute nous avaient fatigués, nous aspirions au moment d'arriver à Tours, où nous attendaient une bonne table et un bon lit. Le soleil, qui descendait rapidement vers l'horizon, embellissait encore ce jardin de la France, que nous parcourions en côtoyant la Loire, qui semble prendre plaisir à promener ses eaux sur cette terre riante et féconde. Nous traversons le quai Royal, et nous allons descendre à l'auberge de la *Pomme-d'Or*.

Tours est une ville historique, à l'examen de laquelle tout homme qui voyage avec l'intention, ou, ce qui est plus commun, avec la prétention d'observer, ne peut guère se dispenser de consacrer quelques moments. Nous n'étions pas gens à déroger à l'usage; mais, avant de commencer notre promenade, nous jugeâmes à propos de nous assurer de nos logements. Par malheur, la diligence de Bordeaux nous avait précédés de quelques minutes, et les meilleures chambres étaient déja occupées; les courriers qui précédaient une berline et deux chaises de poste avaient eu soin de marquer les logements de leurs maîtres; en sorte qu'il ne restait à notre disposition que trois chambres à deux lits, dont il fallut bien nous contenter. Le respect des bienséances présida aux arrangements que nous prîmes de plus ou moins bonne grace. La petite personne et la comédienne se logèrent ensemble; l'armateur m'offrit de partager sa chambre; le jeune homme s'empara d'un petit cabinet obscur dans lequel il fit poser un lit de sangle; et l'Anglais se vit obligé de prendre le seul lit qui restât dans la chambre de la nourrice. Quant à l'officier, rien ne l'embarrassait moins que de savoir où il coucherait; c'était un soin qu'il abandonnait depuis vingt ans à la Providence.

Le souper était commandé pour neuf heures; il n'en était encore que six, nous avions trois heures à employer. L'Anglais et la duégne, toujours plus tendre, toujours plus attentive, allèrent, d'après mes instructions, visiter le port, la porte d'Hugon, l'église de Saint-Martin et ses deux tours, l'abbaye de Marmoutiers, la tour de Saint-Pierre-le-Puelin et l'Archevêché. Le sous-préfet (car nous venions de découvrir que telle était la dignité du plus jeune de nos compagnons de diligence, lequel voyageait *incognito* pour échapper à l'ennui de l'étiquette), le sous-préfet, dis-je, accompagna mademoiselle Amélie au spectacle, où l'on jouait *le Sultan criminel par jalousie* (titre bien autrement pompeux que celui de *Zaïre*, que l'on donne à Paris à la même pièce). J'entrai dans un café pour y lire les journaux : l'officier s'informa d'un billard où l'on jouât la poule, et l'armateur profita de l'occasion pour visiter le syndic d'une maison en faillite, dans laquelle il se trouvait créancier pour une trentaine de mille francs.

En parcourant les journaux du département d'Indre-et-Loire, j'eus occasion de me convaincre qu'ils étaient rédigés avec la même impartialité, le même désintéressement, la même bonne foi qui distinguent si honorablement ceux de la capitale. Dans l'un on démontrait, de la manière du monde la plus péremptoire, que la Loire était la limite naturelle de la France ; ailleurs un grammairien tourangeau établissait la synonymie des mots *réprimer* et *prévenir, rendre* et *restituer;* celui-ci parlait, comme spectateur, d'une pièce qu'on n'avait pas donnée; celui-là portait aux nues un ouvrage que déchirait son confrère; l'un s'établissait le défenseur d'une actrice que le public sifflait; l'autre s'obstinait à dénigrer un talent généralement estimé; et je disais, comme le seigneur Polichinelle : *Tutto il mondo è fatto come la nostra famiglia.*

L'heure du souper s'approchait; je revins à l'auberge; tout y était dans le plus grand mouvement : la berline et les deux chaises étaient arrivées; les domestiques de l'un et de l'autre sexe se multipliaient pour le service des nouveau-venus, qui occupaient les beaux appartements : le mot de *duchesse*, qui volait de bouche en bouche, en m'apprenant le titre, ne me laissa pas long-temps ignorer le nom de l'illustre voyageuse, qui revenait de sa terre, et qu'accompagnaient une vieille dame de compagnie, deux enfants et leur précepteur. Des deux chaises de poste qui suivaient la berline, l'une était destinée aux femmes de la duchesse, et l'autre était celle d'un très jeune et très bel homme, que ses petites moustaches et une cicatrice au front faisaient reconnaître pour un militaire. Une petite femme-de-chambre m'apprit, en causant tout haut avec l'hôtesse, que le colonel était ami, et même un peu parent de madame la duchesse; qu'ils s'étaient rencontrés, par le plus grand hasard du monde, au premier relais; et qu'ils faisaient route de compagnie.

Cette dame, en attendant le souper, se promenait avec son parent dans le jardin de l'auberge; je l'y suivis sans affectation, et je l'y observai avec cette curiosité melée d'intérêt qu'une jolie femme excite, principalement en voyage : l'expression tendre et mélancolique remplaçait, avec je ne sais quel avantage, sur sa figure un peu pâle, la fraicheur de la première jeunesse; elle me parut sur-tout remarquable par l'élégance de sa taille, la grace de ses mouvements et le son touchant de sa voix. Celui de la cloche vint m'arracher au plaisir contemplatif auquel je me laissais tout doucement aller, et j'entrai dans la salle à manger: tous les convives, au nombre d'une vingtaine, s'y trouvaient déja réunis.

L'armateur vint à moi en se frottant les mains, et m'annonça que, grace à la probité d'un fils qui s'était imposé la noble obligation d'acquitter les dettes de son père, mort quinze ans auparavant en état de faillite, il avait recouvré une créance de trente mille francs sur laquelle il ne comptait plus. Un homme en habit noir, qui s'était placé le premier à table, trouva dans cette action le texte d'une dissertation morale, et nous démontra (en découpant une volaille dont il garda pour lui les deux ailes) que l'homme de bien s'oubliait toujours, et ne vivait que pour les autres. Son voisin, que j'entendis appeler M. l'inspecteur, après avoir jeté un coup d'œil autour de la table avant de hasarder une proposition aussi téméraire, nous dit, en manière d'apophtegme, *que le bonheur des peuples était dans les douceurs de la paix.* Un commis-voyageur, qui se trouvait près de moi, lui rappela malignement que dix mois auparavant, jour pour jour, dans cette même auberge, à cette même place, il lui avait entendu dire *que la gloire des armes pouvait seule assurer la félicité des peuples.* L'inspecteur ne s'amusa pas à concilier ses contradictions, et se contenta de répondre, en avalant un grand verre de vin : *Autre temps, autres soins.* Notre sous-préfet (qui ne s'apercevait pas d'une correspondance d'œillades établie d'un bout de la table à l'autre, entre mademoiselle Amélie, à côté de laquelle il était placé; et un homme d'une quarantaine d'années, qui semblait avoir quelque autorité sur elle), notre sous-préfet, dis-je, releva la conversation qui languissait, en nous parlant de l'ancienneté de la ville de Tours, des anecdotes relatives à son origine, des opinions de Nicolas Grille et de M. de Valois sur l'étymologie de son nom latin : j'aurais pu, comme les autres, être dupe de son érudition, si je n'avais vu le matin, dans les poches de la voiture, l'ouvrage de Piganiol de la Force, où il l'avait puisée.

L'armateur ne mangeait pas; je lui en fis l'observation, et il m'avoua franchement qu'il attendait un brochet superbe et un quartier de chevreuil qu'il avait vus en passant à la cuisine : il les attendit en vain : ces deux friands morceaux étaient *pour la berline.* A leur défaut, il comptait sur un lièvre à la broche, qu'il avait arrosé lui-même, ou du moins sur un pâté de Barbezieux dont il avait fait compliment à l'hôtesse ; mais tout était *pour la maudite berline*, et force lui fut d'en revenir au gigot et aux légumes, qui n'avaient pas encore tout-à-fait disparu de la table.

Le souper ne fut pas long ; on se rappela qu'il fallait repartir le lendemain matin à quatre heures : chacun se munit d'un flambeau, et gagna son gîte, à l'exception du lieutenant de hussards, qui s'oublia devant un bol de punch avec l'Anglais, qu'une bouteille de vin de Champagne avait mis en belle humeur. Les servantes d'auberge ne savaient auquel entendre dans les corridors : « La fille ! où est ma chambre ? — La fille ! quel est mon lit ? — La fille ! je n'ai ni eau ni serviettes. — La fille ! demain, du thé au n° 15. — Du café au n° 7. » Enfin l'on se case ; les portes se ferment, et, dans un moment tout le monde dormira ou sera censé dormir.

La chambre que je partageais avec l'armateur était placée à-peu-près au milieu d'un corridor qui en contenait douze. En faisant ma visite, avant de me coucher, je remarquai au pied de mon lit, comme dans tous les contes de voleurs, une porte recouverte par la tapisserie ; cette porte donnait dans une salle où se trouvait un petit escalier de communication entre l'étage supérieur où était logé le beau jeune homme à moustaches, et l'étage inférieur, où la duchesse avait son appartement. J'avais d'abord fermé en dedans la porte de cet escalier dérobé ; mais, après un moment de réflexion, je me relevai, et j'allai à tâtons la rouvrir.

J'étais couché depuis une heure, tout était tranquille, et je commençais à m'endormir : je m'éveillai au bruit que fit la porte de tapisserie, que l'on ouvrait avec précaution. Soupçonnant quelque quiproquo, et sans me déranger, je dis à voix basse, pour ne pas éveiller l'armateur, *Vous vous trompez; c'est plus haut ou plus bas*. On referma la porte sans mot dire, et je crus entendre qu'on descendait. Une demi-heure ne s'était pas écoulée, qu'un nouveau bruit de la porte m'éveille ; j'écoute, et j'entends une petite voix qui prononce le nom de Philippe : ce Philippe était le valet-de-chambre du jeune homme d'en haut. Je me tais ; on entre, et je remarque avec déplaisir qu'on se dirige vers le lit de l'armateur. Celui-ci, qu'on éveille en sursaut, se met à crier au voleur : j'ai beau l'assurer, en riant, que ce n'est ni à lui ni à son argent qu'on en veut, mon homme saute à bas de son lit, et, toujours criant, sans égard à la prière qu'on lui fait d'une voix qui devait le rassurer, il s'obstine à ne point lâcher la petite main qu'on s'efforce de retirer d'entre les siennes. Il n'eut point de cesse que deux ou trois valets d'écurie, armés de leurs lanternes, ne fussent venus éclairer la scène, et le convaincre d'une méprise dont il aurait peut-être pu tirer un meilleur parti.

Dans le premier moment de trouble et de confusion, toutes les chambres s'ouvrirent, tous les voyageurs se montrèrent sur leurs portes, et quelques personnes eurent à se repentir d'avoir cédé trop vite et sans réflexion au sentiment de la frayeur ou de la curiosité.

La soubrette avait disparu; on crut devoir s'en tenir aux conjectures sur la cause d'un événement auquel le gros armateur était le seul qui n'entendît pas malice: sa toilette de nuit fut l'objet du plus risible examen; chacun à son tour fournit son contingent de ridicule ou de scandale, et l'on se retira pour donner au sommeil le reste d'une nuit déja très avancée. A quatre heures sonnantes, les conducteurs des deux diligences parcouraient les corridors, allant de porte en porte réveiller leurs voyageurs. En un moment tout le monde fut sur pied: nous nous réunîmes une dernière fois dans la salle pour déjeuner; nous y trouvâmes notre officier, profondément endormi au milieu des bouteilles et des verres. On apporta la carte, qu'on ne paya pas sans marchander long-temps; nous remontâmes en voiture; et la suite de notre voyage n'ayant donné lieu à aucune observation nouvelle, à aucun autre événement de quelque importance, je me bornerai à dire que nous arrivâmes sans encombre à Bordeaux, où notre armateur a mis en chargement un navire pour les Indes occidentales, sur lequel j'ai appris que l'Anglais devait s'embarquer avec la duégne, qui a contracté avec lui un engagement plus avantageux et non moins comique que celui qu'elle allait remplir à Bayonne.

N° XXVIII. [5 novembre 1814.]

LES HEURES DE PARIS.

> Rien ne sert de courir; il faut partir à point.
> La Font., fab. x, liv. VI.

Amphictyon avait fait bâtir, à Athènes, un temple en l'honneur des *Heures,* où les citoyens qui connaissaient le prix du temps et de l'occasion offraient habituellement des sacrifices. S'il existait un temple de cette espèce à Paris, je conseillerais aux provinciaux d'aller y faire leur dévotion en arrivant dans cette capitale; car il n'y a pas de pays au monde où il soit plus nécessaire de se rendre les Heures propices.

Je ne suis pas de ces Parisiens exclusifs qui ne voient rien de beau, rien de bon hors de l'enceinte de leurs barrières. Chaque province de la France me paraît avoir son lot d'esprit, de savoir, d'amabilité, d'enjouement; et c'est d'un heureux mélange de la franche vivacité des Bretons, de la loyauté des Picards, de la finesse des Normands, de la spirituelle originalité des Gascons, que se compose le caractère national dont les Parisiens se regardent comme le type, et dont ils ne sont, à proprement parler, que le miroir. Ce qui manque assez généralement aux provinciaux, c'est L'URBANITÉ (à prendre ce mot dans son acception étymologique), c'est-à-dire une sorte de politesse, ou plutôt de délicatesse d'esprit, de manières, de langage, qui vous prescrit, suivant les lieux et les personnes, le ton que vous devez prendre, la place que vous devez occuper, l'expression que vous devez choisir. Cet art des convenances, qui s'étend aux moindres détails de la vie, et dont les professeurs et les modèles deviennent chaque jour plus rares, ne s'acquiert, ou du moins ne se perfectionne qu'à Paris, et suppose une étude d'autant plus suivie que le même usage se modifie de vingt manières en passant d'un quartier de cette ville à l'autre.

Le défaut de ce genre d'instruction est une source de contrariétés, de *désappointements* continuels, dont un parent de ma femme a acquis la triste expérience pendant le séjour qu'il a fait dans la capitale, où, dans l'espace d'un mois, avec une activité sans exemple, il n'a pu atteindre ni même entrevoir le but de ses démarches.

M. le baron d'Apreville est un bon gentilhomme du Bigorre, dont la vie se partage en deux grandes époques : les dix-huit ans qu'il a passés en garnison à Metz, et le temps de la révolution, qu'il a eu le bonheur de pouvoir employer à tuer des lapins et des lièvres dans les bois qui entourent son petit castel. Il n'a jamais connu de plus grand général que le gros-major de son régiment, et de plus grand seigneur que l'intendant de sa province, chez lequel il dînait régulièrement tous les dimanches, quand il allait en semestre à Tarbes.

Le cousin d'Apreville est arrivé à Paris avec une malle énorme, dans laquelle un vieil uniforme de Royal-Dragons, assez bien conservé, et une quantité de linge rigoureusement calculée pour un séjour de trois semaines, avaient eu peine à trouver place au milieu d'un fatras d'états de service, de pièces généalogiques, de certificats de revue et de lettres de recommandation qu'il avait jugé à propos d'apporter avec lui pour obtenir plus promptement une grace de la cour, qu'il venait solliciter. Il a pris chez moi un logement que je me proposais de lui offrir; et, dès le lendemain de son arrivée, en grand uniforme, comme pour un jour de revue, il s'est mis en course à dix heures du matin pour porter lui-même des lettres de recommandation, dont une invitation à dîner est d'ordinaire, à Paris, le plus solide avantage. Il revint à jeun, à sept heures du soir, avec une liste de dîners pour tous les jours du mois. Nous sortions de table quand il entra : force lui fut de se contenter du petit repas impromptu que nous lui fîmes servir. En l'expédiant avec un appétit qui fait honneur à ses soixante-quatre ans, il nous dit que son intention était de commencer, le lendemain, sa journée par visiter les Tuileries, où il se trouverait tout porté pour la messe du roi.

Le baron, qui s'était couché de bonne heure, sortit de grand matin, et se présenta aux Tuileries avant que les grilles en fussent ouvertes : après en avoir fait le tour, en s'étonnant de trouver à Paris une promenade fermée, quand l'esplanade de Tarbes ne l'était jamais, il entre par la grille du Pont-Tournant, se promène long-temps, s'assied pour lire les journaux, et lorsqu'il entend sonner dix heures, il se rend au château, où il apprend que la messe est pour midi.

Deux heures seront bientôt passées dans un lieu qui offre tant d'aliment à sa curiosité : il se promène sous le vestibule, salue tous les officiers-généraux qui montent le grand escalier, se fait porter les armes par tous les factionnaires, et va demandant, à tous les militaires qu'il rencontre, des nouvelles de M. de Meillonas, ancien major de Royal-Dragons, un des plus beaux régiments de France.

Il était près de midi ; au moment où la foule se rassemblait sur la terrasse, le baron entend battre aux champs pour la garde montante du Pont-Tournant ; l'esprit militaire l'emporte : curieux de voir comment se relève la garde d'un château royal, et jugeant, en regardant sa montre, qu'il a devant lui le

temps nécessaire, il se met à courir à toutes jambes,
tenant d'une main son épée, qui flotte un peu trop
librement sur ses mollets. Arrivé aux deux tiers de
la grande avenue, il voit d'un côté que la garde est
relevée, et de l'autre il entend les cris de *vive le roi!*
des spectateurs de la terrasse, qui lui annoncent
que le roi vient de passer. Maintenant, quelque diligence qu'il puisse faire, il n'arrivera plus à temps ;
il compare sa montre avec l'horloge du château, et
s'aperçoit qu'elle retarde d'une demi-heure ; il la
règle tristement, et se promet bien d'arriver à temps
une autre fois.

En passant devant un café du Palais-Royal, d'Apreville se souvient qu'il n'a pas déjeuné ; il entre,
prend à la hâte une tasse de chocolat, et court à
l'audience du ministre. Il arrive ; l'audience était
finie : « Mais, monsieur, dit-il à l'huissier, comment
cela se peut-il ? les audiences de M. de Boucheporn,
l'intendant de notre province (un des hommes qui
connaissait le mieux et qui suivait le plus exactement les usages de la cour), étaient toujours de
midi à deux heures ! — Cela se peut, monsieur, et
n'empêche pas que monseigneur ne donne les siennes
à neuf heures du matin : c'est une habitude qu'il a
conservée, et dont il a eu soin de prévenir le public. — Je l'ignorais. — Vous en voilà instruit : le
tout est de connaître l'usage et d'arriver à temps. »

En revenant de chez le ministre, le baron s'arrêta sur le Pont-des-Arts pour admirer le magnifique tableau qu'il avait sous les yeux. Comme il traversait la place du Louvre, un grand nombre de personnes sortaient du Muséum : il en conclut fort judicieusement qu'elles y étaient entrées, et se présente à la porte dans la même intention ; mais un Suisse, à la livrée du roi, lui dit que l'heure est passée, et que l'on n'entre plus : mon homme se fâche, dispute, veut parler au concierge principal, perd beaucoup de temps, et ne quitte la partie qu'en se rappelant qu'il dîne dans la rue Taranne, chez madame la marquise douairière de Brémont ; il ne perd pas une minute, repasse le Pont-des-Arts, arrive à l'hôtel.

On servait le café. La marquise le gronde de n'être pas venu dîner : « Mais, madame la marquise, on dîne si tard à Paris ! — Non pas chez moi, baron ; j'ai conservé mes habitudes : ce sont les bonnes ; on y reviendra. » D'Apreville fit bonne contenance, s'excusa d'avoir oublié l'invitation de la marquise, et l'assura qu'il avait dîné de très bonne heure, en famille. Pour qu'on n'en doutât pas, il se crut obligé de rester dans cette maison une partie de la soirée, et d'aller en sortant, chez le restaurateur, faire un très mauvais dîner, servi de mauvaise grace par des garçons fâchés d'interrompre le leur.

Il avait arrangé sa journée pour aller le soir aux Français : le troisième acte de la tragédie finissait lorsqu'il arriva; il perdit les deux derniers en se disputant avec le contrôleur pour se faire rendre son argent, et sans pouvoir faire entendre à ce dernier qu'on devait commencer à Paris, comme en province, par la petite pièce, dont il fut obligé de se contenter.

Le jour suivant, le cousin, qui devait dîner chez Dormer, banquier de la rue du Mont-Blanc, se promit bien de ne pas manquer l'heure. Entre autres petits ridicules de province, le baron a celui de croire son amour-propre intéressé à ne jamais s'informer de rien, de peur qu'on ne le soupçonne d'ignorer quelque chose. Il savait qu'on dînait tard à la Chaussée-d'Antin; mais il ne doutait pas qu'il ne fût du bon ton, comme autrefois, d'arriver une bonne heure avant de se mettre à table. A quatre heures, il était chez M. Dormer : il demande madame; le portier répond qu'elle vient de sortir en calèche pour aller à Saint-Gratien : « A Saint-Gratien? Dans quel quartier? — Dans la vallée de Montmorency, à quatre lieues de Paris. — Diable!... et monsieur? — Il est parti ce matin pour Versailles; mais si c'est à la caisse que vous avez affaire... — Non, ce n'est pas à la caisse, » interrompit le baron avec humeur, en refermant la loge et en se retirant, bien convaincu que les maîtres de cette maison avaient oublié l'invitation qu'ils lui avaient faite. Il se vit encore obligé, cette fois, d'aller dîner chez le restaurateur.

Il avait entendu parler de *Joconde* et de sa vogue ; on l'avait prévenu qu'on s'y portait en foule ; il prit son billet sans obstacle, et sans s'apercevoir qu'une petite bande collée sur l'affiche indiquait un changement de spectacle. Il était venu pour voir une pièce qu'il ne connaissait pas : on lui donna *le Déserteur* et *la fausse Magie*, qu'il voyait pour la centième fois.

A la sortie du spectacle, il rencontra un des amis de M. Dormer, qui lui dit qu'on l'avait attendu à dîner, et qui eut toutes les peines du monde à lui faire entendre qu'on pouvait fort bien aller se promener en calèche à trois heures, et être de retour à six pour faire les honneurs de sa maison.

Le pauvre baron, désespéré de tous ces contretemps, et maudissant de bon cœur cette diversité de mœurs et d'usages, aimait cependant mieux tirer parti de sa propre expérience que des informations qu'il lui eût été si facile de se procurer ; le lendemain, en consultant son agenda, il vit qu'il était invité chez son parent, M. d'Arboise, ancien conseiller au parlement, retiré dans sa maison héréditaire, rue de Braque, au Marais. Il s'y rendit à cinq heures précises, prémuni, cette fois, contre toute espèce d'incident. Il trouva la compagnie réunie au salon autour des tables de jeu. Il manquait un quatrième pour une partie de wisk, et sans lui donner le temps de chercher et de saluer le maître de la maison, on lui met les cartes à la main. Cet usage de jouer avant le dîner lui parut assez ridicule; mais il était décidé à ne plus s'étonner de rien. Il jouait depuis plus d'une heure, et commençait à trouver singulier qu'on ne parlât pas de servir, lorsque M. d'Arboise, qui avait achevé sa partie, s'approcha de lui avec empressement: « Ne vous excusez pas, lui dit-il, je ne comptais pas trop sur vous à dîner; notre heure n'est pas celle de tout le monde. — Il est vrai qu'il est un peu tard. — Mon dieu non: dans ce quartier même, il est plus d'une maison où l'on ne se met pas à table plus tôt; mais mon oncle vit avec nous; il y a quatre-vingts ans qu'il dîne à deux heures, et aussi long-temps que nous aurons le bonheur de le conserver, nous nous conformerons à ses habitudes.

« — Pour le coup c'est trop fort (dit le baron en laissant tomber ses cartes)! On s'est, je crois, donné le mot, à Paris, pour me faire mourir de faim. » Ses compagnons de jeu se mettent à rire. M. d'Arboise l'interroge : « Le fait est que je n'ai pas dîné, continua-t-il; aujourd'hui, parceque j'arrive trop tard, et toujours parce que chacun vit à sa manière dans cette maudite ville; que l'un se couche quand l'autre se lève, qu'il n'y a rien de fixe, rien de réglé, et qu'on ne sait plus, dans ce pays, ni à qui parler ni auquel entendre. » Après cette boutade, qui égaya beaucoup la société, on proposa au cousin de lui faire servir quelque chose; mais il refusa obstinément; et, après avoir achevé le dernier rob d'un wisk où il perdit tout l'argent qu'il avait sur lui, il se vit forcé de rentrer à la maison, et de nous raconter, pour soulager son humeur et son appétit, les tribulations de la journée et celles des jours précédents. Il en essuya beaucoup d'autres pendant son séjour à Paris : je me propose d'en faire l'objet d'un second discours.

N° XXIX. [19 NOVEMBRE 1814.]

LES DEUX FRÈRES,

OU

LEQUEL DES DEUX A ÉTÉ LE PLUS SAGE.

> . . . . . . *Vocat labor ultimus omnes.*
> VIRG., *Énéide.*
>
> Quand le péril est extrême, chacun y doit prendre part.

La révolution française a changé la face de l'Europe; elle a fait plus, peut-être, elle a dénaturé le caractère national. Le peuple le plus gai, le plus généreux, le plus imprévoyant de la terre, en est devenu, pendant un temps, le plus sombre, le plus vindicatif et le plus soupçonneux. Des hommes, habitants d'un même pays, citoyens de la même ville, membres de la même famille, se sont trouvés tout-à-coup étrangers les uns aux autres: dissidence d'opinions, variation ou inflexibilité de principes, différence de partis, adoption des moyens contraires, égoisme raisonné, dévouement à la chose ou à la personne, telles ont été les causes du changement subit qui s'est opéré dans le caractère des Français de cette époque.

On peut concevoir les cruels résultats de ces ferments de haine et de discorde au sein du tourbillon révolutionnaire où la France s'est vue emportée; mais ce qu'on a peine à comprendre, c'est que vingt-cinq ans de cette fièvre terrible n'aient pas suffi pour en consumer le levain, et que chez tant de gens elle se manifeste encore, et toujours par les mêmes symptômes. J'avoue que je ne vois pas sans indignation qu'on cherche, par tous les moyens possibles, à éveiller des souvenirs qui remettent en présence les folies des uns et les injustices des autres; qui rappellent les dénominations des partis et les cris de ralliement des factions.

Le sentiment de la gloire nationale, l'amour du prince, désormais inséparable du respect des lois, tel est le port où nous devrions tous nous rejoindre et nous aider à rassembler nos débris: cependant, je n'entends encore parler, comme autrefois, que d'*émigrés*, de *royalistes*, de *jacobins*; on repasse avec complaisance sur des traces qu'il faudrait effacer à tout prix. Henri IV savait très bien que, plus de quinze ans après la destruction de la Ligue, il y avait encore des ligueurs à sa cour; mais il se garda bien de les signaler; il ne voulut pas même chercher à les connaître. en le voyant au Louvre, entre Mayenne et Crillon, on eût dit que ces deux hommes lui avaient rendu les mêmes services.

N'est-il pas affligeant de voir à quel genre de travail certaines personnes se condamnent ou se dévouent? Ces professeurs en livrées s'occupent, avec une persévérance qu'il faudra bien finir par qualifier, à faire revivre parmi les Français l'esprit de parti qui commençait à s'éteindre. L'un d'eux m'a fait présent d'un ouvrage qu'il a exécuté dans cette louable intention ; il a eu soin d'y joindre une carte synoptique, où les régnicoles sont distribués d'abord en deux classes, sous les noms génériques d'ÉMIGRÉS et de PATRIOTES : il divise les premiers en *émigrés purs et simples, émigrés de* 89, *émigrés de l'armée des princes, émigrés tardifs, émigrés suspects.* Les autres forment deux espèces très distinctes, les ROYALISTES et les RÉVOLUTIONNAIRES, d'où sont sortis, d'une part, les *aristocrates,* les *Vendéens,* les *monarchiques, modérés,* etc. ; et de l'autre, les *républicains,* les *jacobins,* les *feuillants,* les *girondins,* les *montagnards,* et finalement les *terroristes.* Je demandai à cet homme de quelle utilité pouvait être cet arbre généalogique d'un nouveau genre: « C'est, me dit-il, l'instrument d'une mémoire artificielle que j'ai inventé pour qu'on ne perdît rien des fautes, des sottises, des erreurs et des crimes commis pendant la révolution. — Je vous répondrai, lui dis-je, comme Thémistocle à son professeur de mnémonique :

Nous vous aurions bien plus d'obligation, si vous pouviez nous apprendre à oublier toutes ces choses-là [1]. »

Tous les partis ont eu des torts ; tous ont, plus ou moins, besoin de pardon ou d'indulgence. Quelques individus ont suivi la ligne de leurs devoirs ; mais ceux-là mêmes ne sont pas exempts du reproche de n'admettre de principes que ceux qu'ils ont suivis, de ne trouver bonne que la conduite qu'ils ont tenue.

Deux frères, avec lesquels j'ai été intimement lié dans ma jeunesse, se sont rencontrés dernièrement chez moi, après une séparation de vingt-quatre ans. Cette première entrevue fut on ne peut plus touchante ; les liens de famille semblaient avoir été resserrés par l'absence, et leur réunion fut aussi douce que leur séparation avait été cruelle : huit jours ont suffi pour épuiser ces tendres sentiments. Aux témoignages de leur amitié a succédé le récit de leurs malheurs, l'examen de leur conduite réciproque, et le choc de leurs prétentions : l'un avait émigré, l'autre n'avait pas quitté la France ; de là des réflexions désobligeantes, des discussions vives, des reproches et de l'aigreur, qui pouvaient facilement devenir de l'antipathie.

[1] *Gratius sibi illum esse facturum, si se oblivisci quàm si meminisse docuisset.*

CICÉRON.

Ces deux frères m'ont pris pour arbitre de leur différent; l'un et l'autre m'ont fait le récit de leurs aventures, et ont exigé que je décidasse *lequel a été le plus sage*. Avant de donner mes conclusions, je laisserai chacun exposer sa cause.

Charles et Auguste (je ne les désignerai que par leurs noms de baptême) sont issus d'une noble famille de Bretagne : l'aîné servait dans la marine, et le cadet venait d'acheter une compagnie de cavalerie à l'époque où le *serment du Jeu de Paume* donna le signal de la révolution.

« Au premier indice (c'est Auguste, le plus jeune des deux frères, qui parle) de l'orage qui se formait autour du trône, prévoyant tous les malheurs qui devaient arriver, je n'attendis pas la *quenouille* que les femmes, vrais juges de l'honneur, envoyaient à tous les gentilshommes qui différaient à sortir de France : je partis avec quelques officiers du régiment où je servais, et j'allai rejoindre ces nobles défenseurs de la monarchie, ces chevaliers français ralliés autour du drapeau blanc, qui ne flottait déjà plus qu'à Coblentz.

« Quel enthousiasme régnait parmi les émigrés ! Nul doute que, s'ils eussent pu dès-lors entrer en campagne, le succès le plus prompt n'eût couronné leurs efforts ; mais d'interminables lenteurs refroidirent leur zèle : les prétentions particulières s'isolèrent de l'intérêt général : l'organisation de l'armée s'acheva sous les plus fâcheux auspices, et, dans une cause qui commandait le plus entier dévouement, le plus grand nombre n'écouta que les conseils de l'ambition.

« Je courus me ranger, à Worms, sous les drapeaux du prince de Condé. La campagne de 1792 ne fut qu'une retraite ; celle de 1793 fut heureuse et brillante : je me trouvai à l'affaire de la forêt de Beval, à la prise des lignes de Weissembourg, et au combat de Bertheim. Je fus chargé d'une mission auprès du général Pichegru ; je me tais sur les circonstances et sur les personnes qui ont fait échouer cette importante négociation, où je fus au moment de perdre la vie.

« Trop convaincu des obstacles que la politique étrangère opposait aux progrès de nos armes sur les bords du Rhin, je quittai l'armée des princes, et je me rendis à Londres, où, deux ans après, je sollicitai le périlleux honneur de descendre à Quiberon. Vous connaissez les cruels résultats d'une expédition où périt l'élite de la noblesse française, et les restes précieux de cette marine dont l'Angleterre sut, encore mieux que nous, apprécier la perte.

« Échappé, par miracle, aux horreurs de cette journée, j'allai mendier un asile dans les rochers de la Suisse, et j'y partageai pendant un an, avec quelques uns de mes compagnons d'armes, les humiliations dont nous fûmes abreuvés sur cette terre inhospitalière.

« Proscrits de tous les pays alliés à la république, nous traînâmes de contrée en contrée une vie misérable que nous n'avions plus l'espoir de perdre au service de notre souverain.

« Napoléon s'empara du pouvoir, et révoqua l'arrêt de mort porté contre les émigrés. Je fus du petit nombre de ceux qui refusèrent son insolent pardon, et dédaignèrent de se précipiter dans ses antichambres, *qu'il ouvrait*, disait-il, *à notre ambition*.

« J'ai vécu retiré en Russie jusqu'au moment où j'ai vu briller l'aurore du beau jour qui luit enfin pour la France. Je persiste à croire que j'ai rempli dans toute leur étendue mes devoirs de Français et de gentilhomme, et que, s'il est un prix pour la loyauté, le courage et le dévouement, j'ai, avant tout autre, le droit d'y prétendre. »

Charles, d'un ton plus calme, prit la parole:

« Je dois d'abord convenir que je ne suis pas, comme mon frère, doué de l'esprit prophétique, et que je n'ai pas eu, comme lui, la sagesse de prévoir des malheurs improbables. Loin de m'effrayer à l'idée des changements politiques qui se préparaient, et que le roi lui-même croyait nécessaires, j'en hâtais l'accomplissement de tous mes vœux. Mon père fut appelé à l'assemblée des états-généraux ; je le suivis, le cœur plein d'espérance.

« Je fus bientôt et péniblement désabusé. Je vis toutes les passions (sans en excepter celle du bien public) préparer une lutte terrible, dont le despotisme ou l'anarchie devait être l'infaillible résultat. J'entendis, avec effroi, prononcer le mot d'*égalité*, en me rappelant avec Bacon que, dans l'ordre moral comme dans l'ordre physique, *les plus grandes tempêtes éclatent au temps de l'équinoxe.*

« Après les journées des 5 et 6 octobre, où je figurai parmi les plus zélés défenseurs du trône, mon père se retira de l'assemblée, et mon frère me pressa de nouveau pour que j'allasse le rejoindre : je lui répondis que le roi avait, plus que jamais, besoin de s'entourer de sujets fidèles ; que les services rendus à l'extérieur ne pouvaient, tout au plus, amener que des succès tardifs ; qu'il fallait un dévouement plus immédiat et des moyens plus directs pour sauver le prince et l'état, que je ne séparais pas dans mes affections.

« Fidéle à des sentiments où j'avais eu le bonheur de placer mes devoirs, je me rendis au poste qu'ils m'assignaient dans les journées du 20 juin et du 10 août : je fus pris par les Marseillais, conduit à la Commune, et de là transféré à la Force. Le 2 septembre, d'épouvantable mémoire, j'étais sous le fatal guichet, quand le nommé Maillard, un des juges-bourreaux qui présidaient aux massacres, se rappela, en m'entendant nommer, que son père avait dû jadis à la protection du mien une place de concierge dans une maison royale : l'assassin se piqua de reconnaissance, et je fus mis en liberté.

« Les événements qui s'étaient passés à Paris, pendant ma détention, ne me laissant plus d'autres moyens d'être utile au roi, j'osai soutenir sa cause la plume à la main : je fus dénoncé, poursuivi de nouveau, et j'allai, sous un autre nom, chercher un asile dans nos armées, que Dumourier conduisait à la victoire. La nouvelle de la déplorable catastrophe du 21 janvier y fut reçue avec une douloureuse indignation ; je manifestai hautement la mienne : une de ces bêtes féroces, de ces odieux proconsuls qui promenaient la terreur et la mort dans les départements (du Quesnoy), donna l'ordre de m'arrêter et de me conduire dans les prisons d'Amiens, avec les généraux Chancel et O'Moran. Je traversai Arras, sous bonne escorte, au moment où l'un de mes camarades, le jeune et brave d'Aboville, montait sur l'échafaud. *J'y suis!* me cria-t-il ; *Et moi j'y vais!* lui répondis-je. Il fallait un miracle pour qu'il en fût autrement ; le miracle se fit : je m'échappai de ma prison, et je parvins à entrer dans Lyon, où M. de Précy me confia le commandement d'un petit corps de troupes.

« La ville fut prise ; chacun chercha son salut dans la fuite. J'errai pendant plusieurs mois, de forêts en montagnes ; je traversai, sous vingt déguisements, le Dauphiné, le Languedoc, la Guienne : j'appris à Montpellier que mon père avait péri sur l'échafaud révolutionnaire, convaincu du crime d'avoir un fils émigré. Son bien était confisqué ; le mien, qui se trouvait considérablement réduit, et sur lequel je faisais annuellement passer des secours à mon frère, venait d'être mis sous le séquestre. Sans secours, sans moyens d'existence, n'ayant plus que le choix entre l'émigration ou la Vendée, je m'étais arrêté à ce dernier parti ; la mort de Robespierre, en suspendant le cours des assassinats, me permettait de me rapprocher de Paris, où j'espérais trouver quelques ressources. En passant à Orléans, je fus assez heureux pour joindre ma voix à celle de quelques habitants de cette ville qui sollicitaient la liberté de MADAME Royale.

« Je rentrai au service ; et, convaincu que la gloire de nos armes était le seul soulagement à des maux désormais sans remède, le seul voile dont les Français dussent essayer de couvrir des crimes qui n'étaient pas les leurs (car je ne cesserai de répéter, après Sénèque : *N'imputez pas à tous le crime de quelques uns*[1]), je le dis avec orgueil, j'ai partagé les travaux de nos braves, j'ai joui de leurs succès avec enthousiasme ; et la restauration, en mettant un terme au plus intolérable despotisme, en repla-

---

[1] *Cur omnium fit culpa paucorum scelus.*

çant le sceptre aux mains du descendant de Henri IV, en assurant à la nation le bienfait d'une charte constitutionnelle, garant du salut de l'état et de la puissance du monarque, a pu seule me consoler du spectacle de la France vaincue, forcée de renoncer à ses conquêtes, et d'accepter une paix qu'elle devait commander. »

Les parties entendues, je me contentai d'adresser à l'un et à l'autre cette question : « Instruits comme « vous l'êtes par l'expérience, que feriez-vous si « vous aviez le malheur d'avoir un parti à prendre « dans des circonstances semblables? — Je n'émi-« grerais pas, répondit Auguste. — Je croirais de-« voir faire ce que j'ai fait, reprit Charles. — Je « conclus, continuai-je, que votre conduite a été « également honorable; mais, en même temps, je « suis d'avis que le parti le plus sage est celui qui « ne laisse aucun regret à ceux qui l'ont suivi. » Auguste ne réclama pas contre mon jugement; il embrassa tendrement son frère, et tous deux me promirent de ne plus songer au passé que pour y puiser des leçons pour l'avenir.

n° XXX. [26 novembre 1814]

LES DEUX COUSINS,

ou

QUEL A ÉTÉ LE PLUS COUPABLE?

Seditione, dolis, scelere, atque libidine, et ua
Iliacos intra muros peccatur et extra
HOR , ep. xi, lib. I.

La révolte, la fraude, l'ambition, la haine, ont exercé leurs ravages dans les murs et hors des murs.

Il y a des poissons qui ne se plaisent que dans l'eau bourbeuse, et des hommes qui ne peuvent vivre que dans le trouble et dans la confusion. Ces gens-là sortent d'une révolution comme Neptune, à l'Opéra, sort du sein des mers, après l'orage, sans que les flots et les vents en fureur aient seulement dérangé une boucle de sa coiffure. Véritables protées révolutionnaires, je les ai vus passer tour-à-tour du cabinet au club, de la tribune à l'antichambre ; je les ai vus prendre, selon le temps, la carmagnole ou l'habit brodé, le bonnet rouge ou le cordon bleu.

Réformateurs à l'assemblée des notables, constitutionnels aux états-généraux, républicains à la convention, spéculateurs sous le directoire, esclaves dévoués sous Bonaparte, il n'est bruit maintenant que de la *pureté* de leur royalisme. J'en connais d'autres moins souples, moins ductiles en apparence, qui ont spéculé sur leur dévouement, et avec d'autant plus de confiance qu'ils n'avaient rien à perdre. Échappés par l'émigration à vingt arrêts de prise de corps obtenue par leurs créanciers, ils ont trouvé, de l'autre côté du Rhin, les titres qu'ils avaient rêvés en France; ils ont pu donner des regrets à la perte des biens qu'ils n'ont jamais possédés, et associer orgueilleusement leurs malheurs imaginaires aux plus réelles et aux plus nobles infortunes. Après avoir pris un droit d'aubaine sur les débris de ce grand naufrage; après avoir vécu de secours mendiés à l'étranger, ou surpris à la pitié de leurs compatriotes; après avoir trafiqué de leur soumission et de leur nom d'emprunt avec le dernier gouvernement, assez dupe pour mettre un prix à ces bagatelles, ils ne parlent aujourd'hui que de leurs sacrifices à la cause royale, et, se mettant impudemment au nombre de ces nobles, de ces fidèles serviteurs du roi, dont ils n'ont partagé ni les périls ni l'honorable misère, ils se présentent pour tous les emplois, sollicitent toutes les faveurs, toutes les récompenses, et réclament hautement contre le pain qu'on accorde à tant de braves qui n'ont été que l'honneur de la France; on n'entend sortir que des murmures ou des cris de vengeance de la bouche de ces hommes qui ont tant besoin de pardon. Ne serait-il pas temps de les réduire au silence, et de prouver qu'*en dedans comme en dehors* il y a eu parmi quelques uns d'entre eux une émulation d'erreurs, de folies, de bassesses, qui laisse indécise la question dont j'ai fait le titre de cet article: *Quel a été le plus coupable?*

Je dînais, il y a quelques jours, chez mon ami Clénord, un des convives de mes petits soupers hebdomadaires: il a pour les hommes, en général, un mépris qui ne s'explique à mes yeux que par les fréquentes occasions que lui ont offertes les grands emplois qu'il a occupés de les voir en détail et de les examiner de près. Ce qu'il nous raconta pendant le repas (en riant de ce rire amer qui achève ordinairement sa pensée) n'était pas de nature à le faire changer d'opinion. Je le laisse parler lui-même:

« La mort d'un homme d'un esprit supérieur, d'une probité sans tache et d'un caractère inébranlable, laissera long-temps vide la place importante que cet homme occupait dans l'administration que je préside. Dans la foule des solliciteurs dont je suis assiégé à cette occasion, et parmi lesquels j'ai d'autant plus de peine à faire un choix, que je suis décidé à ne pas prendre des prétentions pour des droits, et des apostilles pour des preuves, j'ai distingué (comme on distingue ce qui blesse les yeux) *deux cousins* contre lesquels je n'aurais encore que cette répugnance d'instinct à laquelle je finis quelquefois par obéir, si chacun d'eux, poussé par un même sentiment et un même intérêt, ne se fût empressé de me donner, sur le compte de l'autre, des détails dont je ferai d'autant mieux mon profit, que je promets qu'ils n'y trouveront pas le leur. J'ai sur moi les notes officieuses qu'ils m'ont séparément adressées le même jour, et presqu'à la même heure. Comme leur intention est de les rendre publiques, je ne vois pas d'indiscrétion à vous en faire lecture.

« *Révélations importantes adressées
à M. le comte de ****.

« Les relations de famille que j'ai le malheur d'avoir avec le sieur François N*** m'ont procuré sur sa conduite des renseignements que je crois de mon devoir de communiquer au magistrat intègre dont il cherche à surprendre la religion.

« N*** avait succédé à son père dans la charge d'huissier au Châtelet, qu'il fut obligé de vendre pour cause de malversation.

« En 1788, il trouva, je ne sais comment, le moyen de se faire nommer à l'assemblée des notables, en achetant une charge de maire dans une province où il venait d'acquérir un bien dont il n'a jamais payé que le droit d'enregistrement.

« M. de Brienne, qui passait pour acheter des voix dans cette assemblée, ne daigna pas même marchander la sienne; il prit parti contre la cour.

« Ses déclamations, ses pamphlets en faveur du *tiers* n'ayant pu le porter à l'assemblée constituante, il se fit courtier d'intrigues, agent de séditions; sa maison était le quartier-général des émeutes populaires : c'est là qu'on mettait en œuvre la matière première des troubles civils, la misère et le mécontentement : il obtint un traitement considérable pour tenir table ouverte dans son faubourg; on le surnomma l'*Amphitryon de la canaille*.

« Il présida le premier club; et c'est à lui qu'on est redevable de l'ingénieuse institution des *tricoteuses*, à la tête de laquelle il plaça la célèbre Théroigne de Méricourt.

« En 1793, il se fit donner un passe-port de mise hors la loi pour aller rendre visite aux émigrés de Coblentz, dont le comité de salut public lui avait confié la surveillance spéciale.

« Dénoncé comme complice de Bazire et de Chabot, il se sauva en acceptant de Robespierre une mission secrète dont je n'ai jamais bien connu l'objet.

« Au 9 thermidor, il ne se tira d'affaire qu'en livrant à Courtois les papiers de son infame patron.

« C'est lui qui fut chargé d'organiser, à l'époque du 13 vendémiaire, cette terrible phalange composée des démolisseurs de Lyon, des incendiaires de la Vendée, des brigands de Marseille, et des noyeurs de Nantes.

« Sous le directoire, il ouvrit un cabinet d'affaires où se passaient tous les marchés, où s'adjugeaient toutes les fournitures, où s'organisaient toutes les rapines, toutes les déprédations qui signalèrent cette honteuse époque.

« On nomma, pour examiner ses comptes, une commission qui parlait déjà de l'envoyer tenir ses bureaux dans un bagne; le 18 fructidor le remit à flot; il obtint une place importante.

« A cette même époque, j'avais été arrêté à Paris comme émigré, en sortant d'une maison dont la maîtresse passait pour avoir avec N*** des relations de plus d'une espèce : il me fit rendre ma liberté pour deux mille louis en or, en signant en même temps l'ordre de me réintégrer vingt-quatre heures après dans ma prison. Je n'attendis pas l'expiration de ce terme pour me mettre hors de sa poursuite.

« Il est dans la destinée de cet homme de se sauver toujours à travers une révolution. Celle du 18 brumaire vint à propos pour arrêter l'effet d'un arrêté du directoire qui ordonnait sa mise en jugement.

« Notre républicain de 93, devenu, sous le gouvernement impérial, l'agent le plus actif de la tyrannie, obtint le prix de la plus basse adulation (et certes la chose n'était pas facile, vu la concurrence).

« Doué d'une extrême facilité pour rédiger les idées des autres, il prouva, en 1812, dans un écrit qui ne manquait pas d'une sorte d'éloquence, que la campagne de Russie était, après la guerre d'Espagne, la plus belle conception de l'esprit humain. En février 1814, il démontra tout aussi bien que l'envahissement de la France était ce qui pouvait nous arriver de plus heureux, et que cette terre de feu ne pouvait manquer de dévorer les phalanges ennemies dont elle était couverte.

« Les événements du 31 mars, dont il fut le premier informé dans le département où il avait été envoyé en mission, opérèrent une révolution subite dans ses principes et dans ses idées. Il ne fut pas plus tôt informé de la déchéance de Napoléon, qu'il arbora une cocarde blanche aux trois cornes de son chapeau, et qu'il couvrit les affiches impériales qu'il avait fait placarder la veille par les protestations imprimées de son *inviolable* dévouement à l'auguste famille des Bourbons.

« Depuis ce temps, il assiége tous les cabinets, toutes les antichambres; on m'a même assuré qu'il allait à la messe. »

Tout le monde se récria contre cet odieux caméléon dont on venait d'entendre l'histoire, et quelqu'un l'appela le dernier des hommes. « C'est bientôt dit, *le dernier des hommes* (reprit M. de Clénord en tirant un autre papier de sa poche); je suis de l'avis de Chamfort, il ne faut décourager personne. Écoutons le cousin qu'on vient d'accuser, et voyons comment il s'exprime sur le compte de son biographe. Voici la lettre qu'il m'a écrite : (Il lit.)

« *A M. le comte de Clénord... etc.*

« M. le comte, vous m'avez paru ignorer le motif de l'étonnement que j'ai témoigné en voyant hier mon cousin chez vous. Il m'en coûte de vous en faire part, mais il est des devoirs avec lesquels on ne saurait transiger, et des hommes qu'il est nécessaire de faire connaître : Robert N*** est de ce nombre.

« Fils d'un secrétaire du roi par charge, il avait acheté je ne sais quel petit office dans la maison d'un prince : il ne lui en fallait pas tant pour se croire gentilhomme; aussi s'empressa-t-il d'émigrer, laissant à ses créanciers (pour gage de soixante ou quatre-vingt mille francs qu'il leur devait) sa femme et quatre enfants en bas âge.

« Il a tout juste ce qu'il faut d'esprit pour faire

sensation dans les cafés : il se fit remarquer dans ceux de Coblentz par son jargon et ses rodomontades chevaleresques.

« Une grande affectation de zèle lui valut l'honneur d'approcher de M. le maréchal de Broglie. Lors de l'organisation de l'armée, il trafiqua d'un crédit qui se bornait à enregistrer des demandes et à dresser des états; il vendit l'espoir des places, et fut chassé pour des opérations qu'il ne m'est pas permis de qualifier.

« Sa conduite à l'armée de Condé, où il servit quelques mois dans les bureaux de l'état-major-général, ne donna pas une idée précisément favorable de sa bravoure : on ne cite de lui, comme action d'éclat, que cet élan sublime qui le porta, dit-on, à sauter sur le théâtre, à Tournay, pour se joindre aux défenseurs de *Richard Cœur-de-Lion*, qui marchaient contre la tour en toile peinte où ce grand prince était enfermé.

« Il est probable que Robert se laissa prendre volontairement par l'armée républicaine; du moins est-il certain qu'après une conférence avec le général, à la suite de laquelle il ne pouvait manquer de passer à une commission militaire, et d'y être condamné comme émigré pris les armes à la main, il obtint des passe-ports pour se rendre à Paris. Personne ne doute qu'il n'ait obtenu sa grâce par des révélations de la plus haute importance. Il devait néanmoins rester enfermé dans une prison d'état ; c'est à moi qu'il fut redevable de sa liberté.

« De retour en Allemagne, il y vécut de la plus honteuse industrie, aux dépens de ses compagnons d'exil et d'infortune.

« Robert eut connaissance des intentions de Pichegru au 18 fructidor; et de Hambourg, où il était alors, il fit passer au directoire tous les renseignements qu'il put se procurer. Il obtint à ce prix la permission de rentrer en France, où il se mit aux gages d'un des trois directeurs, en faveur duquel il publia quelques pamphlets anonymes.

« Chargé par le gouvernement français d'une mission secrète, il passa en Angleterre, communiqua ses instructions aux ministres anglais, et vécut brillamment à Londres, pendant deux ans, du produit de cette double trahison.

« Il reparut en France quand il crut la puissance de Bonaparte solidement affermie, et publia des mémoires où il ne craignait pas de dévoiler sa propre honte à la face de l'Europe, en continuant d'entretenir les plus zélés royalistes dans l'idée qu'il sacrifiait jusqu'à son honneur à la cause de son prince légitime.

« L'issue fatale de la campagne de Russie, dont il prévit habilement les conséquences, lui dicta le seul parti qu'il eût à prendre. Muni de tous les renseignements qu'il avait été à même de se procurer, il passa en Portugal sous un autre nom; rentra en France à la suite de l'armée anglaise, et fit assez de bruit pour faire croire qu'il avait conduit et préparé l'insurrection de Bordeaux.

« Tel est l'homme qui ose parler aujourd'hui de ses titres à la bienveillance du roi et à la confiance de ses ministres! »

La lecture de cette lettre achevée, on agita longtemps la question de savoir *lequel de ces deux hommes avait été le plus coupable*, et l'on finit par décider que chacun avait fait tout le mal possible dans la situation où il s'était trouvé, et qu'ils avaient un droit égal au mépris public.

M. de Clénord partit de là pour affirmer que l'amour de la patrie et la fidélité au prince étaient les premières qualités à exiger d'un homme en place, mais qu'il fallait bien se garder d'en chercher les preuves dans la trahison, alors même qu'elle aurait eu pour résultat le triomphe de la bonne cause.

N° XXXI. [5 décembre 1814.]

IL Y A DE CELA 25 ANS!

> Quand, de toutes parts, tout s'avance vers un but commun, il faut, bon gré, mal gré, se laisser aller au cours du temps.
> CHATEAUBRIAND, *Réfl. pol.*

Qu'elle est grande, qu'elle est noble la mission de l'écrivain dont la voix éloquente et conciliatrice calme les passions, rapproche les esprits et rallie les cœurs au sentiment du bien public! Tel est le but que paraît s'être proposé M. de Châteaubriand dans l'ouvrage que je cite en tête de ce discours.

Il y a de cela vingt-cinq ans: c'est par cette phrase que se terminent toutes mes discussions avec le baron d'Apreville, dont j'ai déjà parlé, et qui veut absolument compter pour rien le quart de siècle qui s'est écoulé depuis qu'il n'est venu à Paris. Il est impossible de lui faire entendre que ce laps de temps et les événements politiques qui l'ont rempli ont dû amener dans les lois, dans les mœurs, dans les habitudes, dans les idées même, des changements auxquels il faut se soumettre, sous peine d'être malheureux, incommode, et, qui pis est, ridicule. En parlant de ce qui existait en 1788, il a toujours l'air de continuer l'histoire de la veille; *je disais l'autre jour* signifie dans sa bouche, *je disais il y a vingt-cinq ans,* et le plus grand reproche qu'il fasse à la révolution (quand il veut bien convenir qu'il y a eu une révolution), c'est d'avoir altéré l'*étiquette,* qu'il appelle le palladium de la monarchie. Le baron a toujours en poche le *Cérémonial de France,* et prétend que c'est une honte pour la nation que l'oubli où l'auteur d'un pareil livre est tombé.

C'est à son enthousiasme pour l'étiquette qu'il faut attribuer son admiration pour Gaston, frère de Louis XIII, qui n'a d'autre titre à la célébrité que d'avoir été l'homme du royaume le plus au fait des cérémonies, genre de supériorité auquel le fils de Henri-le-Grand aurait pu se dispenser de prétendre, et que d'Épernon appréciait à sa juste valeur, lorsqu'il dit à ce prince, qui lui donnait la main pour descendre d'un gradin dressé pour une fête: *Voilà, Monseigneur, la première fois que vous aidez un de vos amis à descendre de l'échafaud.*

Les préjugés du baron ne sont pas de ceux qu'on parvient à déraciner par le raisonnement: ce qu'il dit, ce qu'il fait, il le dit, il le fait depuis si long-temps, qu'il est aisé de voir que sa vie entière tient à cette uniformité de mouvement, comme l'action d'une horloge tient aux oscillations régulières de son balancier. J'aurais seulement voulu lui faire entendre que l'étiquette, dont je sentais d'ailleurs toute l'importance, avait une marche qu'il fallait suivre, et que l'ouvrage de Godefroy père et fils (dont il avait dans sa bibliothèque un si bel exemplaire enrichi par lui de notes marginales) n'était plus d'une grande utilité dans le nouvel ordre de choses que le temps et les circonstances ont introduit à la cour.

A ce mot de nouvel ordre de choses, le baron se fâcha, me demanda si j'étais aussi de ces gens qui parlent de charte, de chambres, de budget, et de toutes ces billevesées dont les inventeurs devraient être condamnés à sortir du royaume, et tous leurs partisans à courir après eux. « Il y a long-temps, continua-t-il, qu'on parle de ces folies; grace au ciel, je n'en ai rien entendu. Quand j'ai vu qu'on commençait à extravaguer en France, je me suis bien et dûment claquemuré chez moi : *dans les temps de peste, on s'enferme* (c'est la sentence favorite du cousin). La crise a été longue, mais enfin elle est passée; le roi est remonté sur son trône; l'antique monarchie a recouvré ses lis : la noblesse a recouvré ses droits; tout rentre dans l'ordre; chaque homme, chaque chose doit nécessairement reprendre sa place, et je sais quelle est la mienne. »

Tout ce que le baron a fait depuis son retour

dans la capitale est conforme à son système de ne tenir aucun compte du temps, des personnes, des choses écoulées depuis 1788, époque qu'il veut à toutes forces rapprocher, sans intermédiaire, du point de la vie où il se trouve.

Son voyage à Paris avait un triple but d'ambition, d'intérêt et d'amour.

Il voulait obtenir la croix de Saint-Louis; ce fut l'objet de ses premières démarches. D'Apreville avait appris qu'un lieutenant-général Valdeck jouissait d'une grande faveur; il se rappelle que le major de son régiment portait le même nom; c'est probablement la même personne : il est de son devoir, de son intérêt de lui rendre visite.

Il arrive à l'hôtel, et se fait annoncer au général sous le nom du capitaine d'Apreville. Le général paraît. Le baron, qui croit le reconnaître, est tout surpris de le trouver plus jeune qu'il ne l'a laissé, ce qui ne l'empêche pas de lui parler du régiment où ils ont servi ensemble, de leur ancienne amitié. « J'en reçois avec d'autant plus d'intérêt les témoignages, interrompt le général, qu'ils s'adressent à la mémoire de mon père. » Le baron rougit de sa méprise, et s'excusa maladroitement sur le grade, sur les hautes dignités dont M. de Valdeck se trouvait revêtu dans un âge..... « Je suis encore jeune, il est vrai, reprit le général; mais je suis vieux de campagnes et de blessures, et j'ai obtenu tous mes grades, toutes mes décorations sur le champ de bataille. — Vous avez défendu la cause de Napoléon? — J'ai défendu celle de la France, et le roi n'a pas jugé différemment de mes services, lorsqu'il m'a honoré de la croix de Saint-Louis. — Il y a vingt ans qu'elle m'est due, et depuis huit mois je la sollicite en vain; il est vrai que je n'ai jamais servi le *tyran*. — Point d'humeur, monsieur le baron : justice vous sera faite, et je dois à l'amitié que mon père avait pour vous d'y contribuer de tout mon pouvoir; remettez-moi un mot de pétition : vous avez émigré sans doute? — Je ne suis pas sorti de France. — J'entends; vous avez pris parti dans l'armée vendéenne. — Je m'y serais décidé, si l'on ne m'avait pas fait l'insolente proposition de servir sous les ordres d'un Stofflet, d'un garde-chasse. — Qu'avez-vous donc fait pendant la révolution? — *Que fait-on dans un temps de peste? on s'enferme;* eh bien! je me suis enfermé; maintenant l'air est pur, le ciel serein, et me voilà. — Je vous en fais mon compliment; mais je ne vois pas là de titre bien péremptoire à la grace que vous sollicitez; je ne désespère pourtant pas de vous la faire obtenir; vous passerez dans la foule. »

Cette affaire arrangée, le baron s'occupa de son procès, et se rendit chez son rapporteur, dont il n'avait pas oublié l'adresse. Il arrive rue Taranne, il reconnaît l'hôtel et demande M. de Coulange, ancien consciller au parlement de Metz, et maintenant consciller à la cour royale. Le portier l'assure qu'il n'y a personne de ce nom dans la maison. « C'est singulier! c'est pourtant bien là son hôtel. — Non, monsieur; cette maison est celle du juge de paix de l'arrondissement. — Un juge de paix! un arrondissement! Comme ils ont bousculé ce pauvre Paris! on ne s'y reconnaît plus. » Le baron sortait en marmottant cette réflexion, lorsqu'il rencontra dans la cour une madame de Tourris, vraie comtesse de Pimbêche, qu'il avait connue autrefois dans sa province, et qui se rendait à l'audience du juge de paix pour entamer, par un refus d'arrangement, un des vingt procès qu'elle poursuivait à Paris, et dont il lui fallut écouter l'analyse. D'Apreville lui promit de la recommander à un de ses anciens amis, consciller à la grand'chambre, dont il cherchait en ce moment l'adresse. « Eh, mon cher, il s'agit bien de la grand'chambre; c'est à la cour royale que je plaide. — Comment, diable! mais cette affaire aurait dû aller au parlement? — Sans doute, *il y a vingt-cinq ans*, mais aujourd'hui..... — Pardon, c'est que je ne puis m'accoutumer à tous ces nouveaux noms sous lesquels on s'est amusé à déguiser nos institutions anciennes. Quoi qu'il en soit, j'ai beaucoup connu l'avocat-général, et je lui parlerai pour vous, si je parviens à savoir où il demeure. » Madame de Tourris n'était pas femme à l'ignorer; elle fit monter le baron dans une vieille demi-fortune remplie de dossiers comme une étude de procureur, et le conduisit à la porte de M. de Coulange.

On introduisit d'Apreville dans le cabinet du magistrat; celui-ci, occupé à écrire debout à une table à la Tronchin, fut bien surpris de se trouver, en se retournant, dans les bras d'un homme qu'il ne connaissait pas, et qui continuait, sans lâcher prise, à lui parler de Metz, du parlement, de la place Coislin, où ils dînaient si souvent ensemble. Ce ne fut qu'après avoir essuyé ce débordement de tendresse qu'il fut permis à M. de Coulange de faire observer au baron qu'il se trompait. « Comment, monsieur, vous n'êtes pas M. de Coulange, conseiller au parlement de Metz?.... — C'était mon père. — Cependant il n'y a pas plus de *vingt-cinq ans*.... — Je n'en ai pas encore trente. — Et monsieur votre père? — Il avait quitté la robe pour suivre la carrière des armes, et j'ai eu le malheur de le perdre à la bataille de Lutzen. — C'est incroyable! disait à part soi le baron : les conseillers au parlement meurent sur le champ de bataille; leurs enfants sont magistrats!.... Je ne me ferai jamais à un pareil désordre. »

Après une courte explication, le baron parla de son procès; il s'agissait d'un compte de tutelle dans lequel on revenait, au nom d'un mineur, sur la vente d'un bien aliéné contre le vœu formel de la loi. L'affaire était présentée d'une manière très lumineuse;

mais lorsqu'il fut question d'en connaître les détails, l'avocat-général ne put apprendre sans rire que la cause pendait au parlement de Paris dix ans avant la révolution; que le mineur au nom duquel il s'agissait de plaider était le baron lui-même; que le bien en litige avait été vendu comme bien d'émigré en 1793, et que le propriétaire actuel l'avait acquis de huitième main. M. de Coulange, après avoir essayé de prouver au baron que la révolution et le temps avaient jugé son procès, et qu'il n'y avait pas à revenir sur la sentence, fut obligé de lui dire que sa cause ne serait pas même admise par les tribunaux : le baron sortit en colère, et déclara qu'il se pourvoirait en déni de justice par-devant le *conseil*.

J'ai dit que l'amour était un des trois objets que notre cousin s'était proposé pour but en venant à Paris. Dans le dernier voyage qu'il y avait fait, son cœur s'était épris d'un sentiment très tendre pour une jeune personne qui commençait à le payer de retour, lorsque les circonstances les séparèrent. Pendant *les vingt-cinq ans* que le baron ne compte pas, pendant ce *temps de peste où il se renferma*, la jeune personne se maria, eut des enfants, et devint veuve. Ce dernier événement, qu'elle lui apprit elle-même, réveilla dans son cœur des souvenirs d'amour et des idées de mariage. Après avoir, comme de raison, donné les premiers jours aux visites de cérémonie et aux affaires, il s'empressa de courir chez l'aimable veuve, qui demeure encore dans la rue Royale; il détourna la tête en passant vis-à-vis la place Vendôme, où s'élève cette *vilaine* colonne d'Austerlitz, dont il espérait bien que les alliés nous débarrasseraient; il soupira en jetant les yeux sur cet emplacement des Capucines, dont on a fait disparaître tant de vénérables masures, et sentit battre encore une fois son cœur en frappant à la porte d'une maison où rien ne lui paraissait changé.

Le baron, sans répondre au portier, qui lui demande où il va, monte le grand escalier tout d'une haleine; il entre, traverse plusieurs pièces, et se trouve en face d'une dame assise à un métier, où elle brodait. Il s'arrête devant elle sans dire un mot, et la regarde d'une manière si tendre et si comique tout à-la-fois, que la dame, étonnée d'abord, finit par rire aux éclats, en lui demandant qui il est et ce qu'il veut. « Qui je suis, Caroline! vous ne vous rappelez pas Alfred? — Alfred! — Vous n'êtes point changée; mais je dois l'être beaucoup, puisque vous ne reconnaissez pas le baron d'Apreville. — Monsieur, répondit-elle en se levant, je ne vous reconnais pas; mais j'ai l'honneur de vous connaître : ma mère m'a souvent parlé de vous. — Madame de Sezanne! Comment diable! il n'y a donc plus que des orphelins à Paris? Je n'y trouve plus ni pères ni mères. — Voici la mienne. »

Madame de Sezanne entra; le baron ne fut pas le maître de cacher sa surprise. « C'est vous ? lui dit-il. — Oui, mon cher baron, c'est moi, c'est vous ; nous voilà tels que le temps nous a faits ; il faut en prendre son parti. — Vous me pardonnez, j'espère, d'avoir pris mademoiselle votre fille pour vous ; il est incroyable à quel point elle vous ressemble. — Dites donc à quel point je lui ressemblais *il y a vingt-cinq ans.* »

Dans la conversation qui suivit cette reconnaissance, d'Apreville avoua sincèrement à son amie qu'il n'avait fait que des sottises depuis son arrivée à Paris. « Voulez-vous me permettre de vous en dire la raison ? continua-t-elle ; c'est que vous ne voulez pas mettre en pratique ce précepte du sage, qui n'a jamais été d'une application plus nécessaire : *Épongez la vie à mesure qu'elle s'écoule.* Vous avez voyagé en dormant pendant la tempête; à votre réveil vous voulez vous retrouver à la même place, ou du moins vous croyez possible d'y revenir : voilà l'erreur. La France est pleine de gens qui font le même calcul ou le même rêve; ils seront détrompés tôt ou tard, et leurs flatteurs, s'ils ont encore le moyen d'en avoir, leur diront pour les consoler que, lorsqu'on n'est point au-dessus de son siècle, il est plus honorable de rester seul au-dessous que de se placer au niveau avec la foule. »

P. S. Si quelques uns de mes lecteurs s'intéressent

au cousin d'Apreville, ils apprendront avec plaisir que la sage madame de Sezanne a l'intention, en l'épousant, de lui tenir la promesse qu'elle lui a faite *il y a de cela vingt-cinq ans.*

N° XXXII. [10 DÉCEMBRE 1814]

L'HOSPICE
DES ENFANTS-TROUVÉS.

> .... *Cui non risêre parentes.*
> VIRG., ég. IV.
>
> Ils n'ont jamais connu le souris d'une mère.
> (*Imité*)
>
> .. .... *Stat fortuna improba noctu,*
> *Arridens nudis infantibus ; hos fovet ulnis*
> *Involvitque sinu.*
> JUV., sat. VI.
>
> La fortune bizarre veille, pendant la nuit, sur ces enfants tout nus ; elle leur sourit, elle les presse entre ses bras, et elle les réchauffe dans son sein.

Les événements de ce monde se tiennent par un lien quelquefois si imperceptible, qu'on ne saurait donner trop d'importance aux plus petits détails de la vie. Il était, ou du moins il paraissait fort indifférent que j'allasse, samedi dernier, dîner dans une maison ou dans une autre ; cependant ce choix que j'ai fait a été la cause première d'un événement qui a changé l'existence de deux personnes, dont l'une, entrée dans la vie sous les plus cruels auspices, est maintenant destinée à la parcourir avec tous les avantages qui la font desirer, au milieu des tendres affections qui la font chérir.

Je dînais la semaine dernière avec Duterrier chez madame Dubelloy, ancienne amie de ma femme, dont le mari est mort glorieusement à la tête du régiment de cavalerie qu'il commandait dans la première campagne de Prusse. Cette dame se plaignait amèrement du sort qui lui avait envié le bonheur d'être mère : l'ami Duterrier, à qui les paradoxes ne coûtent rien, et qui les soutient avec plus de logique que de sensibilité, entreprit de prouver à madame Dubelloy, près de laquelle il était placé à table, que l'amour maternel était un sentiment factice, où l'instinct n'avait que la plus faible part, et dont l'habitude faisait tout le charme et toute la force. « La preuve, ajouta-t-il, qu'on donne à la nature, sur ce point comme sur beaucoup d'autres, plus d'importance qu'elle n'en a en effet, c'est qu'une mère dont l'enfant aura été changé en nourrice ne sera point avertie par son cœur de la méprise où on l'expose ; elle éprouvera pour l'enfant étranger toute la tendresse qu'elle aurait eue pour le sien, et, par la suite, si l'erreur venait à se découvrir, le fils véritable ne rentrerait que difficilement dans l'héritage d'amour dont sa mère l'aurait involontairement frustré.

« Les soins que l'on donne à la première enfance, les premières caresses qu'on en reçoit, la douce habitude de voir une petite créature humaine grandir, s'élever, se développer par vos soins et sous vos yeux, telle est la source principale, pour ne pas dire la source unique de l'amour maternel.

« On est mère quand on veut l'être, continua-t-il ; il existe à Paris, pour l'éternel honneur de l'homme divin qui l'a fondé, un hospice où la *société* recueille tous ces orphelins que la *nature* abandonne. Là, le sang le plus illustre et le plus vil se trouvent quelquefois confondus dans la même *crèche;* les fruits de l'inconduite, de l'erreur, de la séduction, sont admis au partage des mêmes soins, et le mystère étend sur le berceau de ces enfants un voile que l'imagination peut encore environner à son gré du prestige de la naissance.

« Pourquoi tant de femmes qui se consument, ainsi que vous, dans l'inutile regret d'un bonheur que la nature s'obstine à leur refuser, ne recourent-elles pas à cette maternité d'adoption, dont l'hospice des Enfants-Trouvés est la source intarissable? Là, madame, le hasard ne sera pour rien dans votre choix; les agréments de la figure, les charmes d'un premier sourire, les indications de la force et de la santé, le sexe (dont vous n'aurez pas l'incertitude pendant neuf mois), sont autant de motifs qui détermineraient votre préférence; ce n'est plus seulement l'enfant de votre amour, c'est l'enfant de vos vœux que vous pourriez obtenir. »

On commença par rire de la brusque péroraison du discours de l'ami Duterrier; et comme je craignais que deux jeunes gens (du nombre de ceux qui achèvent leur éducation aux *Variétés*) qui dînaient avec nous ne s'emparassent d'une idée généreuse pour l'étouffer sous les jeux de mots et les calembourgs, je m'efforçai de ramener la conversation à ce point d'intérêt qui en bannit la frivolité. Quelques dames se récrièrent sur cet usage barbare de l'abandon des enfants.

« Il date de loin, reprit Duterrier; les anciens des tribus à Lacédémone autorisaient les parents à exposer les enfants mal conformés; et le moindre intérêt de famille, chez les Athéniens, amenait le même résultat.

« A Rome, il y avait, je ne sais sur quelle place, une colonne *lactaire*, au pied de laquelle on exposait les enfants qu'on ne voulait ou qu'on ne pouvait pas nourrir; la compassion des passants en arrachait quelques uns à la mort.

« — Il n'est pas très glorieux pour la civilisation européenne (continuai-je en prenant la parole) de rappeler qu'il n'y a guère plus d'un siècle et demi que fut ouvert à Paris le premier asile où la charité publique recueillit les enfants abandonnés. Un homme que les philosophes ont mis au premier rang des sages, et que l'église a mis au rang des saints, le fils d'un pauvre laboureur gascon, tour-à-tour esclave à Tunis et précepteur du cardinal de Retz, curé de village et aumônier des galères, Vincent de Paule, exécuta par la seule puissance de la religion et de la vertu une œuvre de charité dans l'exécution de laquelle le gouvernement avait échoué plusieurs fois. A ce nom sacré dans la mémoire des hommes on oublie trop souvent d'associer celui de cette *demoiselle Legras,* d'une famille noble qui existe encore au milieu de nous [1], et dont la fortune entière fut employée au succès de cette sublime entreprise. Vincent de Paule rassembla, dans l'église de Saint-Lazare, un grand nombre d'enfants abandonnés, et, en présence des dames qui s'étaient chargées d'en prendre soin, il prononça un discours qu'il termina par cette éloquente péroraison :

« Or sus, mesdames, la compassion et la charité
« vous ont fait adopter ces petites créatures pour
« vos enfants ; vous avez été leurs mères selon la
« grace, depuis que leurs mères selon la nature les
« ont abandonnés ; voyez maintenant si vous voulez
« aussi cesser d'être leurs mères pour devenir leurs
« juges : leur vie et leur mort sont maintenant entre
« vos mains ; je m'en vais prendre les voix et les suf-

[1] M. le baron Legras, aide-de-camp de S. A. R. le prince de Condé, et M. Legras de Bercagny, ci-devant préfet à Magdebourg.

« frages : il est temps de prononcer leur arrêt et de
« savoir si vous ne voulez plus avoir de miséricorde
« pour eux. Ils vivront si vous continuez d'en pren
« dre un soin charitable; ils mourront tous si vous
« les délaissez. »

Le discours de l'orateur chrétien fit plus d'effet que les raisonnements de Duterrier, et il eut cet heureux résultat de faire naître à quelques uns des convives, et particulièrement à madame Dubelloy, le desir de m'accompagner dans la visite que je me proposais de faire le lendemain à l'hospice des Enfants-Trouvés, et dont il me reste à rendre compte.

On parle sans cesse du mal qui s'est fait depuis vingt ans, et l'on ne dit rien du bien qui s'est opéré. Nulle part ce bien n'est aussi sensible que dans les hospices, où il était le plus nécessaire, et ne se remarque avec plus d'intérêt que dans l'établissement des Enfants-Trouvés, confié à la surveillance spéciale de M. Pélicot, un des administrateurs des hospices, et à M. Hucherard, agent de surveillance.

Je défère souvent à l'opinion et au mépris publics ce qui me paraît répréhensible dans nos habitudes et dans nos mœurs; mais j'éprouve bien plus de plaisir à signaler à l'admiration et à la reconnaissance nationales les hommes et les choses qui m'en paraissent dignes. J'en trouve et j'en saisis aujourd'hui l'occasion.

Cet hospice, établi depuis quelques années rue

de la Bourbe, a été transféré le 4 du mois d'octobre dernier rue d'Enfer, dans une maison consacrée, antérieurement à 1789, à l'éducation de jeunes oratoriens. On pourrait croire qu'on avait eu le pressentiment de sa destination future, lorsque l'on plaça, il y a plus d'un siècle, sur la façade de la chapelle, les inscriptions suivantes :

Sanctissimæ Trinitati et infantiæ Jesu sacrum [1].

et plus bas :

Invenietis infantem pannis involutum [2].

La chapelle, par où nous commençâmes notre visite, est d'une noble simplicité. On y remarque la belle statue de saint Vincent de Paule, par Stouf. C'est une idée heureuse et touchante que d'avoir placé les fonts baptismaux sous les yeux du saint, qui semble sourire aux enfants qu'on y présente.

En sortant de la chapelle, nous traversâmes de vastes magasins destinés à préparer et à distribuer les layettes d'enfants que l'on fournit aux nourrices; on est frappé de l'ordre admirable qui règne dans un lieu où des besoins de tous les moments exigent un mouvement et un déplacement continuels.

Le premier étage est occupé par la *crèche* et les infirmeries. Cette salle de la crèche offre un spec-

---

[1] Consacré à la sainte Trinité et à l'enfant Jésus.
[2] Vous trouverez un enfant enveloppé de langes.

tacle également intéressant pour le cœur et pour les yeux. Cent cinquante berceaux en fer, disposés sur deux lignes parallèles et garnis en toile d'une éclatante blancheur, en sont le principal ornement. Une circonstance dont je ne dois pas oublier de faire mention, c'est que le fer employé à la fabrication de ces berceaux est celui des grilles de l'ancienne maison de *Port-Royal,* dont on avait fait une prison en 1793, sous le nom cruellement dérisoire de *Port-Libre.*

En jetant les yeux sur un très ancien et très mauvais tableau qui se trouve au-dessus du foyer de la crèche, madame Dubelloy s'étonna qu'aucun de nos grands peintres n'eût encore consacré ses pinceaux à décorer ce pieux asile. Combien de sujets sublimes offerts au génie de la peinture, dans la vie du vénérable fondateur de cette maison! *Saint Vincent de Paule au marché Saint-Landry,* gémissant sur le sort des enfants abandonnés, dont la misère et la honte faisaient alors un odieux trafic.

L'assemblée des dames à Saint-Lazare, dans laquelle il jeta les fondements de cette vaste et sainte entreprise.

L'institution des Sœurs de la Charité, inappréciable bienfait dont la révolution avait privé cet hospice, et qui vient tout récemment de lui être rendu. Avec quel intérêt on verrait figurer dans cette composition cette sœur Giroud, dont on voit le portrait à l'une des extrémités de la crèche, et qui, pendant quarante années qu'elle passa dans cet hospice, reçut entre ses mains deux cent vingt-un mille enfants abandonnés !

Le peintre n'oubliera pas d'y placer la respectable sœur Bignon, la supérieure actuelle de ces filles dévouées, dont les vertus angéliques ne sauraient trouver de récompense sur la terre.

« Je ne sais, continua-t-elle, si mon cœur m'abuse, mais il me semble que la visite que Madame Royale a faite le mois dernier dans cette maison fournirait aux peintres célèbres dont s'honore aujourd'hui l'école française le sujet d'un tableau où tout ce que l'imagination peut concevoir de plus noble, de plus touchant, de plus pittoresque, trouverait naturellement sa place. »

J'aurais desiré que l'espace et le temps qui me pressent m'eussent permis d'entrer dans les détails administratifs d'un établissement à l'examen duquel les mœurs et la morale publiques sont si particulièrement intéressées ; je dois me borner à présenter ici les principaux résultats.

On reçoit annuellement à l'hospice des Enfants-Trouvés, à Paris, cinq à six mille enfants.

Au-dessus de deux ans, les enfants abandonnés sont envoyés à l'hospice des Orphelins du faubourg Saint-Antoine.

Le nombre des enfants reçus depuis 1640, époque

de la fondation de cet établissement, jusqu'au 22 novembre 1814, c'est-à-dire dans l'espace de cent soixante-quatorze années, s'élève à 498,000.

La progression annuelle est curieuse à observer. Le nombre des enfants reçus en 1640 a été de 372; en 1665, de 486; en 1690, de 1504; en 1715, de 1840; en 1740, de 3150; en 1765, de 5496; en 1790, de 5842.

Il est remarquable qu'en 1793, et pendant les trois années de la tourmente révolutionnaire, le nombre des enfants abandonnés a diminué sensiblement, et ne s'est élevé que de trois à quatre mille.

On pourra se faire une idée des avantages résultant de la vaccine, du zèle et des soins de l'administration actuelle, en observant qu'en 1804, sur 50,000 enfants envoyés en nourrice à la campagne pendant les dix années précédentes, il n'en existait que 3,000, tandis que le même laps de temps et le même nombre d'enfants mis en nourrice présentent aujourd'hui le résultat de 14,000 enfants vivants.

Sur 4326 enfants reçus à l'hospice pendant les dix premiers mois de l'année 1814, il en est mort dans l'hospice même 825. Pour que cette proportion d'un sur cinq ne paraisse pas trop élevée dans l'ordre ordinaire de la nature, il est nécessaire de considérer que la plupart de ces enfants proviennent de mères épuisées de fatigues, de misère, et souvent même de maladies.

J'aurais besoin de plusieurs pages pour le récit qui me reste à faire; je suis forcé de le resserrer en quelques lignes. Madame Dubelloy, que les sophismes de Duterrier n'avaient pas séduite, avait éprouvé plus de pitié que de tendresse à la vue des innocentes créatures dont nous allions quitter l'asile. Le hasard voulut que son cocher ne se trouvât pas à ses chevaux : pendant que le laquais allait le chercher au cabaret voisin, nous attendions dans le parloir. Dans le court espace de temps que nous y restâmes, la cloche qui annonce le dépôt des enfants sonna trois fois. Ce fut entre les mains de madame Dubelloy elle-même qu'on remit le dernier : c'était une petite fille qui paraissait avoir deux ou trois mois, et au cou de laquelle pendait un petit papier sur lequel était écrit le nom d'*Henriette,* suivi de trois initiales. En s'avançant pour la remettre à la sœur qui descendait pour la prendre, madame Dubelloy fit un faux pas, et tomba avec l'enfant, qui fut légèrement blessée dans sa chute. Cet accident fut pris par madame Dubelloy comme un avis du ciel, qui lui reprochait d'abandonner cette enfant; elle la prit dans ses bras, la couvrit de caresses : la petite y répondit par un souris mêlé de larmes, et le pacte d'adoption fut à l'instant conclu avec toutes les formalités d'usage.

N° XXXIII. [17 DÉCEMBRE 1814.]

MÉMOIRES D'UN LAQUAIS.

> .... *Age, libertate decembri,*
> *Quando ita majores voluerunt, utere; narra.*
> HOR., sat VII, lib. II.
>
> Profite de l'occasion, mon ami, et puisque l'usage l'autorise, fais-nous ton histoire.

Pourquoi un laquais n'écrirait-il pas son histoire? Un homme qui par état passa sa vie dans les antichambres ne peut-il pas se vanter, pour peu qu'il ait observé ce qu'il a vu, de connaître le monde et d'avoir vécu en bonne compagnie? N'a-t-il pas, sur tout autre historien, l'inappréciable avantage d'avoir vu ses héros et ses héroïnes en déshabillé? M'objectera-t-on son éducation, et conséquemment sa manière d'écrire; je dirai que, vu le grand nombre d'ouvrages écrits en style de laquais, dont nous sommes journellement inondés, celui-ci aura tout au plus le désavantage de se perdre dans la foule.

On formerait une immense bibliothèque des mémoires écrits depuis cent ans. Les deux ouvrages classiques de ce genre moderne, les *Mémoires du cardinal de Retz* et ceux du *chevalier de Grammont*, sont antérieurs à cette époque. Tout ce qu'on a publié depuis dans le même genre n'est qu'un fatras romanesque et scandaleux, de la lecture duquel on peut tout au plus espérer de recueillir quelques anecdotes douteuses, et quelques vérités équivoques.

Les réfugiés français, pendant le dernier siècle, ont inondé l'Europe de Mémoires secrets, où l'absurdité ne le cède qu'à la platitude. Les événements de la cour de France y sont racontés par des gens qui n'ont jamais pénétré dans le château au-delà des vestibules. Les conversations les plus intimes entre Louis XIV et madame de Maintenon sont rapportées, mot pour mot, par des témoins qui n'ont pu les entendre qu'en passant auprès de leur voiture à la distance de leurs gardes.

Après les Mémoires soi-disant historiques, sont venus les Mémoires franchement romanesques. Nous avons vu paraître *les Mémoires d'un homme de qualité*, par l'abbé Prévost; *les Mémoires ou Confessions du comte de* ***, par Duclos; et *les Mémoires de mademoiselle A*, par M. B.; et *les Mémoires de mademoiselle A*, par M. D., etc., etc. C'est ainsi que l'on confond, que l'on dénature tous les genres, et que, par une bizarre alliance de mots incompatibles, on nous a donné, sous le titre de *Romans historiques*, tant d'ouvrages qui ne sont ni des romans ni des histoires ; mais, sans pousser plus loin une discussion littéraire qui m'entraînerait hors de mon sujet, j'en reviens aux Mémoires d'un laquais que j'ai connu, il n'y a guère moins de trente ans, au service d'un très grand seigneur, et que le hasard m'a fait reconnaître il y a quelques jours à la porte d'un petit spectacle, où il reçoit les contre-marques.

Julien a eu le malheur d'apprendre à lire dans un exemplaire de *Gil-Blas*, chez le maître d'école de Clignancourt, lequel passait, ainsi que le docteur *Godinez* à Oviédo, pour le plus pédant de l'endroit. L'élève n'avait guère plus de dispositions que le maître n'avait de savoir ; cependant il en apprit assez pour mépriser l'état de vigneron qu'exerçait son père, et que celui-ci voulait lui faire prendre. Quelques mots de latin, qu'il avait retenus en chantant le dimanche au lutrin de sa paroisse et en servant la messe, le placèrent si haut dans sa propre estime, qu'il se hâta de quitter la *blaude* pour la *livrée*. La science, qui en avait fait un mauvais fils, devait encore en faire un mauvais domestique ; c'est le propre de l'éducation, bonne ou mauvaise, d'influer sur la vie entière.

M. Julien, dans une visite intéressée qu'il m'a faite, dont je passe aujourd'hui l'objet sous silence, a bien voulu me communiquer le manuscrit de ses Mémoires, et me permettre, *pour tâter l'opinion publique,* d'en extraire, à mon choix, quelques bribes. Les petites corrections que j'ai faites ne portent que sur son style, dont le naturel descend quelquefois jusqu'à la bassesse, et dont la liberté dégénère le plus souvent en effronterie; à cela près, je laisse parler mon Figaro de Clignancourt.

« (1787)..... Le chanoine chez lequel je fus placé peu de temps après ma sortie de chez le duc de L*** était un homme de quarante-cinq ans, d'une dimension de cinq pieds dans quelque sens qu'on le mesurât : sa figure, qu'on peut se représenter par une boule en équilibre sur une autre, laissait entrevoir à peine deux petits yeux ronds et noirs, enchâssés entre deux gros sourcils et la protubérance charnue de ses pommettes. Mon nouveau maître, d'un naturel assez doux, était néanmoins sujet à des accès d'humeur dont il n'était pas toujours facile de prévenir la cause et de prévoir l'effet. Cette humeur n'allait jamais jusqu'à la colère, à moins pourtant qu'on ne lui servît des épinards à la crème quand il les voulait au jus; qu'il ne fût obligé de retarder ou d'avancer l'heure de son dîner pour l'office divin; que sa provision de Clos-Vougeot n'arrivât pas à temps, ou dans telle autre circonstance aussi grave.

« Le chanoine Duménil jouissait de vingt-sept mille livres de rente, en trois bénéfices : le premier lui avait été donné pour prix d'un sermon d'apparat qu'il avait prêché devant la cour, à Choisy, et qu'il avait acheté soixante francs d'un jeune séminariste; le second était le produit d'un billet de confession délivré en temps utile à un ministre dénoncé comme philosophe; le troisième lui avait été accordé en récompense du zèle qu'il avait mis à soutenir les intérêts de son chapitre dans un procès contre l'Hôtel-Dieu. Il est probable que j'aurais passé ma vie auprès de ce saint homme, chez lequel j'étais depuis trois ans, s'il ne fût mort d'apoplexie le jour où l'assemblée constituante décréta la suppression de la dîme.

« Je profitai du deuil que le neveu du chanoine avait fait prendre à toute sa maison avant de la congédier, pour me présenter en qualité de valet-de-chambre chez le vicomte d'Arpenay. Je fus agréé sur la recommandation de la femme-de-chambre, que j'avais vue plusieurs fois dans la maison de M. Duménil, et à qui je trouvais, soit dit sans malice, beaucoup de ressemblance avec un portrait de madone que le chanoine avait dans son oratoire.

« M. le vicomte, à en juger par l'air de dédain que l'habitude avait imprimé à sa figure, et par le rapport de ses anciens domestiques, devait avoir été fort difficile à servir quelques années auparavant; mais à l'époque où j'entrai à son service *les droits de l'homme* venaient d'être déclarés, et l'on se préparait à mesurer l'intervalle de convention que les préjugés avaient mis entre l'homme de condition et l'homme en condition. Le système d'égalité commençait à s'établir, et menaçait l'autorité royale. Mon maître, profond politique, crut devoir faire son thème en deux façons : il allait, avec une partie de ses gens, faire sa cour à Versailles, et m'envoyait avec l'autre dans les faubourgs : il avait tour-à-tour à dîner Mirabeau et l'abbé Maury. Cette habile manœuvre n'eut pourtant pas le succès qu'il devait en attendre. Dans la journée du 6 octobre, un de ses domestiques fut tué dans la bagarre par les gardes-du-corps, et lui-même se vit au moment d'être *lanterné* dans l'avenue de Paris par un groupe du faubourg Saint-Antoine dont je faisais partie.

« Dès-lors M. le vicomte ne balança plus sur ce qu'il avait à faire ; il émigra, et je me dispensai de le suivre : je m'en sus bon gré en apprenant, deux ans après, qu'il se trouvait réduit à vivre du produit des darioles et des talmouses qu'il fabriquait dans une petite ville de la Prusse orientale.

« Je passai quelques semaines à pérorer dans les groupes du Palais-Royal ; mais je ne tardai pas à m'apercevoir que ce métier-là ne nourrissait pas son homme. J'en faisais un jour l'observation en présence du journaliste Gorsas, qui venait d'applaudir à la motion en plein vent que j'avais faite : il me proposa de me mettre à ses gages ; j'acceptai une proposition qui servait en même temps mes goûts et mes besoins. J'entrai chez le propriétaire rédacteur du *Courrier des Départements,* non pas en qualité de domestique (dénomination injurieuse à la dignité de l'homme), mais avec le titre de garçon de bureau. Ma principale occupation était de porter à l'imprimerie la copie du journal; ce qui me donnait le moyen d'y glisser de temps en temps de petits articles de ma façon: dans ce nombre je dois citer cette *Réclamation sur le départ de* MESDAMES, qui fit tant de bruit dans le monde, et que je terminais par cette exclamation que l'histoire a déja recueillie :

« *Citoyens! laissez-les partir; mais retenez ces bagages qui appartiennent au peuple: ce sont nos vêtements, ce sont nos chemises qu'elles emportent.*

« A ce mot de *chemises,* si convenable et si naturel, l'aristocratie furieuse répondit par une chanson impertinente, sur un air de pont neuf, dans laquelle, après avoir demandé qu'on rendît *les chemises à Gorsas,* on élevait des doutes sur le nombre, sur la qualité, sur la couleur de celles qu'il pouvait avoir. Le ridicule, à cette époque, était encore une arme; mon patron en fut atteint; il s'en prit à moi, et me mit à la porte. Je le regrettai beaucoup; c'était au fond le meilleur homme du monde.

« Je fis pendant quelques mois le métier de *remplaçant* dans la section de *Brutus,* où je rencontrai un ancien chantre du chapitre de M. Duménil, que les circonstances avaient forcé à changer de rôle :

il jouait la comédie en province, dans l'emploi de basse-taille; et venait à Paris pour réclamer la protection de Collot-d'Herbois, son ancien camarade. Le Solon de 93 le reçut avec une dignité comique dont il eut le malheur de rire; dès le soir même, un bon *mandat d'arrêt* réprima sa gaieté.

« J'avais accompagné mon ami dans sa visite; mais j'avais si bien gardé mon sérieux, que l'équitable Collot, qui punissait et récompensait avec le même discernement, crut devoir me placer auprès d'un de ses amis, qu'il envoyait en mission dans le département des Bouches-du-Rhône.

« En arrivant à Marseille, nous nous logeâmes dans le plus bel hôtel de la rue de Rome. Afin de n'avoir rien à démêler avec le propriétaire, on avait pris le parti de le faire arrêter la veille. Nous menions une vie fort douce. Je tutoyais mon maître; il me faisait asseoir à sa table; mais, faute d'argent, il ne payait pas mes gages. J'imaginai de me faire un petit revenu de ma sensibilité, et d'accepter cent louis qu'on m'offrait pour une *mise en liberté* que je fis signer de confiance au *représentant*. Malheureusement il eut connaissance de mon petit commerce. La vertu républicaine ne transigeait pas avec ce genre de délit : mon maître me chassa, et je ne dus qu'à la sollicitation de la belle madame L***, qui faisait les honneurs de sa maison, de n'être pas guillotiné comme *fauteur de Pitt et Cobourg*.

« Je suivis un commissaire des guerres qui partait pour l'armée des Pyrénées-Orientales. Celui-ci, beaucoup moins scrupuleux, aurait en peu de temps fait sa fortune et la mienne si le général Dugommier, qui traitait un peu trop sévèrement les affaires de finance, ne l'eût fait fusiller sans forme de procès, pour avoir vendu à son profit cent mille rations de fourrage extraites d'un magasin porté par mégarde sur les états comme ayant été brûlé à l'approche de l'ennemi. Le pauvre commissaire des guerres fut bien vengé quelques jours après : le général fut tué par un obus.

« J'avais été impliqué dans cette maudite affaire. La commission chargée d'examiner ma conduite prétendait avoir découvert que j'avais accepté vingt-cinq louis pour une signature dont j'avais émargé l'état, réputé frauduleux. Des juges de mauvaise humeur s'obstinèrent à voir un *faux* dans un acte de pure *complaisance,* et je ne sais jusqu'où m'aurait conduit le détachement chargé de l'exécution de la sentence injuste qui avait été portée contre moi si la Providence ne nous eût fait rencontrer, à quelques lieues de Tours, une colonne de l'armée vendéenne : mes gardes prirent la fuite, et je me réfugiai dans les rangs de mes libérateurs, que je crus devoir intéresser plus vivement à mon sort en m'offrant à leurs yeux comme une victime de la cause auguste qu'ils défendaient.

« Je revins à Paris après le 9 thermidor. J'y vivais sans argent, sans certificat, et ne sachant plus où donner de la tête. Un jour que j'étais allé, pour la troisième fois, me faire inscrire au bureau des *Petites-Affiches*, j'y rencontrai une jeune dame dont la taille élégante, les manières vives et le ton un peu cavalier attirèrent mon attention : elle parlait au rédacteur des annonces, qui écrivait sous sa dictée.

« On demande, disait-elle, pour servir en qua-
« lité de valet-de-chambre auprès d'une personne
« seule, un homme de trente à trente-cinq ans, d'une
« grande taille, d'un extérieur agréable, qui puisse
« au besoin tenir lieu de secrétaire, et qui soit en
« état de courir la poste. Je tiens à toutes ces condi-
« tions, continua-t-elle ; une seule de moins, et l'on
« ne peut me convenir. »

« J'avais entendu très distinctement ce que cette dame avait dit, et je trouvais dans ses discours une sorte de franchise qui rassurait ma timidité. Je m'approchai d'elle d'un air moitié respectueux et moitié délibéré : « Si mon extérieur ne déplaisait pas trop à madame, lui dis-je de la meilleure grace qu'il me fut possible, j'oserais me prévaloir à ses yeux de toutes les qualités qu'elle exige ; j'ai trente-quatre ans, cinq pieds six pouces ; je déficrais à cheval le plus infatigable courrier du commerce, et j'ai étudié pour être journaliste. » La dame me regarda en souriant, me fit un petit signe de tête tout-à-fait encourageant, et m'ordonna de venir prendre sa réponse le lendemain à son hôtel.

« Je ne manquai pas de m'y rendre; il était deux heures, elle n'était point encore levée, et cinq ou six hommes de ses amis les plus intimes, qui se rassemblaient chez elle tous les matins, causaient familièrement au chevet de son lit. Je les vis sortir l'un après l'autre, et je reconnus dans le nombre plusieurs chefs d'un parti redoutable, même après sa défaite, que l'on désignait sous le nom de *queue de Robespierre*. Aussitôt que madame fut seule, elle sonna ses femmes, et donna l'ordre qu'on me fit entrer. Je fus d'abord ébloui de la recherche et de l'élégance d'une chambre à coucher où les glaces et les fleurs combinaient en cent façons leur agréable prestige. Madame Darvis (c'est le nom de celle que je fus autorisé dès ce jour à appeler ma maîtresse) agréa mes services avec une grace toute particulière, où mon amour-propre puisa des espérances que l'avenir ne tarda pas à réaliser.

« J'appris dès le soir même de mon arrivée (en causant avec la première femme-de-chambre, qui déjà me traitait avec une prévoyante considération) l'histoire, ou plutôt les aventures de madame Darvis. Fille d'un homme de qualité, elle avait été mariée à quatorze ans avec l'héritier à-peu-près imbécile d'une des premières maisons de finance de la capitale. A seize elle avait pris le parti de se soustraire à l'autorité conjugale, et de suivre dans les camps un jeune officier de l'armée du Nord. Celui-ci, à l'époque de la défection de Dumourier, s'était réfugié sur les bords du lac de Constance. La tendre Victorine avait promis de le suivre; quelques jours après elle était en route; mais le diable, qui se mêlait seul alors des affaires de France, et qui se délassait des fureurs qu'il inspirait à une partie de ses habitants, par les folies et les sottises qu'il faisait faire à l'autre, amena sur le chemin de madame Darvis un certain A. D., député en mission, qui ne trouva rien de mieux que de la faire arrêter pour avoir le temps de lui déclarer son amour, et qui ne lui rendit sa liberté que lorsqu'il eut perdu la sienne.

« Cette liaison décida des principes politiques de madame Darvis, que la pente naturelle de son caractère entraînait vers tous les genres d'exagération. Son patriotisme devint une fureur; et, tout en condamnant les mesures qu'employaient les révolutionnaires pour fonder violemment la république, on la vit à R...., à N...., à A...., pérorer dans les clubs, présider à d'odieuses fêtes, et pousser l'extravagance jusqu'à se faire adorer dans un temple sous le nom et sous la figure de la *Déesse de la Raison*. .

. . . .
. . . .

(Je supprime la fin d'un paragraphe que des convenances de plus d'une nature ne permettent pas de rendre publique.)

« Le double rôle que je jouais dans cette maison, et que je remplissais plus mal de jour en jour, ne flattait ni ma paresse, ni mon ambition, ni même ma vanité; depuis que je savais à quoi m'en tenir sur mon bonheur, je n'avais pas moins d'envie de demander mon congé qu'on n'en avait de me l'offrir.

« Parmi les affidés de madame Darvis se trouvait un citoyen N.... qui avait été pour moi depuis quelques semaines l'objet d'une remarque assez singulière; je le voyais sortir de la maison le matin, et je ne l'y voyais jamais rentrer. Un jour il vint m'éveiller lui-même, et, d'un air où se peignaient l'impatience et l'inquiétude, il m'ordonna de mettre le cheval au cabriolet, et de le suivre: j'aurais hésité plus long-temps à obéir si je n'avais craint l'usage qu'il pouvait faire d'une canne qu'il avait à la main et qu'il agitait avec violence. Nous descendîmes; il rentra un moment chez madame, et tandis que j'attelais le cheval je vis arriver quatre gendarmes; M. N.... parla bas à leur chef, monta dans le cabriolet, me fit monter derrière, et prit le chemin du Luxembourg, où je ne fus pas médiocrement surpris d'apprendre qu'il faisait son entrée en qualité de directeur. Il crut me devoir une récompense, et quelques jours après je fus nommé huissier du palais directorial. Pour cette fois je crus ma fortune faite avec des gens qui avaient si bien fait la leur. Je suivis l'exemple de Petit-Jean :

On n'entrait point chez nous sans graisser le marteau.

« M. N...., chargé du département des fournitures, avait organisé ce ministère d'une façon toute nouvelle ; et, pour y trouver plus sûrement plaisir et profit, il avait choisi pour adjoints et pour employés des femmes aimables (au nombre desquelles se trouvait madame Darvis), qui traitaient les affaires avec un abandon, avec une facilité qu'on n'est point accoutumé à trouver dans les bureaux. Je ne négligeai point les avantages que je pouvais tirer de ma position ; je dressai un tarif de toutes les faveurs qu'on pouvait obtenir par mon canal : tant pour remettre une pétition au directeur ; tant pour un accusé de réception ; tant pour parler à madame S...., à madame T...., à madame R.... ; tant de *pot-de-vin* sur tous les marchés ; je fis si bien, en un mot, qu'en moins de six mois je me trouvais avoir amassé une centaine de mille francs en mandats, que je ne croyais pourtant pas aussi solides que des lingots............................
....

« Les affaires ne nuisaient point aux plaisirs ; les mêmes dames, dont la matinée était employée si

utilement, se réunissaient le soir dans les appartements du directeur, et Dieu sait de quels repas délicieux, de quelles douces orgies les nuits entières étaient témoins! Comme j'écris pour l'instruction de mes enfants [1], je crois utile et convenable de leur mettre sous les yeux un tableau dont la vérité doit faire supporter la licence, et des portraits au nombre desquels j'ai plus d'une raison de croire qu'il s'en trouve quelques uns de famille. . . . .
. . . .

(J'ai d'autres principes que M. Julien sur l'éducation des enfants, et je pense, tout Franc-Parleur que je suis, qu'il y a encore plus de vérités bonnes à leur taire que de vérités bonnes à leur dire; en conséquence, je saute une vingtaine de feuillets de son manuscrit, et je reprends le cours de sa narration.)

« . . . Tout s'usait vite sous le directoire, les affections, le crédit, la puissance. Mon maître se dégoûta de mes services, et mon règne, qui passa plus vite encore que le sien, ne survécut pas à son attachement pour madame Darvis: il me congédia. Pour comble de disgrace, j'avais placé mon petit pécule dans une opération que dirigeait mon ancienne maîtresse; elle fit banqueroute, et je perdis

---

[1] Je ne serais pas éloigné de croire que M. Julien, dans ce passage, a voulu faire une allusion épigrammatique aux mémoires de Marmontel.

en un jour le fruit d'une année de travail. Cette dame, qui avait trouvé le moyen de se débarrasser d'un amant qui l'obsédait depuis trois mois, en le faisant nommer aide-de-camp d'un officier-général employé dans l'expédition d'Égypte, profita doublement de l'occasion, en me déterminant à suivre ce dernier sur les bords du Nil. Le général, son aide-de-camp, et moi, nous payâmes tous trois nos créanciers en leur déléguant une partie des revenus du pachalick dont nous allions prendre possession en Syrie.

« Nous partîmes. . . . .

(Les connaissances géographiques et militaires de M. Julien ne jettent pas un grand intérêt sur les détails de son voyage : hâtons-nous donc d'aborder avec lui sur la terre antique des Pharaons.)

« Mon général fut une des premières victimes de cette mémorable campagne; il fut tué aux portes d'Alexandrie, et me légua par testament au général Menou, qui me promut au grade d'intendant de sa maison, à notre arrivée au Caire.

« Mon nouveau maître, dont le dévouement à Bonaparte n'était point arrêté par de vaines considérations, et qui l'entendait chaque jour répéter dans ses proclamations, que *Dieu est Dieu et que Mahomet est son prophète*, prit la chose au pied de la lettre, troqua son chapeau contre un turban, et se fit Turc autant qu'il lui fut possible, en épousant en pleine mosquée, la fille d'un étuviste de Damiette, à laquelle il donna pour compagnes une douzaine d'odalisques dont il composa son harem.

« Le général Abdhala, qui m'aimait beaucoup, desirait me conserver la place que j'occupais dans la maison, sans déroger aux usages établis par les musulmans, dont il venait d'embrasser la croyance. Un jour il me fit venir dans la salle des bains, et là, entre la pipe et le sorbet, accroupi, à la manière des Turcs, sur des coussins de cachemire, après m'avoir parlé de l'attachement qu'il avait pour moi, du desir qu'il avait de faire ma fortune, et du traitement qu'il me réservait si je consentais à me fixer pour toujours auprès de sa personne, il me fit, en termes plus clairs, une des plus drôles de propositions qu'un homme ait jamais faite à un autre. J'y répondis par un refus positif; il insista, et finit par me dire qu'il trouverait bien le moyen de vaincre ma sotte obstination, et de me rendre heureux malgré moi. Cette promesse, ou plutôt cette menace, m'effraya au point que, sans en attendre l'effet, je me sauvai avec un membre de l'Institut d'Égypte, à bord de la frégate qui devait ramener en France *César et sa fortune*. J'arrivai tout entier à Fréjus où nous débarquâmes. . . . .
. . . .

« Le baron de M...., auprès de qui Rustan le

mameluck m'avait placé, était fort avant dans les bonnes graces de l'Empereur, bien qu'il lui eût rendu un service signalé dans la journée du 18 brumaire : la protection chez les princes est le sublime de la reconnaissance. *Nul animal créé ne peut manquer à son instinct;* le baron, à qui la fortune a donné ce qu'il fallait pour s'asseoir commodément chez lui, a passé sa vie debout derrière le fauteuil des autres ; la dépendance est son élément. En fait de maître, il ne fait acception de personne, et satisfait, pourvu qu'il serve, il ne tient pas à la couleur, mais à la richesse de la livrée. Le domestique avait tous les défauts d'un maître, et le maître tous les vices d'un laquais; il était difficile que je lui convinsse; cependant il me traitait avec beaucoup de bonté. Pouvait-il manquer d'égards pour un homme recommandé par le mameluck de l'Empereur?.....

« Le 20 mars au matin, monsieur le baron reçut des nouvelles de Fontainebleau, qui le décidèrent à partir pour rejoindre les ministres à Blois. Nous sortîmes par la barrière d'Enfer, tandis qu'on se battait à Belleville, en criant : *Vive l'Empereur!* de toutes les forces de nos poumons. Nous nous arrêtâmes prudemment à la troisième poste sur la route d'Orléans, où nous fûmes informés pendant la nuit du grand événement de la journée. Cette nouvelle changea nos dispositions : nous reprîmes à la pointe du jour le chemin de Paris, où nous rentrâmes par la barrière des Champs-Élysées, l'écharpe blanche au bras, une énorme cocarde blanche au chapeau, et en poussant des cris de *vive le Roi !* dont M. le baron se prévalut habilement deux mois après, pour obtenir la place brillante qu'il occupe aujourd'hui.

RETROSPECT.

RETROSPECT.

FIN DE L'ANNÉE 1814.

La France avait perdu de belles provinces, et se trouvait rendue à ses anciens rois; tout changeait autour de nous: de vieilles ambitions, d'anciennes cupidités rajeunies, des préjugés que l'on croyait éteints, des priviléges que l'on croyait détruits, se pressaient autour du trône relevé; les mœurs publiques perdaient leur physionomie nationale; un tableau vague et confus fatiguait les regards de l'observateur philosophe.

Déja les prétentions renaissantes de l'ancien régime souriaient dédaigneusement aux vanités impériales : le bonheur de retrouver la paix était corrompu par la diversité des opinions, nées de la diversité des intérêts. Les uns tentaient, par la violence, de ressusciter le passé; les autres combattaient pour les idées et les habitudes du présent qui leur échappait; personne ne pensait à l'avenir: la société tout entière s'agitait dans ce chaos politique; la division déchirait les familles; l'avarice et la soif des honneurs fomentaient les anciennes haines et brisaient les vieilles amitiés.

Les modes même se ressentirent de cette étrange confusion ; l'observateur n'eut plus à peindre qu'un mélange grotesque de costumes et de coutumes de tous les temps et de tous les pays. Cette année fut celle de l'incohérence en politique, en morale, en littérature : on ne s'entendait que sur un point, la volonté de parvenir ; les avenues des ministères étaient encombrées de solliciteurs de tout rang, de tout sexe, et de tout âge : chacun demandait, non pas certaine chose, mais quelque chose.

Deux races d'hommes pullulèrent, les courtisans et les mendiants ; deux branches de littérature fleurirent, les pamphlets et les mélodrames ; mais ce spectacle de puérilités, d'intrigues, et de bassesses, ne tarda pas à faire place à de nouvelles catastrophes plus inattendues et plus terribles encore que celles dont nous avions été témoins au commencement de cette même année 1814.

TABLE.

Avant-propos.................... page	3
N° Ier. Histoire du Franc-Parleur..............	5
II. Entrée du Roi......................	15
III. Talent et Probité. Premier souper de M. Guillaume le Franc-Parleur................	33
IV. La Morgue...........................	44
V. Les Égoïstes.........................	54
VI. Le Bureau de deuil...................	64
VII. L'Atelier du peintre....................	75
VIII. Coup d'œil sur Paris au mois de mai 1814..	85
IX. Le grand Escalier......................	94
X. Correspondance.	103
XI. Le Suicide. Second souper de M. Guillaume.	113
XII. Indécision des Mœurs actuelles............	123
XIII. Quelques vices à la mode.................	133
XIV. Les Nouvellistes.......................	144
XV. Les Bains............................	154
XVI. Les Caricatures.......................	162
XVII. Le Jardin Turc........................	171
XVIII. Dialogue des morts.....................	180
XIX. Tablettes d'un homme du monde..........	191
XX. De la Propriété littéraire.................	199
XXI. La Fête et le Lendemain	210
XXII. Pathologie morale des maladies régnantes..	219
XXIII. Le Bureau des Nourrices.................	227
XXIV. Les Mendiants........................	246

N° XXV. Pour et Contre. Troisième souper de M. Guillaume............................. page 255
XXVI. Courtisaniana......................... 167
XXVII. Un Voyage en diligence................. 286
XXVIII. Les Heures de Paris..................... 316
XXIX. Les deux Frères, ou lequel des deux a été le plus sage?........................... 326
XXX. Les deux Cousins, ou quel a été le plus coupable?................................ 337
XXXI. Il y a de cela 25 ans................... 348
XXXII. L'Hospice des Enfants-Trouvés........... 359
XXXIII. Mémoires d'un Laquais................. 378
Retrospect...................................... 391

FIN DE LA TABLE.